KB170070

시장의 강자와 싸워 이기는
8가지 원칙

도전자의전략

■ ■ ■ ■ ■ ■ ■

도박의 도시로서의 독점적 위치가 위협받자 라스베가스는 스스로에게 물었다.

어떤 부모가 도박의 도시에서 자녀들을 키우려고 할까?

그래서 라스베가스는 더 큰 도박을 해야 했다.

그들은 처음으로 돌아가 자신을 돌아보았고, 놀랄 정도로 환상적인 호텔들을 짓기 시작했다. 그 결과
도박보다 비도박 사업으로 더 많은 수익을 내는 새로운 새대의 호텔들이 등장했다.

■ ■ ■ ■ ■ ■ ■

시장의 강자와 싸워 이기는
8가지 원칙

도전자의전략

애덤 모건 지음 · **인피니트 그룹** 옮김

김앤김북스

시장의 강자와 싸워 이기는 8가지 원칙
도전자의 전략

개정판 1쇄 발행 2016년 12월 5일

지은이 애덤 모건
펴낸이 김건수
디자인 이재호디자인

펴낸곳 김앤김북스
출판등록 2001년 2월 9일(제 2015-000138호)
주소 서울시 마포구 월드컵로42길 40, 326호
전화 (02) 773-5133
팩스 (02) 773-5134
E-mail apprro@naver.com
ISBN 978-89-89566-69-4 (03320)

* 이 책은 〈1등 브랜드와 싸워 이기는 전략〉의 개정판입니다.

차례

몇 가지 이유 때문에 나는 리더 브랜드들과 함께 일해본 적이 없다. 커피숍, 항공사, 패밀리 카, 콘돔, 착색제, 비디오 게임 회사들과 일했지만, 근육질의 몸으로 업계를 거침없이 활보하는 거물의 편에는 서 보지 못했다. 그 대신 거물의 반대편 구석에서 팔을 늘어뜨리고 기진맥진한 채 다음 일전을 준비하는 2등이나 3등을 위해 나는 늘 마우스피스를 들고 있었다.

리더 브랜드를 흉내내는 것이 현명하지 못하다는 것쯤은 이런 상황에 익숙지 않은 나에게조차 분명했다. 2등이 리더의 전략을 쫓아서는 성공은 불가능하다. 더욱이 리더 브랜드가 소비자들과 형성하고 있는 독특한 관계를 모방하는 것으로는 절대로 성공할 수 없다. '신뢰', '안심', '선택의 단순화'는 완벽한 유통망을 갖춘 리더 브랜드에게는 가치가 있겠지만, 2등 브랜드에 대한 고객의 선호를 창출하기에는 충분치 않다. 다시 말해 진열대 맨 앞에 있는 빨간 캔을 무시하고, 허리를 굽혀 뒤쪽 구석에 있는 파란 캔을 집도록 하려면 다른 종류의 관계가 필요하다.

그렇다면 대안은 무엇인가? 나는 다시 "우리 모두 틀에서 벗어나 생각하자."는 식의 절망적인 권고가 나오지 않을까 매우 걱정되었다. 우리가 직면한 전략적 어려움을 극복하는 확실한 길은 두 시간의 엉성한 브레인스토밍보다는 좀더 구조화된 어떤 것에 있다. 우리의 접근 방식이 단순히 '차별화' 에 관한 일차원적 이야기로 환원되는 것도 걱정스럽기는 마찬가지였다. 앞서 이 길을 걸어간 이들에게서 배울 수 있는, 이보다 나은 방법이 반드시 있지는 않을까? 아이콘이 된 2등 브랜드들은 틀림없이 성공을 위해 그저 다르게 되려는 노력 이상을 했을 것이며, 바로 이 점이 중요하지 않을까?

현존하는 모델을 찾는 노력은 성과가 없었다. 시중에 있는 대부분의 책들은 리더 브랜드와 브랜드 리더십에 관한 내용들이며, 그것들은 하나같이 리더 브랜드들로부터 결론을 이끌어내거나 각각을 비교하는 식이었다. 아무도 2등 브랜드를 가지고 동일한 시도를 하진 않은 것 같았다. 물론 개별 기업과 기업의 설립자에 관한 책들은 있었지만, 2등 브랜드이면서 성공을 거둔 기업들의 공통점에 대해 연구한 책은 전혀 없었다. 이 점은 다소 특이한데, 리더 브랜드보다는 2등 브랜드의 숫자가 당연히 훨씬 더 많기 때문이다. 정말로 이 문제를 곰곰이 생각해보면, 우리가 일반이고 그들은 예외다. 사전적 정의를 따르면, 어느 업종이든 리더 브랜드는 하나뿐이다.

그래서 나는 성공한 2등 브랜드들을 찾기 시작했다. 그들은 확실히 우리가 본받을 만한 잠재적 모델이지만 (몇몇은 자기 나름의 방식으로 일종의 아이콘이 되었고, 결국 리더 브랜드가 되었다.) 앞서 지적했듯이 그들을 한데 모아놓은 경우는 찾을 수 없었다. 시장 참가자로서 우리는 소비자의 태도와 행위 유형에 따라 소비자를 구분하고 이름붙이는 데 반해, 브랜드에 관한 사고 방식에 있어서는 이상할 정도로 일반적이다.

나는 바로 이 점이 흥미로웠다. 성공한 2등 브랜드들에 어떤 공통점이 있는지 알아낼 수 없을까? 만약 그들의 공통된 특징을 찾아내고 그것들을 한데 모은다면, 나 자신의 브랜드와 기업을 마케팅하는 데 도움이 될 만한 지침을 얻을 수 있지 않을까? 그것은 보다 구조화된 과정의 첫걸음이 아닐까?

조사를 하면 할수록, 나는 내 동료가 '도전자 브랜드'라고 이름 붙인 것에 해결책이 있음을 확신하게 되었다. 그것은 바로 강력한 리더 브랜드에 맞서서 성장을 이루어낸 2등 브랜드들이다. 이 책은 그러한 도전자 브랜드 40여 개와 그들 대다수가 공유하는 8가지 마케팅 핵심을 살펴볼 것이다. 첫 장에서 나는 2등 브랜드들이 처한 상황을 알아보고, 어째서 그들이 자신에 대해 아주 다르게 생각할 필요가 있는지 짚어볼 것이다. 이 책의 대부분은 이러한 마케팅 핵심 분석에 할애되고 있다. 나는 그 핵심들을 '도전자 브랜드의 8가지 원칙'이라고 이름붙였다.

도전자 브랜드의 8가지 원칙은 다음과 같다.

1. 직전의 과거와 결별하라.
2. 등대의 정체성을 구축하라.
3. 사고의 리더십을 장악하라.
4. 재평가의 상징을 창출하라.
5. 핵심이 아닌 것은 희생하라.
6. 과도하게 헌신하라.
7. 하이 레버리지 자산으로서 광고와 홍보를 활용하라.
8. 소비자 중심이 아니라 아이디어 중심이 되라.

이들 각각의 원칙은 그 자체로 중요하지만, 성공하는 도전자와 종이 호랑이 간에 차이를 낳는 것은 원칙들 간의 관계라는 점을 알게 될 것이다. 특히 대부분의 마케팅 서적이 브랜드의 성공을 위한 핵심 사항으로 마케팅 전략을 꼽는 데 반해, 8가지 원칙은 성공적인 도전자 마케팅은 태도, 전략, 행동이라는 결정적인 세 가지 요소로 이루어져 있음을 보여준다.

도전자들은 단순히 마케팅적 사고와 전략에 의해서가 아니라 그 전략을 도전자 행동으로 전환하기 때문에 성공을 거둔다는 점이다. 그리고 그러한 완성을 이끄는 추진력은 바로 사업을 시작하는 시점에서의 기회와 필요성에 대한 주도적 인식, 즉 태도(attitude)이다.

01 도전자 브랜드란 무엇인가

"에이비스가 그 시작이었다. 먹이사슬을
뒤집으려 하는 작은 물고기말이다."

— 애덤 모건

역경에 처한 시기에 전에 누구도 가본 적이 없는 여정, 그래서 당연히 지도나 선례가 거의 없는 여정에 나서려면 당연히 두려운 생각이 든다. 옛것을 실행하기보다 새로운 것을 창조하려면 더 많은 시간과 에너지, 그리고 노력이 요구된다. 하지만 이 세 가지 요소야말로 우리에게 가장 부족한 것들이다. 우리는 지금 길을 안내해주고 전반적인 방향 감각을 제공할 새로운 브랜드 모델이 필요하다. 즉 안개 낀 전장에서 우리가 의지할 수 있는 직관적인 마케팅 나침반이 필요한 것이다. 우리는 법조계의 판례들을 부러운 눈빛으로 바라본다. 신속한 의사 결정을 도와줄 우리 자신의 선례가 있다면 얼마나 좋을까.

물론 선례는 있다. 다만 그것이 우리가 이용하려는 선례가 아닌 게 문제다. 바로 리더 브랜드인 것이다. 그 대신 우리는 다른 종류의 모델, 우리에게 훨씬 더 적절한 브랜드 유형을 찾아야 한다. 우리가 본받기 위해 주시해야 할 브랜드의 기준은 다음 세 가지이다.

1. 리더 브랜드여서는 안 된다. 2등 브랜드가 최고 상한선이다.
2. 지속적이고 획기적인 성장을 보여준 시기가 있어야 한다.
3. 우리와 다른 업종의 브랜드여야 한다.

이러한 유형의 2등 브랜드가 바로 '도전자 브랜드'이다.

■ 누가 도전자 브랜드인가?

도전자 브랜드라고 표현하면, 훨씬 크고 근육질의 리더 브랜드에

When you're only No.2, you try harder. Or else.

Little fish have to keep moving all of the time. The big ones never stop picking on them.

Avis knows all about the problems of little fish.

We're only No.2 in rent a cars. We'd be swallowed up if we didn't try harder.

There's no rest for us.

We're always emptying ashtrays. Making sure gas tanks are full before we rent our cars. Seeing that the batteries are full of life. Checking our windshield wipers.

And the cars we rent out can't be anything less than lively new super-torque Fords.

And since we're not the big fish, you won't feel like a sardine when you come to our counter.

We're not jammed with customers.

에이비스: "우리는 2등입니다."

맞서는 2등 혹은 3등 브랜드가 생각날 것이다. 골리앗에 맞서는 다 윗이 떠오른다. 우쭐하고 힘센 것에 맞서고자 하는 마음가짐, 그리 고 한 방. 도전자는 기성 브랜드에 대해 당연히 2등이어야지 더 낮 은 등수는 아니라는 생각이 들 것이다. 그렇다면 4등, 5등, 6등의 위 치에서는 정말로 도전할 수 없는 것인가?

1960년대까지는 그러한 생각이 일반적이었다. 하지만 에이비스가 소비자와 마케터들에게 2등 브랜드의 모든 개념을 확실히 제시했다. "우리는 2등입니다. 그래서 더욱 열심히 노력합니다."라는 유명한 포지셔닝을 시작했을 당시, 그 브랜드는 사실 2등 근처에 있지도 않았다. 확실히 에이비스는 렌터카 업계의 하위 무리에 속했고, 업계 1위인 허츠Hertz와는 상당한 거리를 두고 있었다. 에이비스의 전략의 뛰어난 점은 스스로를 2등이라고 주장함으로써 쫓는 무리들 가운데 선두로 나섰으며, 거대한 허츠의 발뒤꿈치를 덥석 물었다는 사실이다. 그 광고를 본 사람은 사실상 렌터카 시장에서 중요한 경기자는 오직 이 둘뿐이라는 인상을 받았다.

그 뒤에는 리처드 브랜슨의 버진애틀랜틱Virgin Atlantic이 영국의 항공 시장에서 브리티시 항공을 상대로 동일한 게임을 벌였다. 브리티시 항공은 미국과 유럽의 항공 시장, 심지어 영국 시장에서도 버진보다 훨씬 더 강력한 라이벌들을 갖고 있지만, 버진은 영국 소비자들에게 항공사는 자신과 브리티시 항공 오직 두 가지 선택뿐이라는 인상을 만들어냈다.

■ 도전자 브랜드의 세 가지 기준

도전자 브랜드를 위한 세 가지 기준에는 시장에서의 위치, 마음가짐, 성공 정도가 있다.

1. 시장에서의 위치(State of market). 도전자는 정의상 리더 브랜드가 아니며, 틈새 브랜드도 아니다.

2. 마음가짐(State of mind). 이것이야말로 진정한 도전자의 특징이다. 2등(혹은 6등이나 18등)이 되는 것은 단순히 태생의 문제일 뿐이다. 도전자 브랜드는 다음 두 가지 핵심적인 차별화 요소를 포함하는 마음가짐을 갖고 있다.

- 자신의 전통적인 마케팅 자원을 초과하는 야망
- 자신의 야망과 마케팅 자원의 간극에 대한 마케팅적 함의를 받아들이려는 각오

두 번째가 중요한 차이이다. 마케팅 계획에서 야망만으로는 충분하지 않다. 야망을 달성하기 위해서라면 어떤 방법을 써서라도 행동하겠다는 각오가 없는 한, 남들보다 작고 희망적이라는 것은 단지 작다는 애처로움과 실망감을 가져다줄 뿐이다. 그리고 '도전자의 마음가짐'에 대해 이야기할 때 반드시 공격적일 필요는 없다는 사실에 주목하자. 역사적인 견지에서 살펴보면, 간디와 영국의 펑크록 그룹인 섹스 피스톨스Sex Pistols는 모두 도전자였지만, 그 가운데 하나만이 공격적이었다. 현재 상황을 바꾸려는 결심에는 반드시 과감한 공격성이 필요한 것은 아니다.

3. 성공 정도(Rate of Success). 도전자의 마지막 기준은 성공이다. 성공은 우리의 목적이다. 과감했지만 실패한 브랜드를 모방하는 일은 의미없는 짓이다. 그것은 도전이 아니라 망상에 불과하다. 도전자 브랜드는 마케팅 활동을 통해 중대하고 지속적인 성장을 이루어야 한다. 이는 항상 일정한 속도로 성장해야 함을 의미하는 것이 아니라 급속한 성장을 누렸던 시기가 존재해야 함을 의미한다. 이것이

야말로 도전자 브랜드가 우리에게 줄 수 있는 것이다. 즉, 그들은 어떻게 빠르게 성장할 수 있는지를 보여줄 수 있다.

도전자 브랜드의 반대는 기성 브랜드이다. 기성 브랜드의 가장 확실한 예는 리더 브랜드이지만 다른 브랜드들, 심지어 영원한 2등 브랜드도 야망이 부족하거나 도전자 브랜드의 마케팅적 함의를 받아들이지 않는다면 그러한 자리로 떨어지게 될 것이다.

■ 이 책에서 다루고 있는 주요 도전자 브랜드

여기에서 나는 1차 혹은 2차 자료를 구할 수 있거나 내가 직접 다루었던 브랜드들을 선별했다. 따라서 그 브랜드들이 모든 브랜드를 대표하는 샘플이라고 말할 수 없다는 점에서 과학적 연구는 아니지만, 다음과 같은 폭넓은 브랜드군을 포함시키려고 노력했다.

- 시장에 처음 진출한 브랜드(렉서스, 앱솔루트, 골드피시)와 재진출한 브랜드(원더브라, 탱고, 할리데이비슨, 잭인더박스).
- 미국의 브랜드와 국제적 브랜드.
- 강력한 성장을 계속 누리는 도전자와 비록 최근에는 성장이 멈추었지만 과거에는 강력한 성장을 이루었던 도전자.
- 일반 제품, 신용 카드, 패스트푸드, 자동차 등 다양한 업종들.

나는 독자에게 익숙지 않은 브랜드도 포함시켰는데, 미국 내의 지역 브랜드나 독자에게 생소한 나라나 시장에서 활동하는 브랜드들이 그것이다. 이들을 포함시킨 것은 훨씬 친숙한 주인공을 부각시키

A. 도전자 브랜드	B. 도전자 브랜드
리더 브랜드가 있는 업종에 진출 혹은 재진출한 브랜드 (예: 탱고, 플레이스테이션)	자신의 영역을 창출함으로써 성공한 도전자 (예: 스타벅스)
C. 도전자 브랜드	D. 역사적 도전자
리더 브랜드가 된 신규 브랜드 (예: 영국 노동당, 스파이스 걸스)	역사적인 도전자 (예: 간디, 알렉산더 대왕, 앤디 워홀)

표 1.1 도전자 브랜드의 분류

기 위해서가 아니라 실제로 그들이 해당 업종을 훨씬 뛰어넘는 부러운 성장률을 거두고 있기 때문이다. 예를 들어 잭인더박스는 1996년 미국에서 점포당 매출이 증가한 두 군데 패스트푸드 브랜드 중 하나였으며, 3년 만에 모기업의 주가를 여섯 배나 끌어올렸다. 영국의 신용 카드사인 골드피시Goldfish 역시 설립 첫해에 대단한 성공을 거두었다. 그 해 새로 발급된 모든 신용 카드 가운데 20퍼센트 이상을 골드피시가 차지했다. 이 브랜드들은 자신들의 경험에서 뭔가를 얻기 위해 약간의 설명을 덧붙일 만한 가치가 있는 브랜드들이다.

표 1.1에서는 업종에 상관없이 도전자를 네 종류의 그룹으로 나누고 있다. 각 부분은 다른 종류의 도전자를 나타낸다. 이 책에서 대부분의 논의는 A그룹에 모아질 것인데, 그것은 리더 브랜드가 있는 업종에 진출하는 브랜드들이다. B그룹은 자신의 본래 영역이라고 여겨지던 것의 바깥으로 나아가 자신만의 영역을 창출했거나 성공을 거둔 브랜드들이다. 이들은 A그룹과는 조금 다른 방식으로 성장을 달성했다. 만일 성장이 시장 점유율을 높이거나 혹은 시장을 키움으로써 이루어진다고 한다면, B그룹은 자신만의 시장을 키웠다. 예를 들어 서크드솔레는 경쟁자를 여타의 서커스들에서 '도시의 다

른 모든 쇼'로 재정의했다. 그래서 그들은 그 해에 보고 싶은 두 편의 쇼 중 하나가 됨으로써 가끔 쇼를 보러 오는 사람들을 끌어들이겠다는 목표를 세웠다. 한편 A그룹의 브랜드는 그들이 시장을 성장시킴에 따라 리더 브랜드로부터 점유율을 빼앗아올 가능성이 더욱 커진다.

■ 커피숍이 자동차 판매에 대해 이야기해줄 수 있는 것은 무엇인가?

방금 언급한 도전자 리스트 같은 마케팅 사례에는 다음과 같은 문제점이 있다. 만일 그들이 우리와 같은 업종에 있다면, 우리는 이미 그들에 대해 잘 알 것이고, 그래서 오래 전부터 그들은 자극이나 영감을 줄 능력을 잃어버렸을 것이다(경쟁적 이점을 끌어낼 기회를 거의 제공하지 않는다). 반대로 그들이 우리의 업종 밖에 있다면, 우리는 그들을 가지고 무엇을 해야 할지 모른다.

스타벅스를 한번 살펴보자. 그들은 지난 10년 동안 가장 많이 언급된 시장 진출 사례이다. 스타벅스는 언론에서 많이 다루어졌고 크게 찬사를 받았지만, 우리가 음료 업종에 있지 않다면 그것을 가지고 무엇을 할 수 있겠는가? 앱솔루트도 마찬가지다. 보드카 시장은 매혹적이지만 그것은 이미지 마켓이고, 나는 서비스 분야에 있다. 원더브라에 대해서는 말도 꺼내지 마라. 유통 시스템이 란제리와는 전혀 다르다. 마치 무늬가 있는 유리창을 통해 안을 들여다보는 것처럼, 그것은 우리가 매일매일 살아가는 구조와 맞지 않는 것처럼 보인다. 그래서 우리는 이런 다른 마케팅 세상을 한쪽에 접어둔 채

잊어버린다. 그리고 그들과 우리 사이를 이어주는 다리는 완성되지 않는다.

그렇지만 이 책 전체의 핵심 요지와 우리가 계속 만들어갈 전략 과정은, 다른 카테고리에 있는 브랜드를 관찰하면서 얻게 되는 이점이 카테고리 내부의 경쟁자를 분석하는 것만큼 크다는 것이다. 새롭고 탐욕스런 마케팅 먹이사슬의 역학 관계 속에서 번영하려면, 우리가 보고 배워야 할 새로운 브랜드 모델은 우리 자신의 업종에 있는 다른 브랜드나 다른 업종의 리더 브랜드는 분명 아니다. 대신 그들은 다음과 같은 것이다.

- 2등 브랜드.
- 우리의 업종 밖에 있음.
- 급속한 성장을 이루어냈음.

이러한 시도가 성공하려면, 우리는 명백히 자신과 무관한 업종과 자신의 업종을 효과적으로 연결하는 방법을 찾아야 한다. 두 비즈니스 간에 다리를 놓는 일을 시도하라. 그러면 이 책에서 다루게 될 도전자 전략 과정의 기초를 형성할 일련의 연습 가운데 첫 번째를 시작하는 것이다.

스타벅스는 여러 가지 이유에서 흥미로운 사례이다. 그 중 하나는, 만일 소비자 조사를 했다면 대중에게 어필하는 어떤 것으로서 그것의 개념을 생각해내지 못했을 것이라는 점이다. 소수의 미식가들에게는 충분히 가능한 일이었겠지만 일반인들은 그 개념에 반응할 수 없었을 것이다. 그들은 한 잔의 커피가 아니라 커피를 즐기는 경험을 팔고 있기 때문이다. 간단히 말해, 누구든 스타벅스를 실제로 경험해보지 않고는 그러한 경험에 대한 반응을 평가하기란 불가능하다. 따라서 우리가 스타벅스로부터 배우기 위한 출발점은 다음과 같다.

우리의 비즈니스를 위해 스타벅스로부터 어떤 교훈이나 제품 아이디어를 이끌어내기 위해서는, 소비자 조사를 하기보다 스타벅스 매장을 직접 찾아가서 사람들이 거기에서 무엇을 하는지 보아야 한다. 그런 다음 그것을 어디에 적용할지 결정해야 한다. 왜냐하면 스타벅스의 교훈은 제품이 아니라 경험을 파는 것이기 때문이다.

당신이 바라는 것은 더 많은 자동차를 파는 일인데, 실제로 이것을 가지고 무엇을 해야 하냐고 내게 묻는다. 좋다, 좀더 색다른 방식으로 시작해보자. 8년 전, 당신은 포커스 그룹에 뽑혀 커피에 관해 말하기 위해 로스앤젤레스에 있는 어딘가로 소집되었다. 이 때 포커스 그룹의 조정자 역할이 우연히 내게 맡겨졌다고 하자.

나는 당신에게 로스앤젤레스에 스타벅스라는 커피 전문점이 문을 열 예정이라고 말한다. 스타벅스는 커피 한 잔을 35달러에 판매하며, 되도록 당신이 매일 들러주기를 바란다. 그러면 당신은 의아한 눈초리로 나를 쳐다보면서, 날마다 커피 한 잔에 3달러씩 갖다바칠 이유가 있냐고 묻는다. 나는 오히려 당신에게 그 이유를 되묻는다. 당신은 잠시 생각한 뒤에 이렇게 말한다. 분명히 배달원이 집 앞까지 배달해주는 서비스일 것이다.

나는 고개를 가로저으며 말한다. 당신이 스타벅스에 직접 들러야 하고, 매장까지 가려면 길을 약간 돌아가야 할지도 모른다. 그래도 당신은 기꺼이 그렇게 할 것이다.

당신은 스타벅스에 도착해서 빠른 시간 안에 당신이 원하는 방식으로 맛있는 커피를 즐길 수 있는가라고 묻는다. 나는 스타벅스에서는 줄을 서서 7~8분 정도 기다려야 할 것이라고 대답한다. 그러면 당신은 기가 막히다는 표정을 숨기지 않는다. 나는 스타벅스스에 대해 계속 설명한다. 거기서는 줄을 서서 기다리는 것이 최고의 경험이다. 그것이 바로 스타벅스에서 당신에게 파는 것이다. (우리는 스타벅스의 경험이 어떻다는 것을 이미 알고 있다.) 잠시 발길을 멈추고 매장에 들어섰을 때 우리를 에워싸는 선택의 기대, 커피 향, 그리고 수많은 커피 원두와 이국적 이름의 블렌드들, 바리스타의 이국적 언어, 세련된 느낌의 재즈 선율, 차례를 기다리면서 배우는 커피 원두에 관한 지식들. 나는 커피를 안 마시더라도 기꺼이 3달러를 내고 몇 분간 줄을 서서 기다려보고 싶다. 하워드 슐츠가 스타벅스에서 이루어낸 훌륭한 점이 이것이다. 그는 늘 시간에 쫓기는 소비자들이 가장 싫어하는 것, 즉 줄 서서 기다리는 것을 그 과정의 일부로 만들어 가장 값진 경험으로 바꿔놓았다.

다시 자동차로 돌아가자. 자동차를 구입할 때 소비자들이 가장 싫어하는 일은 할부승인이 떨어지기를 기다리며 오랜 시간을 의자에 멍청히 앉아 있는 것이다. 스타벅스 이야기가 우리에게 던지는 질문 중 하나는 이것이다. 어떻게 하면 소비자가 가장 싫어하는 것을 가장 즐거운 것으로 바꿀 수 있을까? 어떻게 하면 소비자가 가장 싫어하는 것을 다른 사람에게 전해주고 싶은 이야기로 바꿀 수 있을까? 어떻게 하면 다시 한 번 해보고 싶도록 만들 수 있을까?

겨우 잡지 몇 권 비치하는 것으로는 어림도 없다. 무엇보다 소비자에게 즐거움을 주어야 한다. 어떤 소비자들에게 그 즐거움은 놀이다. 교외에 있는 매장의 경우, 건물 뒤쪽에 연습용 자동차 트랙을 만들어 놓을 수도 있다. 또 어떤 소비자들에게 즐거움은 뭔가를 배우는 것일 수 있다. 따라서 운전 실습이 가능한 컴퓨터 시뮬레이션을

하워드 슐츠: 커피숍에서 최고의 경험을 팔다

갖춰 놓거나 SUV 구매자에게는 비포장 도로에서의 운전 요령을 가르쳐줄 수도 있다. 장비가 비디오밖에 없다면 경찰의 고속도로 추격 장면이 있는 영화를 보여주어도 된다. 구매자가 무료하게 기다리는 시간을 보다 가치 있는 시간으로 바꾸어 놓으면, 그들은 기분 좋은 거래 경험을 갖게 되고, 자신들의 경험을 주위 사람들에게 이야기하게 된다.

다시 말해 스타벅스 사례의 의미는 커피와는 전혀 관련이 없으며, 하워드 슐츠가 커피숍 업종에서 소비자들이 기대하지 않았던 무언가를 창출해냈다는 데 있다. 하지만 우리는 스타벅스보다 한 발 더 나아갈 것이다. 우리는 우리 업종 밖에 있는 브랜드들로부터 얻은 핵심 성공 요소들을 어떤 업종에도 적용 가능하도록 전환하는 연습 과제를 만들 것이다.

연습 과제는 동사의 형태를 띠며, 그 첫 번째는 이것이다.

하워드 슐츠하다: 브랜드와 소비자와의 상호 작용에서 소비자가 가장 싫어하는 부분을 가장 즐거운 요소로 바꾸어 놓는다.

8가지 원칙에서 논의하는 각각의 핵심 사례들이 바로 이런 방식으로 바뀔 수 있다면, 다른 업종에서의 사고 혁신을 우리의 업종에 효과적으로 적용할 수 있게 함으로써 그들의 도전과 성장을 복제해 낼 수 있게 하는 연습 과제를 개발할 수 있을 것이다.

그리고 2등 브랜드로서 우리는 리더 브랜드에 도전하기 위해서든 또는 생존하기 위해서든 급속한 성장이 필요하다.

■ 8가지 원칙

우리는 모든 도전자 브랜드들이 하고 있는 것으로 보이는 것에 대한 일련의 관찰에서 시작할 것이다. 그런 다음 우리의 브랜드에 적용 가능한 새로운 종류의 전략적 과정과 연습 과제를 만들 것이다. 물론 이것은 일종의 사후 합리화(postrationalization)일 것이다. 우리가 논의하는 브랜드 뒤에 있는 어느 누구도 8가지 원칙에 관해 말한 적이 없다. 그들은 본능적으로 8가지 원칙을 따라 했는데, 자유 의지에 의해서라기보다는 그렇게 할 수밖에 없었기 때문이었다. 하지만 그것은 우리의 목적을 달성하는 데 아무런 문제가 되지 않는다. 어떤 경우에는 팀버랜드Timberland처럼 실수가 성공 못지않게 소중한 도전자도 있다.

끝으로 도전자가 되는 것의 핵심은 마케팅을 과학이 아니라 정보에 입각한 판단(informed judgment)으로 여기는 것이다. 즉 기회는 어떤 마케팅도 절대적인 것으로 보지 않은 데 있다. 내 친구는 이 책의 표지에 앨비스 프레슬리의 옷차림을 한 허브 켈러허의 사진을 싣고, '이 사람이 과학자로 보이는가?' 라는 제목을 달자고 제안했다.

정보에 입각한 판단의 정신으로 나는 핵심 가설을 가능한 한 철저하고 엄격하게 입증해왔지만 어떤 지점에서는 포장 도로에서 벗어나 시장과 소비자의 미래에 대한 견해를 제시하기도 할 것이다. 그리고 그러한 주관적인 관찰들에 대해서는 여러분이 명확히 식별할 수 있도록 알려줄 것이다.

제1원칙

02 직전의 과거와
결별하라

"문제는 어떻게 혁신적인 생각을 떠올리느냐가
아니라 어떻게 낡은 생각을 떨쳐내느냐이다."

— 디 호크

■ 미경험의 활력

시장에 충격을 준 훌륭한 도전자 명단을 살펴보면, 그들 중 많은 수가 새롭게 진출했다는 점이 가장 먼저 눈에 띈다. 다시 말해 꽤 많은 기업들이 자신들이 선택한 영역에서 전혀 경험이 없었다. 리처드 브랜슨Richard Branson은 록 앨범을 팔아서 모은 자금으로 항공 사업을 시작했다. 마이클 델Michael Dell은 대학생 시절, 텍사스의 오스틴에서 제품보다 배송 체계에 초점을 맞춤으로써 IBM과 컴팩을 물리칠 수 있다는 사실을 깨달았다. 이후 1997년 델 컴퓨터의 가치는 120억 달러가 되었다. 모터사이클 손잡이를 생산하던 오클리의 짐 재너드Jim Jannard는 나스카 자동차 경주 대회가 끝난 뒤 선수 인터뷰 장면을 시청하면서 카메라가 얼굴에만 클로즈업되어 자동차와 의상에 새겨진 스폰서들은 거의 화면에 안 나온다는 것을 알았다. 그리고 그는 브랜드가 찍힌 아이웨어(eyeware) 사업을 시작했다. 이안 슈레이저Ian Schrager의 유일한 과거 경험은 나이트클럽을 운영한 것이었지만, 그는 뉴욕에서 가장 인기 있는 세 호텔(파라마운트, 로열턴, 모건)을 세웠다. 웨인 후이젱가Wayne Huizenga는 폐기물을 처리해 100만 달러를 벌어들였지만, 블록버스터를 설립해 비디오 시장의 구조를 통째로 바꿔 놓았다. 하워드 슐츠Howard Schultz는 주방 장비를 판매하고 있었는데, 스타벅스라는 시애틀의 작은 커피숍을 인수해 커피에 관한 미국인들의 사고 방식을 새롭게 바꿔 놓았다. 전자 제품 판매업체인 서킷시티Circuit City는 자동차 사업이 하이파이 오디오 판매와 다를 바 없다고 생각하고 카맥스CarMax를 세웠다. 더 나아가, 아니타 로딕Anita Roddick은 바디샵을 업계 전문가들과 정반대의 방식으로 운영함으로써 성공을 거두

리처드 브랜슨: 앨범을 팔다가 항공 사업을 시작하다

었다.

우리는 업계의 경험은 아주 소중하고 필수적이라고 배웠다. 기업에서는 자신들의 사업 영역이나 업종이 특별하다고 생각하는 경향이 있다. 고유의 규칙이 있고 나머지 모든 것들과 본질적으로 다르다는 것이다. 그래서 직업을 바꾸거나, 혹은 같은 직업이지만 다른 사업 영역으로 옮길 때마다 항상 예측 가능한 긴장된 순간이 있다. 즉 베테랑 선배가 의자에 비스듬히 기대앉아 왜 이 사업이 이전 사업과 다른지 길게 설명한다. 우리의 열정과 신선한 사고는 일견 이해할 수 있지만 그것은 잘못되었다는 것이다. 선배는 이 사업에 대해 좀더 알게 되면 그 이유를 알게 될 거라고 말한다. 물론 제한된 측면에서 보면 그들이 옳을 수도 있다. 업종마다 제품 개발 기간, 유통 방식, 구매 사이클에 많은 차이가 있을 수 있기 때문이다.

그렇지만 소비자는 그 비즈니스에서 수 년 동안 종사하는 혜택을 누려본 적이 없다. 그들은 어느 한 시장에서의 경험이 다른 시장에서 바라던 것과 반드시 달라야 한다고 생각하진 않는다. 그들은 어느 영역에서의 경험이 다른 영역에서 접하는 것과 비슷해지기를 바란다. 만일 동네 세탁소처럼 친절하게 서비스하는 항공사가 있다면 그들은 늘 그 항공사를 이용하려 할 것이다. 일리노이 주 피오리아의 포커스 그룹에게 새로운 통신회사가 무엇과 비슷해지기를 바라냐고 물으면, 그들은 테네시 스프링힐에 있는 새턴 자동차 회사라고 말할 것이다.

이것이 바로 우리의 목록에 있는 많은 도전자들에게 사람들이 열렬히 반응하는 이유이다. 해당 영역에서 경험이 없다는 것은 결코 약점이 아니다. 오히려 새로운 참가자에게 해당 영역에서의 신선한 가능성, 즉 수 년 동안 일해 온 사람이 너무 가까이에 있어서 못 보는 가능성을 그려볼 수 있게 한다는 사실이 입증되었다.

이것은 당신과 나에게도 적용된다. 결국 우리는 일을 시작한 처음 한 달이 3년 동안 한 것보다 시장의 가능성에 대해 더욱 잘 이해하고 있었다고 정말로 느끼지 않는가? 처음 몇 주 동안 우리는 여러 가지 궁금증에 몰두하고 기회들을 눈여겨보았으며, 업계의 관행에 매몰되지도 않는다. 아울러 앞으로 우리의 판단을 흐려놓을 지나친 세세함과 제조상의 문제에 굳이 제약받지도 않는다. 그것은 아주 단순 명쾌하다. 우리는 그 시장의 문을 닫는 것이 아니라 활짝 열어 놓는다. 그리고 단지 '왜?' 가 아니라 '왜 안 되지?' 라고 질문한다. 우리 업종에 대한 다섯 살짜리 딸아이의 질문이 조사 기관의 질문보다 하찮을 이유는 전혀 없다. 왜 시계 색상이 저렇게 칙칙하지? 왜 모두 비슷해 보이지? 왜 사람들은 한 번에 하나씩만 입으려고 하지?

이러한 질문이 시작될 때가 우리가 무엇인가를 변화시키려는 때이다. 브랜슨, 슈레이저, 델의 경우를 보라. 지적인 순수함이 세상의 모든 MBA 전문가보다 더 근본적으로 사업의 면모를 변화시킬 수 있었다.

이것은 마케팅의 차원을 뛰어넘는다. 나의 고교 시절 영어 선생님은 지난 200년간 가장 섬세한 영어권 작가는 콘래드와 나보코프라고 말하곤 했다. 선생님 말씀은 두 작가 모두 영어를 모국어로 배우지 않은 다른 언어권 출신이었기 때문에 영어라는 언어의 가능성이 그들만의 놀랍고 비상한 방식으로 활짝 열리게 되었다는 것이다. 또한 1960년대 미국 광고계의 황금 시대는 강력한 문화를 가진 소수 민족들이 앵글로색슨 백인들이 도맡아온 전문 영역에 크게 유입되었기에 가능했다. 강력한 이탈리아와 유대 문화에서 온 창조적 사상가들은 미국 문화의 주류에 있던 사람들이 너무 가까이 있어서 볼 수 없었던 기존 영역에 새로운 통찰을 불어넣었다.

이것이 바로 직전의 과거와 결별하려는 마음의 준비가 도전자 브랜드의 제1원칙인 이유이다. 이는 시장에 있는 도전자도 마찬가지이다. 신참자라면 이것은 누워서 떡먹기보다 쉽다. 무엇보다 치워야 할 가구가 없기 때문이다. 하지만 한 업종에 오랫동안 몸담아왔다면, 조직 내에서 어떻게 그런 분위기를 만들어낼 수 있을까?

앤드류 그로브Andrew Grove는 스스로를 해고했다. 1985년 일본 제품의 가격 공세로 회사의 주력 제품인 메모리칩 분야에서 수익을 남길 수 없게 되자 그는 개인적 위기에 몰렸다. 그는 기존의 판을 깨끗하게 쓸어버려야 할 필요성을 스스로에게 보여주기 위해, 회장인 고든 무어에게 두 사람이 모두 해고된 것처럼 회사 건물에서 함께 걸어 나가자고 제안했다. 그런 다음 그들은 이전의 앤드류 그로브와

앤드류 그로브: 과거와 결별하기 위해 자신을 해고하다

고든 무어가 아닌, 새로 임명된 사장과 회장으로서 다시 건물 안으로 들어왔다.

방금 전 정신적으로 비워 주었던 중역실에 앉아서 그로브는 지난 수 년 동안 경영해 왔던 사업을 새로운 눈으로 보았고, 인텔이 직면한 문제의 핵심을 파악했다. 즉 인텔은 잘못된 사업을 하고 있었다. 인텔은 그 즉시 메모리 사업에서 손을 떼고 마이크로프로세서에 회사의 모든 역량을 쏟아부었다. 마침내 그로브는 수 개월 동안 씨름해 온 문제의 해결책을 찾아낼 수 있었다.

여기에서 우리는 두 번째 새로운 동사형을 만들어낼 수 있다. 이것은 이 책 맨 마지막에 나오는 이틀간의 도전자 프로그램의 일련의 행동, 즉 우리를 도전자로 변신시키는데 필요한 행동들을 정의하기 위해 의도적으로 만들어진 것이다.

새로운 동사는 다음과 같다.

앤드류 그로브하다: 자기 자신을 해고하고 냉정하고 빈틈없는 후임자로서 건물에 다시 들어와 회사가 직면한 문제의 핵심을 파악한다.

다시 말해, 맞서야 할 대상을 파악하는 것이다. 우리는 지금까지 맞서야 할 대상을 또 다른 주요 경쟁자라고 말해 왔지만, 그것은 이처럼 간단하지 않을 수 있다. 주요 경쟁자의 위협 혹은 성공은 문제 자체라기보다 문제의 징후일 수 있다.

맞서야 할 대상이 무엇인지 알아낸 다음에는 순수한 활력의 느낌을 자신뿐 아니라 주위의 모든 팀들에 불어넣어야 한다. 그것은 회사의 사고 방식에 변화를 가져올 수 있을 만큼 충분히 강력해야 하며, 그러기 위해서는 다른 종류의 질문, 한 차원 높은 질문을 던져야 한다. 즉 흐름을 거스르는 것이다.

■ 흐름을 거스르기

1997년 10월 리처드 브랜슨은 버진원Virgin One, 즉 버진 은행의 출범을 선포했다. 지난 몇 해 동안 버진은 이미 영국 시장에서 비교적 작은 규모의 금융 상품(트랙커 펀드, 개인 자산 플랜, 연금)을 도입하여 성공을 거두었고, 기성 은행들의 가부장적 이미지에 맞서 합리적이고 진솔한 이미지를 구축했다. 이제 브랜슨은 더욱 직접적으로 대규모 은행 사업에 착수하겠다고 선언한 것이다. 그가 기자 회견에서 발표한 새로운 은행에 대한 야심은 간결했다. "우리는 영국인들이 돈에 대해 느끼는 방식을 바꾸고 싶습니다."

이것은 놀라운 발언이었다. 그가 말한 것 못지않게 말하지 않은 것 역시 놀라웠다. 예를 들어 그는 소비자들의 장기 예금에 대한 사고 방식이나 현금 자동인출기의 사용 방식을 바꾸고 싶다고 말하지 않았다. 또한 금융 조언의 필요성이나 주식 시장의 장점에 대해서도 언급하지 않았다. 그 대신 브랜슨은 영국인들이 돈에 대해 느끼는 방식을 바꾸려는 자신의 바람을 새로운 브랜드의 기초로 삼겠다고 제시했다. 그가 새로운 사업의 출발점으로 삼은 것은 특정한 형태의 고객 서비스가 아니라 '금융 업계 전체의 정서적 관계를 변화시키는 것'이었다. 그는 흐름을 거스른 것이다.

웰스파고, 아메리카 은행, 바클레이스 같은 기성 브랜드들이 스스로 그런 질문을 던지거나 그러한 야망을 중심 목표로 세우리라고 상상하기는 어렵다. 그들은 자신들의 사업에 너무 가까이 있어서 파문을 일으킬 입장이 아니다. 우리 모두는 사업의 한 영역에 오래 몸담을수록 중도적 사고의 덫에 빠지기 쉽다. 특히 사업이 성공적일 경우에는 더욱더 그렇다. 그러나 브랜슨처럼 그런 질문을 던지고 더 높은 차원의 목표를 세운다면, 앞으로의 과제에 대한 접근법이 달라진다. 예를 들어 돈에 대해 사람들이 느끼는 방식을 바꾸겠다는 브랜슨의 과제가 우리에게 주어졌다면 어떨지 생각해보자. 과연 우리는 어떻게 했을까?

우리는 틀림없이 다른 종류의 조사 방식을 생각해봐야 했을 것이다. 기존의 방식보다는 훨씬 개방적인 방식 말이다. 예를 들어 이용 실태 및 만족도 조사는 적합하지 않다. 이러한 체계화된 양적 조사는 질문을 우리가 알고 있고, 따라서 대답이 무엇인지도 알고 있다고 전제하기 때문이다. 우리는 그러한 방식 대신 사람들을 방 안에 모아놓고 그들의 마음속에 무엇이 있는지 물어보고 얼마나 빨리 돈에 대해 언급하는지 지켜보는 방법이 있다. 3쪽짜리 지침을 제시하기보다는 그저 오고가는 대화를 듣는 것이다. 그리고 그들이 의제를 정하게 내버려둔다. 그들이 돈에 대해 어떤 점을 좋아하고 싫어하는지, 어떤 점이 변하기를 원하는지, 어떤 금전적 결정이 다른 결정과 무슨 관련이 있는지 말이다. 우리는 그들이 사용하는 용어, 제시하는 비유, 표현하는 감정에 주의를 기울인다. 참관 시설이 갖추어진 방에 그들만 들어가게 하면 결과가 많이 달라질 것이다. 왜냐하면 돈이란 솔직해지기 어려운 주제이기 때문이다. 그래서 그들의 집으로 가서 한동안 함께 생활할 수도 있다. 돈을 사용하는 방법을 보고, 돈을 쓰고 저축하고 계획을 세울 때 어떤 기분이 드는지 물어볼 수도 있다. 기분이 좋거나 나쁠 때를 포착할 수도 있다. 그밖에도 얼마든지 있다.

톰 포드Tom Ford가 구찌Gucci의 크리에이티브 디렉터가 되어 회사의 신뢰 회복이라는 힘든 과제를 떠맡았던 시기는 1980년대 구찌 제품이 아주 진부해진 뒤였다(구찌는 한때 14,000여 개 품목에 상표를 붙일 만큼 무분별하게 확장되었다). 따라서 그의 첫 번째 패션쇼가 매우 중요했다. 비록 오트 쿠튀르(haute couture, 고급 맞춤 의상)는 구찌의 매출에서 10퍼센트 미만이었지만 구찌의 나머지 브랜드들의 유행을 선도하는 위치에 있었기 때문에 세계 언론들은 포드의 첫 작품에서 구찌의 새로운 유행을 파악하기 위해 기다리고 있었다.

패션은 트렌드의 영향을 받는다. 패션은 하나의 집합체로서 지배적인 분위기를 창출하는 경향이 있는데, 1990년대 초의 패션 트렌드는 정숙함이었다. 의복 스타일은 지성에 호소했다. 톰 포드는 여기에 불만을 느꼈고 흐름을 거슬러갔다. 그는 자신에게 너무나 명백한 질문을 던졌다. "사람들은 왜 좋은 옷을 입고 싶어할까?" 그리고 당시의 패션 트렌드와는 전혀 다른 대답을 가지고 돌아왔다. 멋진 옷은 분명 사람들을 매혹하기 위한 것이다. 그리고 그것은 복잡한 게 아니다. 사람들은 섹시하게 보이기 위해 멋진 옷을 입는다. 포드는 이것이 구찌를 위해 기회임을 알아챘고, 초록색과 베이지색 대신 매우 과감하고 섹시하고 매혹적인 룩을 만들었다. 그것은 터프하면서 세련된 스타일이었다. 그리고 마침내 비평가와 대중들로부터 호평이 쏟아졌다.

물론 때로는 소비자가 브랜드만큼 업계의 선입관에 가까이 있는 경우도 있다. 이러한 소비자는 그들이 무엇을 바라는지 말할 수 없는데, 업계가 그들을 대신해 효과적으로 그것을 정의해 왔기 때문이다. 예를 들어 스위스의 시계 제조사들이 새로운 일본 경쟁자들로 인해 고사 위기에 직면하기 전까지, 시계와 시계 제작에 대한 그들의 접근 방식이 수세기에 걸쳐 전 세계 시계 문화를 규정해 왔다. 시간이 소중하듯이 시계도 소중했다. 시계는 신분이 높은 사람들의 물품으로서 오래 가고, 묵직하고, 값이 비싸고, 공들여 제작되고, 한 개만 착용하는 것이었다. 값이 저렴한 시계는 시간의 중요성을 이해하지 못하는 아이들에게나 어울린다고 여겨졌다.

니콜라스 하이예크Nicholas Hayek와 스위스인들은 그들이 맞서야 할 대상과 싸우기 위해 오랫동안 세심하게 키우고 다듬었던 스위스 시계 제조공의 모든 유산과 결별했다. 그들은 고가의 제품 대신 간단히 쓰고 버릴 수 있는 값싼 시계를 만들기 시작했다. 그리고 어두운 색상보다는 밝은 색상을, 금속 대신 플라스틱을 사용했다. 시계에 격식보다는 즐거움을 부여하고 다양성을 강조했다. 심지어 동시에 두 개를 차도 좋다고 선전했다. 그들은 패션 시즌에 맞춰 일 년에

니콜라스 하이예크: 스위스 시계의 유산과 결별하다

두 번 신제품 발표회를 열었다. 그 결과, 스와치Swatch는 대중 문화의 아이콘이 되었을 뿐만 아니라 지난 30년 동안 가장 위대한 비즈니스 성공 스토리 가운데 하나가 되었다.

돌파구는 "우리는 어떤 비즈니스에 종사하는가?"라는 올바른 질문을 던지는 것으로부터 나왔다. 이 질문에 대한 하이예크의 답변은 시간 관리 비즈니스도, 품위 비즈니스도 아니었다. 그것은 바로 패션 비즈니스였다. 일단 다른 차원의 질문을 던지고 다른 방식으로 그 질문에 답하면 그밖의 모든 것들은 거기서 자연스럽게 흘러 나오기 마련이다. 이 경우에는 바로 그러한 질문이 소비자 의견보다 훨씬 더 중요한데, 소비자들은 그 업종을 스위스 시계 업계보다 더 명확히 보기는 어렵기 때문이다. 그리고 차이를 만드는 그런 질문을 던지기 위해서는 종종 아웃사이더가 필요하다.

스위스인들이 이러한 높은 수준의 질문을 묵인하도록 만든 것은 시장에 다시 진입해야만 하는 절박함이었다. 새로운 시계를 내놓은 후, 그 반응에 대한 인터뷰에서 하이에크는 이렇게 말했다. "만일 ASUAC나 SSIH가 1프랑이라도 이익을 남기고 있었다면, 나를 창밖으로 내던졌을 겁니다. 그들은 이렇게 말했겠죠. '자네, 정말 미쳤군. 도대체 시계에 대해 아는 게 뭐야?'"[1] 하지만 스와치가 직면한 상황이 그들을 도전자로 내몰았다.

이와 같은 질문을 던지는 것, 그리고 나서 업계와 리더 브랜드에게 도전하기 위한 정신적 준비로서 흐름을 거슬러가는 것은 당신이 정말로 어떤 사업을 하고 있고, 어떤 사업을 할 수 있는지 볼 수 있게 한다. 나는 앞에서 도전자는 이전의 경험을 새로운 업종으로 가져오지 않는다고 말했다. 이것은 사실이 아니다. 그들은 자주 다른 업종의 경험을 새로운 업종으로 가져오며, 때로는 그것이 그들이 진출하는 업종에 새로운 시각을 제시하기도 한다. 로얄턴 호텔과 파라마운트 호텔이 오늘날과 같은 성공을 거둔 이유 중 하나는 호텔 로비가 일종의 나이트클럽이라는 이안 슈레이저의 믿음이었다. 이런 생각은 우연히 나온 것이 아니다. 그는 뉴욕에서 전설적인 나이트클럽인 스튜디오 54를 설립하고 운영한 적이 있었다. 다시 말하지만, 소비자는 그런 정보를 그에게 결코 제공하지 못했을 것이다. 그런 생각이 떠오를 수 있었던 것은 한 영역의 가능성을 다른 영역으로 옮겨서 적용한 덕분이었다(같은 방식으로 토크쇼 순위에서 제리 스프링거가 오프라 윈프리를 뛰어넘어 급부상한 것은 제리 스프링거가 자신의 상품을 토크 쇼로만 보지 않았기 때문이다. 그는 자신의 토크 쇼를 '서커스 이상의 것'으로 보았다.[2] 슈레이저와 마찬가지로 이것은 정치에 몸담았던 스프링커의 과거 경험으로부터 나왔다).

이안 슈레이저: 호텔 로비는 나이트클럽이다

따라서 '이안 슈레이저'라는 새로운 동사를 만들 기회가 생겼다.

이안 슈레이저하다: 본질적으로 다른 업종에서 온 누군가가 이전 업종에서의 통찰력을 당신의 업종에서 활용하려고 한다면, 어떤 식으로 마케팅에 접근할지 질문을 던져본다.

이 연습은 두 가지 차원에서 적용할 수 있다. 첫 번째는 일반적인 업종의 차원이다. 파스타 소스를 예를 들어보자. 빌 게이츠라면 파스타 소스를 어떻게 팔 것인가? 그가 2등 브랜드를 맡게 되었을 경우, 어떻게 행동할까? 소프트웨어 시장에서 배운 경험 곡선을 적용하여 그것을 어떻게 압도적인 소비자 표준으로 만들 것인가? 렉서스에서 온 사람이라면 어떨까? 렉서스는 새로운 성능 표준을 제시함으로써 고급차에 대한 소비자의 개념을 새롭게 정의하려 했다. 그들은 파스타를 가지고 어떻게 할까? '자동차 보닛 위의 샴페인 잔'에 해당하는 것은 무엇이 될 수 있을까? 자동차가 매우 견고하게 만들어졌다는 것을 알려주는, 묵직하게 닫히는 소리에 해당하는 것은 무엇일까? 왜 새로운 고급차는 오감을 전부 만족시키지만 한 접시의 파스타는 오직 세 가지 감각만 만족시킬 뿐인지 생각해보자. 파스타 소스의 특성을 어떻게 귀로 들을 수 있을까?

물론 이것은 우리가 새로운 업종에서 일을 시작할 때 본능적으로 질문하는 것이다. 즉 방금 떠나온 업종의 시장 세분화와 브랜드의 관점에서 그 같은 질문을 한다. 하지만 하나의 다른 렌즈를 통해 계속 들여다보는 것은 위험하다. 우리는 소프트웨어의 관점, 혹은 고급차의 관점에서만 우리 업종을 생각해서는 안 되며, 연속적으로 다양한 영역의 관점에서 생각해볼 수 있어야 한다. 바디샵과 웰빙 제품의 관점에서 보면 어떨까? 앱솔루트와 백색 증류주의 관점은? 서크드솔레의 관점은? 서커스처럼 재미있고 기상천외한 파스타는 어떻게 만들 수 있을까?

연습의 두 번째 차원은 이 아이디어를 한 단계 더 진전시키는 것이다. 엄밀히 말해 슈레이저는 그 개념을 호텔이 아니라 호텔의 일부 또는 호텔 경험이라 할 수 있는 로비에 적용했다. 당신은 차라리 브랜드를 다섯 가지 핵심 요소로 쪼갠 다음, 이 연습을 각각에 적용할 수도 있다.

'이안 슈레이저' 연습에는 두 가지 의미가 있다. 하나는 소비자에게 그 같은 질문을 함으로써 그들이 특정 브랜드나 업종을 다른 방식으로 보도록 유도할 수 있다는 점이다. 제너럴모터스의 이야기를 들어보자. 제너럴모터스는 일본 자동차가 자신들의 전통적 고객층에 큰 영향을 미치는 것에 당황해서, 자신의 자동차와 경쟁사에 관한 조사를 실시했다. 포커스 그룹의 조정자는 소비자들에게 소니에서 자동차를 만든다면 어떨 것인지 물었다. 소비자들의 열광적인 반응을 확인한 조정자는 그들에게 소니에서 만든 자동차와 제너럴모터스에서 만든 자동차 중 하나를 선택하라고 했다. 그 결과, 누구에게나 당연한 사실이 제너럴모터스에게는 충격을 주었다. 소비자들은 미국 자동차 제작사의 기계적 경험보다는 기술적으로 섹시한 소니를 선택했다. 이 충격으로부터 그들은 어떤 대응이 필요하다는 것을 깨달았고, 그 결과 새턴 프로젝트가 시작되었다.

이 연습의 두 번째 의미는 해당 업종에 대해 질문을 던지는 바로 그 행동이, 설사 질문이 틀렸다고 하더라도 발전의 계기가 된다는 것이다. 구찌의 톰 포드는 거리를 걸으면서 그가 보기에 전혀 어울리지 않게 옷을 입은 사람들을 보는 것을 즐긴다고 한다. 어떤 이들은 얼굴이 찌푸려질 정도로 옷에 대한 감각이 형편없었다. 톰 포드는 사무실에서 앉아 그 이유를 알아내려고 애썼다. 이것은 그에게 미적 수준이 높은 것에서 출발하는 것만큼이나 가치 있는 연습이었다.

다른 종류의 질문을 던지는 것뿐만 아니라 다른 장소에서 해답을 찾는 것도 필요하다. 수 년 동안 같은 방식으로 같은 질문을 해온 까닭에 전통적인 지혜가 고착화되었을 수 있기 때문이다.

이것은 복잡한 일이 아니다. 시케이원cKone은 캘빈 클라인이 18세에서 25세까지의 젊은층을 겨냥해 내놓은 남녀 공용 향수로서 거대 향수 업체들의 패권에 도전하기 위해 내놓은 것이었다. 회사 마케팅 팀이 직면한 주요한 도전은 충동적이고 종잡을 수 없는 젊은이들의 성향이었다. 어떻게 하면 빠른 시간 안에 임계 규모에 도달할 수 있을까? 당시 마케팅 이사는 표적 시장의 행동에 대해 양적 조사 대신, 나이 어린 브랜드팀 직원들을 불러 그들의 주머니와 가방과 지갑 속에 무엇이 있는지를 물었다. 직원들은 어리둥절해하며 탁자 위에 물건들을 꺼내 놓았다. 빗, 돈, 립스틱 사이에 콘서트 티켓, CD 영수증, 옷 광고 전단 등이 있었다. 마케팅 이사는 바로 이 물건들이 있는 곳을 우리의 유통 기지로 만들어야 한다고 말했다. 회사가 표적 고객들이 일부러 찾아오게 할 수 없다면, 그들이 다니는 길목에 상품을 비치해야 한다는 것이었다. 그리고 그 다음 주에 영업팀은 최고 판매량을 달성했다.

■ 모든 것을 시도해보기

도전자 브랜드는 다른 브랜드들이 미처 알아보거나 인식하지 못한 것을 알아본다. 그것을 알아보려면 스스로 다시 순수해져야 하고, 그것을 깨달으려면 브랜드가 모든 개별적인 마케팅 요소 차원에서 습득한 온갖 짐들을 벗어버려야 한다. 그러한 짐들은 그 자체로는 차별성을 만들지 못하지만, 경쟁자로부터 자신을 차별화하고 과거와의 일관성을 유지하는 데 중요하다고 생각되어 온 것들이다. 따라서 기성 브랜드의 중요한 도전은 그러한 짐들을 버리고 다시 시작하는 것이다.

당신이 이미 튼튼한 브랜드를 가지고 있으며, 쇠퇴기에 접어들지 않았다면 다시 시작한다는 것은 생각하기 어려운 일이다. 지금까지 브랜드 관리에 대한 대부분의 저작들은 시간에 따른 일관성에 초점을 맞추었다. 즉 현재의 브랜드 자산을 인식하고 마케팅 활동을 통해 그것을 유지하는 데 관심을 가졌다. 실제로 인간은 어떤 성취를 이루고 나면 자연스럽게 그것을 보호하려는 경향이 있다. 연구 결과에 따르면, 인간으로서 우리는 손실을 싫어한다. 가진 것이 많은 사람일수록 모험을 기피하게 된다. 따라서 모험을 무릅쓰는 이는 아무것도 없이 시작하는 사람들인 경우가 많다.

그러나 우리가 큰 물고기를 잡고자 한다면, 이미 가진 것을 지키려는 것은 도전자의 마음가짐에서 한참 뒤떨어진 생각이다. 도전자 브랜드들은 직전의 과거와 의도적으로 결별한다. 그들은 소비자들로부터 신속히 재평가를 받기 위해 자신의 핵심적인 측면을 재창출한다. 그러기 위해 먼저 기존 자산, 시장에 대한 선입견, 현재의 모든 마케팅 전략들과 결별할 태세를 갖춘다. 그런 다음 차이를 만들어내기 위해 작은 자산들을 희생시킨다.

다시 한번 이것은 우리의 직관에 반하는 것처럼 보인다. 왜냐하면 우리는 마케팅과 광고 자산을 구축하고 보호하라고 배우기 때문이다. 그렇지만 다음과 같이 자문해보자. 만일 그것들 가운데 어느 것이 그토록 가치가 있다면, 어째서 우리는 지금 더 나은 위치에 있지 못하는 것일까? 물론 향후 재검토 과정에서 과거에 중요한 것들이 다시 훌륭한 것으로 부상할 수도 있다. 하지만 우리는 과거로부터 떠밀려온 잡동사니와 짐짝들에 둘러싸인 채 헤엄을 치고 싶지는 않을 것이다. 그와 같은 자산들에 대한 우리의 질문은 '가치가 있을까?'가 아니라 '충분한 가치가 있을까?'여야 한다. 우리가 이제 성공을 달성하는 데 그것들은 충분히 가치가 있을까?

1992년 닛산Nissan이 중형 세단을 재출시했을 때, 그들은 '스탄자'라는 옛 이름을 과감히 버리고 다시 시작했다. 스탄자는 제법 역사적인 가치를 지니고 있었지만, 새로운 자동차에 대한 닛산의 야심을 실현하기에는 충분치 않았다. 앞에서 살펴보았듯이, 야심과 자원 간의 간극은 이따금 도전자의 가장 좋은 친구가 된다. 당시 혼다의 어코드와 도요타의 캠리 같은 위협적인 상대들과 경쟁하던 닛산은 스탄자의 모든 과거와 결별하고 다시 시작했다. 새롭게 이름붙여지고 재포지셔닝된 알티마는 그 해 가장 많이 판매된 차가 되었다.

정치 무대는 도전자 마케팅을 위한 완벽한 시험장이다. 대체로 리더 브랜드와 도전자라는 두 주자만 경쟁하기 때문이다. 지난 몇 차례 선거에서 연속해서 보수당에 패했던 영국 노동당은 과거 어느 때보다 집권을 향해 더욱 급진적인 길을 선택했다. 노동당은 스스로를 재창조하고 16년 만의 첫 승리를 거두기 위해 과거의 근본적 체계와 정치 철학, 즉 노동조합과의 연대, 좌파적이고 전투적인 성향, 일방적인 핵무기 감축, 고율의 소득세 같은 주요 정책들과 전격 결별했다

이와 반대로, 비디오 게임 분야는 브랜드와 회사가 과거에 집착해 스스로를 재창조하는 데 실패한 사례이다. 아타리Atari는 아이콘(닌텐도의 마리오)의 중요성을 이해하지 못했고, 닌텐도는 경쟁 우위 요소로서 세련미의 새로운 중요성을 이해하지 못했다. 세가는 소니가 플레이스테이션을 출시해 업계의 경험 기준을 전혀 새로운 수준으로 올려놓는 동안에도 16비트 기술을 버리고 차세대 32비트에 집중해야 한다는 사실을 깨닫지 못했다.

중요한 자산은 재검토 과정에서 다시 나타나곤 한다. 스와치는 '스위스'를 자신의 DNA의 일부로 유지했는데, 스위스라는 명칭이 시계에 기술적인 무결점을 부여하기 때문이었다. 그리고 단어에서 느껴지는 사실적인 어감은 튀어 보이는 네온 플라스틱의 디자인을 한층 돋보이게 했다. 할리데이비슨은 자신들의 핵심 가치로 되돌아

갔다. 닛산은 자신의 모든 것을 다시 살펴본 뒤, 'Mr. K'(닛산의 미국 법인을 설립한 가타야마)의 정신을 브랜드의 정신적 유산으로 삼았다. 직전의 과거와 결별하는 것은 아무 생각 없이 모든 것을 내팽개치는 것과는 다르다. 그것은 도전자가 되는 것과 기성 브랜드가 되는 것의 차이를 만드는 질문과 가능성에 집중하기 위해 자신을 자유롭게 하는 방법이다.

따라서 기존의 마케팅 자산이 여전히 중요하다면, 흐름을 거스르거나 또는 앞서가는 질문과 경청의 과정에서 다시 수면 위로 부상할 것이다. 그렇지만 그것들은 과거에 이미 가지고 있던 훨씬 중요한 어떤 것을 가리고 있을 수도 있다. 그리고 그것을 유지하기 위해 에너지와 자원을 소모하다 보면, 새로운 방향으로 나아가려는 힘이 약화될 수도 있다.

■ 순진하게 듣기

순진하게 질문하는 것과 경청하는 것은 별개의 문제이다. 우리는 마케팅과 조사에 대해 너무 닳고 닳아서 너무 많이 걸러내고 해석한다. 가끔은 해당 영역에 대한 가장 중요한 태도가 소비자의 입에서 나왔다는 이유로 무시되기도 한다. "사람들이 늘 하는 말이야." 우리는 서로에게 소곤대며 대수롭지 않게 여긴다. "담당자에게 쪽지를 보내서 좀더 깊게 파고들라고 하자구." 우리는 교육받은 훌륭한 프로이트주의자처럼 행동하지만(프로이트주의자들은 정말로 중요한 것은 표면 아래에 있다고 믿는다), 코앞에 있는 옳은 것을 보지 못한다. 즉석 해동 식품에 관한 포커스 그룹 조사를 실시하면, 5분도 채

지나지 않아 참석자들은 하나같이 음식의 양이 너무 적다고 입을 모은다. 자동차에 관한 포커스 그룹에서 소비자들은 자동차 광고가 모두 똑같이 지루하다거나 전부 형편없다고 말한다.

그렇지만 다른 방에서 참석자들의 반응을 지켜보고 있는 우리는 그들의 말을 아예 무시한다. 전에도 똑같은 말을 들어서 그다지 심오한 통찰을 얻을 수 없다고 생각하기 때문이다. 어쩌면 참석자들이 한결같이 하는 말들이 정말 중요한 것인지도 모른다. 즉석 해동 식품의 경우 소비자들의 말 속에 담긴 참뜻은 그것이 제대로 된 식사와는 거리가 멀다는 것이다. 즉석 식품 업종에 종사하는 사람이라면 그 말을 의미심장하게 받아들일 필요가 있다. 이는 도전자에게는 기회일 수 있다. 도전자가 되고자 한다면, 아는 체하는 습관을 버리고, 좀더 순진하게 소비자의 반응에 귀 기울여야 한다.[3]

■ 거인과 아이들

이야기 속에서 거인을 죽이는 일은 대개 어린아이가 맡는다. 아이의 이름이 다윗이든 잭이든, 아이의 머릿속에는 작고 둥근 돌로 긴 창을 이길 수 있다는 생각이 떠오른다(2미터의 창에 맞서 싸울 때 참으로 바보 같은 선택은 1미터짜리 창을 고르는 것이다. 길이가 안 된다면 차라리 다른 것을 선택해야 한다).

도전의 첫 기초는 경험이 아닌 순진함이다. 흐름을 거스르는 방식으로 모든 낡은 가정들에 대해 참신한 질문을 던지는 것이다. 그 가정의 정당성에 의심을 품어라. 그리고 어떤 가정들이 심문을 견딜 수 있는지 살펴보라.

흐름을 거스르거나(업종의 기본에 관한 질문) 흐름을 앞서가는(제품이나 서비스의 정교함) 차원에서 전략적 사고를 바라본다면, 도전자가 기성 브랜드와 경쟁하기 위해서는 의도적으로 흐름을 거스르거나 또는 앞서가야 한다. 이미 업계의 규칙과 관행을 정립한 리더 브랜드는 흐름을 거스르는 사고의 측면에서 자신을 재검토하거나 변화를 시도하려고 하지 않는다. 마찬가지로 그들은 흐름을 앞서가는 혁신적 사고에 도달하거나 그것을 실행하기에는 몸집이 너무 크고 굼뜨다. 스스로 순수해졌다면, 큰 물고기를 잡기 위해 가장 먼저 할 일은 그들을 공격할 진정한 기회가 흐름을 거스르는 쪽과 앞서가는 쪽 중 어디에 있느냐를 판단하는 일이다. 즉 업계의 기본을 뒤엎을 것인지(스와치처럼), 혹은 아무도 이루지 못한 제품 개발을 할 것인지(버진애틀랜틱이 처음 제공한 기내 오락처럼) 여부를 결정해야 한다.

이런 점에서 직전의 과거와 결별하는 것은 다음과 같은 네 가지 목적이 있다.

1. 브랜드나 기업이 직면하는 핵심 문제(큰 물고기)를 새롭게 정립하는 것. 즉 뒤로 한 걸음 물러서서 문제를 정확히 진단하는 것.
2. 자신이 어떤 비즈니스에 종사해야 하는지를 정의할 수 있게 돕는 것.
3. 자신이 속한 업종의 모든 가능성을 볼 수 있도록 스스로를 자유롭게 하는 것.
4. 기회와 위협을 명확하게 바라보고, 도전자 전략을 도전자 행동으로 전환하는 모멘텀을 창출할 수 있게 하는 것.

따라서 직전의 과거와 결별하는 것은 가치 있는 정신 훈련이자, 도전자를 행동하는 브랜드로 만드는 데 있어 결정적인 요인이다.

참신한 통찰력이야말로 브랜드가 얻을 수 있는 가장 중요한 경쟁 우위 요소라 믿고 있는 기업들은 깊이 있는 지식의 강점에 순진함의 이점을 연계시키고, 이러한 연계 과정이 영구적으로 작동되도록 그들의 기업문화 내에 새로운 종류의 팀 관계를 제도화하고 있다. 예를 들어 미국의 선도적인 다문화 광고회사 중 한 곳에서는 각 프로젝트에 서로 다른 문화적 배경을 가진 두 사람을 배정한다. 한 사람은 '문화 안' (마케팅 활동이 전개될 표적 고객의 문화에 속해 있는) 출신이고, 다른 한 사람은 '문화 밖' (표적 고객의 문화 이외의 문화에 속해 있는) 출신이다.[4] 이처럼 새로운 기회와 아이디어는 깊이 있는 이해와 참신한 시각의 결합을 통해 나온다.

제2원칙

03 등대의 정체성을 구축하라

"성공이란 경쟁자가 당신을 정의하도록
내버려두지 않는 것을 의미한다."

― 톰 채펠

도 전자 브랜드의 두 번째 특징은 소비자를 향해 항해하지 않는다는 것이다. 오히려 도전자는 소비자로 하여금 자신들을 향해 항해하도록 유도한다. 광고 중에는 소위 '문제해결식' 광고가 있다. '문제해결식' 광고는 소비자를 향해 항해한다. 그것은 소비자의 생활을 그대로 보여주며, 자신의 제품이 소비자들의 삶을 더 낫게 만들어줄 것이라는 근거를 제시한다. 그것은 광고대행사나 광고주 모두에게 대단히 매혹적인 광고인데, 논리적으로 보면 흠잡을 데가 없기 때문이다. 게다가 그것은 실제 문제를 드러내 보인다. 그리고 광고는 소비자가 그것 때문에 얼마나 기분이 상하는지 이해하고 있음을 보여준다. 그런 다음 실질적인 해결책을 제시한다.

하지만 우리가 살펴보는 도전자들은 이와 유사한 행동을 하지 않는다. 문제 해결식 광고를 하지 않는 것이다. 그들은 소비자가 아니라 자기 자신에 대해 말하고 소비자로 하여금 자신을 향해 항해하도록 유도한다. 도전자들은 등대의 정체성을 가진, 이른바 "등대 브랜드"로서 행동한다.[1]

먼저 등대라는 개념과 그것이 중요한 이유를 살펴보자. 그 다음 등대 브랜드가 되기 위한 4가지 핵심 차원 — 정체성, 감성, 강렬함, 주목성(salience) — 을 다루며 이들 각각의 중요성을 차례로 논의할 것이다. 끝으로, 우리는 등대 브랜드가 되기 위한 기초, 즉 과도한 실행과 자기 확신에 대해 논의할 것이다.

■ 커뮤니케이션이 아니라 내비게이션이다

요즘 세상은 더욱 복잡해지는 것이 아니라 그야말로 산산조각나고 있다. 오늘날 사람들의 생활 골격이 줄기차게 무너지고 있다는 사실은 아무리 강조해도 지나치지 않다. 가정은 붕괴하고 직업의 안정성은 사라졌으며, 존경받던 유명 인사들과 기관들은 불신의 대상이 되었다. 과거 비즈니스 아이콘이었던 기업들은 재정적 어려움에 빠졌으며, 검은 금요일의 기습과 여파는 계속적인 충격을 남겼다. 친구 관계와 가정 생활 같은 기본적인 사회적 욕구는 일의 압박으로 대체되었으며, 개인의 감정도 매일 부딪치는 무수한 압력들 때문에 거의 매몰될 지경이다. 아이들 뒷바라지도 해야 하고, 돈도 모아야 하며, 옳고 그름에 대한 판단도 해야 한다. 이런 붕괴의 느낌은 일관되게 회의적이고 시각적인 보도로 인해 매일 밤 증폭된다.

우리는 이러한 구조의 붕괴에 너무 가까이 있기 때문에 때때로 그 영향을 제대로 보기 어렵다. 그렇지만 몇 가지 징후들을 고려해 볼 수 있다. 예를 들어 황금 시간대 텔레비전 프로그램의 비교를 살펴보자. 1960년대 초의 프로그램은 서부 개척 정신과 영웅주의, 미국이 어떻게 만들어졌는지를 주제로 했다. 1995~1996년의 프로그램에서 〈응급실〉과 〈NFL 월요 나이트 풋볼〉을 제외하면 나머지는 모두 루저들에 관한 코미디로서, 우리 같은 평범한 사람들이 일상의 장애물에 걸려서 어떻게 유쾌하게 무너지는지를 보여준다.

나는 문명 사회가 사라진 것을 슬퍼하려는 게 아니다. 다만 우리에게 닥친 실제적인 결과들을 관찰하자는 것이다. 즉 오늘날의 사람들에게는 이전 세대들의 삶을 구성했던 핵심 요소들이 결여되어 있고, 방송은 그것을 보여주고 있다.

인간 사회에서 상품은 항상 바깥 세계와 자기 자신에 대한 일종의 커뮤니케이션이었다. 이제 나는 한 단계 더 나아가려고 한다. 나는 브랜드가 단순히 커뮤니케이션이 아니라 일종의 내비게이션

(navigation)이 되었다고 말하고 싶다. 즉 불확실성의 시대에 브랜드와 제품은 점점 더 의미를 제공하는 어떤 것이 되고 있다. 이는 오늘날 번영하는 브랜드들은 자신이 누구인지에 대한 매우 분명한 인식을 가지고 있음을 의미한다. 단순히 구별되는 정체성이 아니라 강력하고 자기 준거적인 정체성을 갖고 있는 것이다. 그리고 그들은 그 자체의 강렬함과 자기 확신 때문에 경쟁자와는 달리 유독 두드러져 보인다. 오늘날 번영하는 브랜드는 불확실성의 바다에서 표류하는 소비자 이미지를 쫓는 브랜드가 아니라, 이른바 등대의 정체성을 가진 브랜드들이다.

물론 내 생각에 반대하는 독자가 있을 수 있다. 그들은 항해라는 비유에 반대하면서, 소비자의 관여도가 매우 낮은 영역들이 존재하므로 항해 모델이 맞지 않다고 주장할 것이다. 예를 들어 자동차나 스포츠화 같은 고품격 혹은 고가치 제품의 경우는 몰라도, 바닥 세척제 같은 경우는 그렇지 않다는 것이다. 그렇다면 패스트푸드는? 건전지는? 독자는 나에게 다음과 같은 '티셔츠 테스트'를 제기할지도 모른다. 소비자가 특정 브랜드의 로고가 새겨진 티셔츠를 입으려 한다면, 소비자가 그 브랜드와 연관되는 것을 자랑스러워한다고 할 수 있다. 하지만 그 티셔츠를 입으려 하지 않는다면, 등대의 브랜드 이론은 전체적으로 문제가 있다는 것이다.

이에 대한 대답으로서 나는 낮은 관여도를 가졌지만 자신만의 방식으로 티셔츠 테스트를 통과한 두 브랜드의 예를 들고자 한다. 첫째는 패스트푸드 브랜드인 잭인더박스이다. 패스트푸드를 즐기는 젊은이들도 패스트푸드가 대단한 제품이라고 생각하지 않는다. 패스트푸드는 먹고 돌아서면 그만이기 때문이다. 그런데 5장에서 살펴보겠지만, 이 회사 설립자의 분신인 어릿광대 잭은 자신의 중역실

잭인더박스: 어릿광대 잭을 회사의 상징으로 만들다

을 폭파시키고 나서 회사를 다시 장악했고, 자신만의 방식으로 하나의 상징이 되었다. 새로운 브랜드 정체성을 도입하고 나서, 잭인더박스는 잭의 머리 모양을 안테나 공으로 제작했다. 이 안테나 공은 자동차의 안테나 끝에 꽂는 것으로, 회사 매장에서 99센트에 판매되었다. 그 후 일 년 동안 포드 레인저에서부터 닛산 Z에 이르기까지 자동차 안테나에 작은 광대 머리를 달고 다니는 사람은 남부 캘리포니아와 텍사스에서만 150만 명이 넘었다.

또 다른 저관여도 제품 브랜드인 에너자이저 버니Energizer Bunny 역시 대중 문화의 일부가 되었다. '오래 가는'(long lasting)이라는 건전지 제품의 대표적 속성을 점유해 온 버니는 영화나 텔레비전, 정치 만평 등에 자주 등장한다. 〈다이하드 3〉에서 한 악당은 어떤 방법을 써도 주인공 브루스 윌리스가 죽지 않자 신경질적으로 화를 낸다. 브루스 윌리스는 그런 자신을 에너자이저 버니에 비유하며 악당에게 면박을 준다. 에너자이저 버니는 계속해서 앞으로 전진한다. 이처럼 모든 매체들이 버니를 한결같이 그런 식으로 언급하는 것은 그만한 대가를 지불해서가 아니다. 건전지가 관여도가 높은 제품이거나 작가나 관객이 열렬한 건전지 애호가이기 때문도 아니다. 이유는 단지 에너자이저가 잭인더박스처럼 자기 나름의 방식으로 등대 브랜드가 되었고, 그 브랜드가 대변하는 것이 누구나 그 일부가 되고 싶어하는 사회적 통화(currency)가 되었기 때문이다.

이 두 브랜드가 소비자의 삶을 형성하는데 심오한 의미를 갖고 있는가? 아니다. 그렇다면 사람들의 삶의 새로운 틀을 대변하는가? 역시 아니다. 그렇지만 일관되게 전달되는 분명한 정체성을 가짐으로써 누구에게나 공통적으로 이해되는 존재가 되었다. 그래서 소비자들은 비록 관여도가 낮은 영역의 제품이라 할지라도 그 브랜드와 그 의미의 일부가 되는 것에 사회적 가치를 부여한 것이다. 이 두 브랜드의 성공은 실제로 관여도가 낮은 업종은 존재하지 않는다는 것을 말해준다. 오직 관여도가 낮은 브랜드가 존재할 뿐이다.

그런 브랜드의 자신감에서 소비자들이 매력을 느끼는 것은 놀라운 일이 아니다. 사람들은 강한 것과 스스로에게 진실한 사람에게 끌리게 마련이다. 그리고 제품을 선택하는 데 있어 강한 브랜드에 끌린다. 리더 브랜드의 힘은 리더 브랜드로서의 친숙함과 편재성(ubiquity)에서 나온다. 반면 도전자 브랜드는 자신이 누구인지 강렬하게 표출함으로써만 강한 면모를 보여줄 수 있다.

■ 등대 브랜드의 특징

우리는 등대의 정체성을 가진 도전자 브랜드의 주요 특징들을 좀 더 구체적으로 살펴보아야 한다. 그 특성은 다음의 네 가지로 볼 수 있다.

1. 자기 준거적(Self-Referential) 정체성. 도전자 브랜드의 모든 마케팅 행동의 주된 목적은 그들이 어디에 서 있는지 우리에게 알려주는 것이다. 등대 브랜드는 우리에 관해 말하거나 우리를 향해 항해하려고도 하지 않는다.

2. 감성(Emotion). 도전자 브랜드는 소비자와 감성적 관계를 창출하려고 한다. 도전자는 합리적인 욕구 충족을 통해 성공하려고 하지 않는다. 그 대신 등대의 정체성을 통해 감성적 동조를 유도한다.

3. 강렬함(Intensity). 도전자 브랜드는 자신이 하는 모든 일을 통해 자신이 누구인지를 강렬하게 전달한다. 선호도가 낮다고 해서 후발 주자가 기죽을 이유는 없다. 도전자는 활기가 넘쳐야 한다.

4. 주목성(Salience). 도전자 브랜드는 항상 우리의 의식 속으로 침입해 들어온다. 굳이 그들이 있는 쪽을 보려고 하지 않아도 그들의 활동을 알아채지 않을 수 없다.

이 장의 나머지 부분에서 우리는 위의 특성들을 차례로 논의할 것이다. 아울러 정체성의 뿌리가 어디에 있는지, 어떻게 하면 강력한 정체성에 도달할 수 있는지에 대해 알아볼 것이다.

■ 자기 준거적 정체성

　도전자들은 자신이 아닌 다른 것의 뜻에 따라 항로를 선택하지 않는다. 그들은 세상으로 하여금 자신을 기준으로 항해하도록 유도할 만큼 자신감이 넘친다. 새턴의 마케팅 부사장은 이 점에서 광고의 역할을 정의한 것으로 유명하다. 실제로 새턴이 새로운 자동차를 출시하기에 앞서 수 개월 동안 광고에서 직설적으로 정체성을 표현한 것은 그것의 중요성에 대한 회사의 신념 때문이었다(과거 미국 자동차 업계에서 사전 광고로 덮개에 싸여 알아볼 수 없는 형체에 대해 수수께끼 같은 목소리로 설명하는 것을 기억할 것이다).

　무엇보다도 그들은 자신이 누구인지에 대해, 외적인 이미지가 아닌 내부의 고유한 정체성에 관해 매우 분명한 인식을 가지고 있다. 그것은 설립자가 그 회사의 중심에 있기 때문인데, 회사는 설립자의 개인적 신념을 반영하고 증폭시킨다. 리처드 브랜슨은 버진 내부에 자신만의 개인적 문화를 주입하고 있다. 그는 웃음짓는 혁명가, 털 점퍼를 입는 기업가, 기성 체제의 폭로자이다. 아니타 로딕Anita Roddick의 개인적 신념과 이상은 바디샵 내에서 신봉의 대상이다.

　기업의 다른 모든 특성들(행동, 이미지, 커뮤니케이션, 문화)은 바로 이것으로부터 흘러나오게 된다. 그렇지만 우리가 살펴보는 다른 도전자 브랜드들 가운데 설립자가 불분명하거나 존재하지 않는 경우, 예를 들어 앱솔루트, 원더브라, 렉서스, 폭스, 디젤, 스와치, 오렌지, 오클리, 골드피시는 엄청난 자신감과 함께 자신이 누구인지에 대한

아니타 로딕: 바디샵의 정체성을 정의하다

인식을 자기 나름의 방식으로 표출했다. 이들이 스와치나 오클리처럼 디자인을 통해 자신을 표현하든, 혹은 광고를 통해 표현하든, 기준점은 항상 자기 자신이다. 아무런 비교도 없고 문제해결식의 광고도 하지 않는다.

　도전자 기업과 다른 기업들 간의 경계선은 매우 분명하다. 도전자 기업을 다른 기업과 구분해주는 정체성의 차이는 사소한 표현의 차이가 아니다. 이들의 정체성은 한눈에 알아보기 쉽고, 업종 안팎에 있는 다른 기업들과 비교해도 매우 명확하다. 얼굴 없는 금융 서비스의 바다를 헤엄치는 오렌지색 물고기(골드피시), 그들만의 생활철학을 가지고 있는 청바지 회사(디젤), 성인 만화를 좋아하는 방송국(폭스), 애초부터 com, tel 같은 이름을 쓰지 않고 색깔로 이름을 정한 통신사(오렌지)가 바로 그들이다.

실제로 내가 조사한 도전자 브랜드들은 자신 외에 어떤 것도 참조할 필요가 없는 매우 분명한 자기 준거적 정체성을 만들어냈다. 라스베가스는 자신과 대중에게 '미국인이 즐기는 방식', '미국의 유흥 수도'라는 등의 많은 포지셔닝 선언을 해왔다. 하지만 이제는 '라스베가스는 라스베가스다'라는 간단한 주장만으로 상품의 탁월한 독특성, 브랜드 정체성, 태도 등을 드러낼 수 있게 되었다. 마찬가지로 타코벨Taco Bell은 '세상에서 하나뿐인 패스트푸드'라는 말로 회사의 모든 직원들을 대상으로 자신을 정의함으로써 수많은 경쟁자들이 난무하는 패스트푸드 업계에서 방향을 잃는 일이 없도록 스스로를 단속했다. 등대의 정체성은 자신만의 언어를 갖고 있다. 예를 들어 그란데 절반에 디카페인 더블 톨에 아몬드를 얹은 모카를 달라는 식이다(스타벅스). 내가 디카페인이라고 했나? 잠시 말이 헛나갔는지 모르겠다. 그러니까 내 말은, 카페인 없는 커피를 달라는 뜻이다.

이와 대조적으로, 자기 자신이나 소비자를 대상으로 정체성을 확립하는 데 실패한 2등 브랜드는 과연 어떻게 되었는지 살펴보자. 리복은 자신의 정체성을 분명하게 정의하는 데 번번이 실패한 2등 브랜드로, 나이키가 주도하는 운동화 시장에서 힘겹게 싸우고 있다. 리복은 나이키가 운동화 시장에서 이미 입지를 확고히 했다는 사실을 받아들이고 다른 영역을 개척해 진정으로 자신을 차별화하는 방안을 모색해야 했음에도 불구하고, 그저 미약하게 나이키를 따라하려고 하다가 몇 년을 허비했다. 리복의 브랜드는 정체성이 부족하고, 자신이 누구이고 무엇이 될 수 있는지, 어떤 점을 보여줄 수 있는지에 대한 자신감도 없다. 상인 집단에서 탄생한 리복은 분명한 방향성을 갖지 못하였고 결국 리더가 될 입지를 다지는 데 실패했다. 한편 운동 선수들의 자식이라 할 수 있는 나이키는 자신감과 실

라스베가스는 라스베가스다

재감이 느껴지는 정체성과 방향성을 지니고 있었다.

도전자가 등대의 정체성을 개발하고 수립한다고 해서 처음부터 그런 인식을 가지고 출발한다는 뜻은 아니다. 버진애틀랜틱과 앱솔루트 같은 몇몇 도전자들은 애초부터 마음속에 어느 정도 완성된 정체성을 가지고 세상에 발을 내딛었지만, 다른 도전자 브랜드들의 경우 그들의 정체성이 자신들에게조차 항상 분명한 것은 아니었다.

예를 들어 서크드솔레가 근거지인 캐나다를 떠나 영어권 관객들이 있는 곳(나이애가라 폭포 근처)으로 국경을 넘어왔을 때, 그들은 오랜 고민 끝에 '서크드솔레'Crique du Soleil라는 자신들의 이름을 좀더 평범한 영어 이름인 '태양의 서커스'Circus of the Sun로 바꾸었다. 프랑스어로 된 이름은 미국 관객들에게 너무 생소할 것 같았기 때문이다. 하지만 이름을 바꾼 것은 재앙을 가져왔다. 그들은 서커스를 보고 실망해서 환불을 요청하는 관객들에게 계속 시달려야 했다. 왜냐하면 관객들이 영어로 번역된 서커스단의 이름을 보고 그 서커스가 사자 조련사와 코끼리가 등장하는 종래의 서커스와 같은 줄 알았기 때문이다.

결국 이런 과정을 거치면서 서크드솔레는 자신의 정체성이 기존 서커스단과의 차별성을 부각시키는 데 있다는 사실을 깨달았다. 그들은 서크스단의 이름을 다시 본래대로 바꾸고, 관객들이 흔히 보아왔던 서커스와 서크드솔레 간의 차이를 극대화하는 데 주력했다. 그 결과, 쇼의 분위기와 스타일이 확연히 달라졌다.

폭스는 현재 미국에서 뚜렷한 브랜드 이미지를 구축하는 데 성공했다(젊고 불손하며 관행을 타파하는 이미지). 하지만 초창기만 해도 그들은 오직 광고 수주에만 관심이 있었다. 당시 폭스 경영진은 독창적이고 잘 만들어진 프로그램을 제공하면 그것으로 충분하다고 생각했다. 그 결과 프로그램들은 독창적이기는 했지만, 질적인 수준과 성격은 뒤죽박죽이었다. 싸구려 잡지 같은 〈The Reporters〉부터 오스트레일리아식 미래형 잡지 같은 〈Beyond Tomorrow〉, 작가들의 파업으로 겨우 기한을 맞출 수 있었던 〈America's Most Wanted〉, 〈21 Jump Street〉, 〈Married with Children〉가 그것들이다.

그 후 2년간의 시청률은 폭스에게 기회가 어디에 있는지를 보여주었다. 전통적인 소재를 다룬 프로그램들이 고정관념을 깨뜨리는 프로그램보다 시청률이 확연히 떨어졌다. 폭스의 초대 편성 책임자인 가스 앤셔는 10년 전을 회상하며 이렇게 말했다. "처음 6개월 동안 우리는 다른 방송사들과 비슷한 프로그램을 내보내려고 애썼습니다. 하지만 우리가 배운 교훈은, 다른 방송사와 비슷해진다면 시

폭스: 자신의 정체성을 찾고 브랜드가 되다

청자가 굳이 폭스를 선택할 이유가 없다는 것이었죠."2

폭스 방송사가 다른 방송사와 달라야 한다는 것을 깨달은 것은 그 첫 걸음이었다. 자신이 누구인지에 대한 정확한 인식이 필요했다. 폭스의 경영진들이 보기에 처음에는 그것이 코미디 시리즈인 것 같았다. 그들은 다른 채널에서 일요일 밤마다 '지겨운 주말의 영화'를 내보내는 것과 달리 코미디 프로그램을 편성했다. 바로 이때부터 폭스는 사람들에게 코미디 방송사로 기억되기 시작했다. 그리고 그런 방식으로 폭스를 마케팅하는 것은 다른 차원에서 활력을 불어넣었다. 폭스의 광고대행사는 기발한 신문 광고를 제안했다. 얼마 전 사기 행각으로 명예가 실추된 베이커 목사 부부 사진 아래에 "이제 이 사람들이 갔으니, TV에서 우리가 제일 웃깁니다."라는 광고였다. 이런 식의 광고 태도는 폭스에게 안성맞춤이었다. 코미디는 폭스가 가장 자신감 있게 설 수 있는 장소였다.

이후 폭스는 성인 만화영화 〈The Simpsons〉을 시작으로, 〈Beverly Hills〉, 〈Melrose Place〉, 〈X파일〉, 〈Party of Five〉 같은 기념비적인 작품을 잇달아 내놓았는데, 이 작품들은 과거 다른 채널에서 볼 수 없는 소재를 다루었다. 오늘날 폭스는 자신의 정체성을 좀더 세련되게 다듬어 코미디 그 이상으로 나아가고 있다. 즉 독특함과 대담함, 외설과 신랄함, 반항과 반문화 등 방송에 걸맞지 않은 소재까지 폭넓게 다루고 있다. 그 결과, NBC 방송사의 간부인 브랜든 타르티코프가 한때 '허수아비 방송사'로 무시했던 폭스는 이제 진정으로 유일한 방송사 브랜드가 되었다.

이제 소비자들은 폭스에서 만든 프로그램을 기대할 만큼 브랜드 정체성이 매우 강력해졌다. 1996년 〈Partners〉와 〈Ned and Stacey〉 두 편의 프로그램이 나왔을 때, 두 작품모두 대본과 배우들의 연기력도 좋고 작품도 잘 만들어졌다고 평가되었지만 시청률은 낮았다. 그러자 사람들은 두 작품 모두 소재 자체에는 아무 문제가 없으며, 〈파트너〉의 경우 NBC에서 방영했다면 성공을 거두었을 거라고 입을 모았다. 폭스의 등대 정체성에 맞지 않는다는 거였다.

폭스의 이야기는 기업의 정체성이 반드시 마케팅 팀의 사무실에서 완성된 뒤 밖으로 나올 필요가 없다는 것을 보여준다. 하지만 다른 모든 활동의 토대로서 정체성의 추구가 모두가 믿고 적극적으로 지향해야 하는 원칙이 되어야 한다. 폭스 역시 사업을 시작할 당시에는 정체성이 불분명했지만, 리복Reebok과 달리 자신의 정체성을 찾았고, 그것을 향해 나아갔으며, 다른 방송사와 차별화하려고 노력했다. 중요한 것은 일단 정체성을 수립한 다음에는 브랜드 커뮤니케이션과 행동들이 모두 정체성으로부터 나와야 한다.

이미지는 종종 뜻대로 창조되거나 재창조될 수 있는 것으로 말해지곤 한다. 그런데 현실에서 소비자의 후각은 매우 민감하기 때문에 가짜를 금방 알아챈다. 정체성에 뿌리를 둔 이미지와 그렇지 않은 이미지의 차이는 실제와 마케팅 허상의 차이다. 이는 곧 이미지가 변화하거나 브랜드에 대한 획기적인 사고 방식을 제공할 수 없다는 것이 아니라, 그것이 항상 브랜드의 정체성에 뿌리를 두어야 한다는 것이다. 그 자체가 분리된 실체로서 창조되거나 마케팅되어서는 안 된다. 도전자 브랜드의 모든 것은 정체성으로부터 나온다. 이미지, 행동, 제품 혁신, 심지어 내부 문화까지도 정체성에서 비롯된다. 이는 도전자의 성공에 설립자가 매우 결정적인 이유이다. 회사의 설립자는 아이콘이나 홍보의 핵심 요소로서 중요한 것이 아니다. 설립자는 신념 체계의 뿌리일 뿐만 아니라 정체성의 원천을 제공하고 그것을 지속적으로 선전하기 때문에 중요하다.

내부 고객

등대의 호소력을 살펴보면서, 우리는 그 주요 가치가 자신의 최종 사용자에 대한 강력한 호소력에 있다고 말했다. 하지만 엄밀하게 말해서 도전자 CEO들은 이것을 주요한 경쟁 이점으로 여기지 않는다. 이른바 '소비자 중심' 시대의 마케팅에 관해 놀랄 만한 것 중 하나는, 성공적인 리더 브랜드나 성공적인 도전자들은 최종 사용자를 자신들의 주요한 표적으로 보지 않는다는 사실이다. 리더 브랜드들은 주주를 더 우선시하고, 최종 사용자를 부수적으로 여긴다. 반대로, 많은 도전자 CEO들은 자신의 직원들이 주요한 표적이기 때문에 최종 사용자를 부차적으로 생각한다.

지금까지 논의한 많은 브랜드에서 정체성의 가장 중요한 가치는 바로 여기에 있다. 도전자 기업들은 직원에 대한 관리나 권한 위임보다는 직원들에게 영감을 불어넣는 것을 더 중시한다. 이것은 CEO의 젊은 열정에 기인한 것이 아니라 필요의 문제다. 앞에서 살펴보았듯이, 야망과 마케팅 자원의 간극으로 인해 도전자는 더욱 큰 마케팅 창의력이 요구되며, 그 간극은 도전자 조직의 직원들 내부에서 그것이 단순히 업무 이상이라는 절박감을 요구한다. 그들은 정말로 자신의 업계나 세상을 뒤집으려 한다.

바디샵에 대한 아니타 로딕의 비전으로 돌아가보자. 그녀의 바람은 직원들과 회사를 단단히 이어주는 흥분과 열정을 창출하는 것이었다. 로딕은 직원들이 스스로 중요한 일을 하고 있다고 느낌으로써 모종의 동기 부여가 일어나기를 바랐다. 그것은 그저 샴푸와 바디로션을 판매한다면 절대로 성취할 수 없는 일이었다. 리더 브랜드에게 로딕의 이야기는 너무 순진하게 들릴지 모르지만, 도전자 기업에서 자신들이 하는 일의 중요성에 대한 이 같은 인식은 곳곳에서 찾아볼 수 있다.

애플의 스티브 잡스는 코카콜라의 존 스컬리에게 결코 잊을 수 없는 열렬한 호소를 던졌다("당신은 평생 설탕물이나 팔면서 남은 인생을 보내고 싶소, 아니면 세상을 바꾸고 싶소?") 그리고 이는 마이크로소프트 직원들이 자신들의 프로젝트를 지하드, 즉 이교도에 대한 성전(聖戰)이라 부르게 만드는 결과를 가져왔다. 리더 브랜드는 사명 선언문을 가지고 싶어하지만, 도전자는 그 사명을 실천해야 한다.

스타벅스가 커피에 대한 느낌을 직원들에게 어떻게 교육시켰는지 눈여겨보라. 가장 맛있는 에스프레소 커피를 만들기 위한 정확한 온도와 시간과 기술을 익히는 훈련이나 커피 전문가의 자질만으로

원더브라: 여성의 파워를 자신의 정체성으로 정의하다

는 충분치 않다. 바리스타가 되려면 커피 제조 기술 외에 고객에 대해서도 알아야 한다. 이런 측면에서 강력한 정체성은 도전자 기업들에게 강력한 인재 채용 도구이자 동기 부여 수단이 된다.

정체성에 대한 분명한 인식에는 자신이 누구냐 하는 것뿐 아니라 어떤 비즈니스에 종사하는지도 포함된다. 원더브라Wonderbra는 여성 속옷 브랜드이지만, 자신감 비즈니스, 더 강하게 말하면 파워 비즈니스로 이동함으로써 업계의 아이콘이 되었다. 가슴을 받쳐주는 브래지어의 장점은 한동안 잘 알려지지 않았는데, 원더브라는 제품의 장점을 멋지게 보여주는 무명의 체코 모델이 나오는 흑백 광고와 함께 다시 등장했다. 그리고 그 광고에 "당신의 발이 보이지 않아요."라는 문구를 넣었다. 그런데 정말로 원더브라 브랜드의 방향성과 정체성을 잘 살린 광고는 그 다음에 등장했다. 여전히 원더브라와 짧은 팬츠만 걸친 이 모델은 활짝 웃는 얼굴로 사람들의 시선을 사로잡았다. 그녀 옆에는 "이봐, 남자들"(Hello Boyes)이라는 짧은 문구가 쓰여져 있었다. 이 광고는 편안함이나 조용한 유럽풍 관능미를 추구하는 전통적 란제리 사용자를 위한 것이 아니었다. 이 광고는 큰 가슴뿐 아니라 그것이 주는 파워(불량하게 행동할 수 있는 파워)를 즐기고자 하는 여성들을 위한 광고였다.

우리는 앞에서 뉴욕의 파라마운트 호텔과 로열턴 호텔 설립자인 이안 슈레이저가 호텔 로비를 일종의 '나이트클럽'으로 간주했다는 사실을 언급한 바 있다. 대부분의 사람들은 호텔 로비를 식사하러 가기 전이나 택시를 기다리면서 간단한 음료를 마시는 장소로만 여겼는데, 슈레이저의 비전은 그것을 목적지로 바꾸어 놓음으로써 경쟁 우위의 요인으로 삼았다. 그는 호텔 로비에 색다른 스타일의 직원을 배치하고 색다른 장식과 조명으로 실내를 꾸몄다. 그 결과, 그런 분위기를 즐기는 단골 고객들을 모으는 데 성공했다. 식당, 서비스, 객실이 아니라 바로 로비가 두 호텔의 심장부였다. 물론 명망 있는 필립 스탁Philippe Starck이 디자인한 객실도 아주 멋졌지만, 마음을 움직이게 만든 것은 호텔 로비에 앉아 앱솔루트를 마시는 사람들이었다(여기서 주목할 점은 슈레이저는 항상 영역을 넘나들며 다른 차원의 생각을 떠올린다는 사실이다. 그는 1977년에 뉴욕의 전설적인 클럽, 스튜디오 54에서 손님을 가려서 받는 전략을 사용했다).

정체성이 조직을 움직인다

정체성과 비즈니스 정의의 결합은 직원 채용에 이르기까지 조직의 모든 측면을 움직인다. 조직은 한 사람의 의지나 기질에 전적으로 따를 수는 없기 때문이다. 빌 게이츠처럼 이메일을 통해 실시간

이안 슈레이저: 로비를 호텔의 심장부로 만들다

으로 모든 직원들에게 자신의 의지를 전달할 수 있다 해도 말이다. 도전자들은 직원 채용시 회사의 핵심적 특징을 유지하려 한다. 오클리Oakley는 직무에 대한 기술적 능력은 물론이고 스포츠에도 적극적으로 관심을 보이는 사람을 뽑는다. CEO인 마이크 파넬Mike Parnell은 일을 하면서 직원들이 자신의 삶과 자신이 좋아하는 것에 영향을 미치고 있다고 느껴야 한다고 주장한다(이는 또한 직원들이 젊고 매우 경쟁적임을 의미한다. 이것은 파넬이 오클리를 경쟁업체인 레이반과 구별하는 부분이다. 그는 웃음을 지으며 이렇게 말할 것이다. "물론 레이 반에도 좋은 사람들이 있을 거예요. 하지만 나는 그 사람들과는 술 한 잔도 하고 싶지 않군요." 이러한 경쟁심은 대개 점심 시간에 크로스컨트리 산악 자전거 타기, 실내 농구 경기, 주말 스키 대회 같은 재미있고 공격적인 일상의 경쟁문화 속에서 강화된다). 오클리의 바람직한 직원의 정체성은 브랜드의 경쟁적 정체성을 고스란히 반영하고 있다.

■ 감성 그리고 강렬함

강력한 정체성의 목적은 도전자와 사용자 간의 강렬한 관계를 창출하는 것이다. 브랜드와 브랜딩의 가치는 때때로 '고객의 선택 과정을 촉진하고 효과적이게 하는 일'과 관련된 어떤 것으로 설명되지만,[3] 대체로 성숙한 시장에 진입하거나 재진입하고 있는 브랜드인 우리는 그것과는 아주 멀리 떨어져 있다. 도전자 브랜드는 더 큰 편의와 신뢰를 제공함으로써 성숙한 시장에서 돌풍을 일으키는 것이 아니다. 그들은 기성 브랜드가 따라올 수 없는 감성적 보상이나 관계를 소비자에게 제공하기 때문에 성공한다. 특정한 제품 믹스를 통해서 특정한 합리적 욕구를 만족시킬 수도 있겠지만, 도전자는 대체로 그런 합리적인 욕구의 만족을 통해 성공하지 않는다(성숙한 시장에서도 합리적 욕구는 거의 남아 있지 않다). 그보다는 등대의 정체성을 통해서 소비자 감성의 재구축을 유도한다.

도전자 브랜드는 어떤 이유에서든 리더 브랜드보다 더 강력하고 감성에 바탕을 둔 관계를 가져야 한다. 그저 강력하다는 것으로는 충분치 않다. 실제로 소비자와 브랜드의 긍정적 관계에 있어 다음과 같은 강도의 차이가 있다.

• 무관심. 쇠퇴하는 브랜드들은 무관심한 취급을 받는다. 그것은 범용품으로 전락하거나 소멸한다.

• 안심. 자기 변화를 하지 못하는 견고한 기성의 리더 브랜드는 안심을 제공한다. 안심은 첨단 기술 분야처럼 소비자가 불안해하는 새로운 업종에서는 한동안 가치가 있지만, 맛있는 음식처럼 소비자가 잘 아는 업종에서는 효과적이지 않다.

• 약한 선호. 이 수준은 경쟁적인 가격 혹은 다른 공격적인 보복 전술에는 취약하다. 패스트푸드처럼 대규모 저관여 업종에서는 약한 선호로도 충분할 수 있지만, 유통망의 제약을 딛고 구매 변화의 모멘텀을 창출해야 하는 도전자로서는 불충분하다.

• 열렬한 선호. 이것이야말로 도전자가 열망하는 수준이다. 아주 적은 수의 업종에서 리더 브랜드가 이것을 향유하고 있다. 예를 들어 고급 수입차 시장에서 렉서스가 그러하다. 나이키의 목표는 팬 같은 고객을 창출하는 것이었다.

• 일체감. 사용자가 브랜드의 제품을 자신과 동일시할 정도의 선호가 일어난다. 할리데이비슨 사용자들이 극단적인 사례에 속하지만(이들은 자기 몸에 할리 브랜드의 문신을 새길 정도다), 애플도 그와 같은 감성적 일체감을 향유하고 있다. "나는 맥 유저이다."라는 겉보기에 순수한 말 속에는 사용자 자신의 창조성, 세상에 대한 시각, 독창적인 생각 등 여러 가지 관련된 믿음이 숨어 있다.

• 강화된 자아의 느낌. 브랜드는 단순히 사용자의 바람에 자신을 맞추거나 일체감을 구축하는 차원이 아니다. 브랜드는 소비자가 그것을 원하는지 깨닫지 못했지만, 일단 한번 경험하면 전보다 더 많은

것을 느끼게 만드는 어떤 것을 전달한다. 스타벅스나 원더브라는 이러한 강화된 자아의 느낌을 제공한다. 스타벅스 이용자는 단순히 커피를 구입하는 것이 아니라 세련됨과 교양, 힘든 하루에서 고급스러운 느낌의 순간을 구매한다. 원더브라는 외견상 풍만한 가슴뿐 아니라 착용자가 누리지 못하는 자신감과 파워를 제공한다.

따라서 우리는 브랜드에 관한 한 모든 실질적인 측면에서 사랑의 반대말이 증오가 아니라 무관심이라는 것을 알 수 있다. 무관심은 도전자에게 매우 위험한 것이며, 약한 선호도 마찬가지다. 열렬한 선호는 도전자가 목표로 해야 할 최소한의 수준이다.

이러한 정도의 선호에 도달하기 위해서는 자기가 누구이고, 무엇이 남들과 다르게 하는지에 대해 분명한 인식을 가지고 그것을 명확히 전달해야 한다. 문제해결식 광고는 소비자에게 공감과 해결책을 줄 수 있지만 일체감을 주지는 못한다. 또한 문제 해결을 통해 단기적 매출을 올릴 수 있지만, 중장기적 모멘텀을 낳는 강력한 브랜드 관계를 창출하지는 못한다.

스와치의 니콜라스 하이예크는 이에 대해 다음과 같이 말했다.

> "감성적 제품은 메시지에 관한 것이다. 그것은 사람들에게 당신이 누구이고 왜 그 일을 하는지를 알려주는 매우 독특하고 흥분되는 진정한 메시지이다. 스와치의 메시지를 구성하는 많은 요소들이 있다. 고품질, 저가격, 도발, 삶의 기쁨이 그것이다. 하지만 스와치 메시지의 가장 중요한 요소는 다른 기업이 절대로 모방할 수 없다. 궁극적으로 우리는 단순히 시계를 제공하는 것이 아니라 개인적 문화를 제공하고 있다."[4]

■ 주목성

등대의 마지막 특징은 사람들의 의식 속으로 파고 들어온다는 점이다. 그것은 보려고 하지 않아도 보인다. 보드카를 즐기는 사람이 아니더라도 앱솔루트를 안다. 스트로베리 구아바 바디 로션을 쓰지 않아도 라트비아인에게 바디샵의 가치관이 무엇인지 설명할 수 있다. 〈별난 가족 힐〉을 본 적이 없더라도 폭스의 방송이 어떤지는 안다. 집에서 건전지를 쓰지 않더라도 에너자이저의 특성을 몇 단어로 적을 수 있다.

이것은 한편으로 정체성 자체와 관련이 있으며, 다른 한편으로는 도전자가 마케팅 커뮤니케이션과 행동을 통해 정체성을 드러내는 방식과도 관련이 있다. 주목성의 전반적인 문제와 도전자 브랜드가 그것을 성취하는 방법은 이 책의 4장, 5장, 8장에서 더욱 자세하게 다루었다.

■ 정체성의 원천

자신의 개인적 문화에 대한 니콜라스 하이예크의 언급을 보면, 아이디어나 집단이 할 수 없는 방식으로 한 개인이 브랜드 정체성과 그 문화적 표현을 주도한다는 사실은 분명해 보인다. 스타벅스 같이 설립자가 주도하는 회사에서, 직원에게 돌아가는 각종 혜택은 하워드 슐츠의 개인적 삶과 깊은 관련이 있다. 1995년, 그는 한 인터뷰에서 자신의 아버지에 대해 다음과 같이 말했다.

"아버지는 일 년에 2만 달러도 못 벌었습니다. 나는 아버지의 자존심과 자부심이 무너져 내리는 것을 지켜보았죠. 그것은 블루칼라 노동자로서 아버지가 직장에서 어떤 대우를 받는가와 많은 관련이 있었어요."[5]

그 결과 슐츠는 직원들을 가장 중요한 대상으로 여기고, 빈 스톡(Bean Stock) 제도를 만들어 모든 직원이 회사 주식을 소유하게 했다. 이는 경영 기법이 아니라 하워드 슐츠가 절실하게 느낀 개인적 이상에서 비롯된 것이었다. 슐츠가 스타벅스를 경영하는 동안에는 어떤 인사 책임자가 오든지 그것은 절대로 바뀌지 않을 것이다.

하지만 이것이 도전자로 변화하고자 하는 우리와 무슨 상관이 있을까? 우리들 중 많은 이들은 '강력한 개인적 문화'가 없거나 한눈에 알아볼 수 있을 만큼 분명하지 않다. 하지만 조직은 개인적 문화를 가질 수 있고, 반드시 가져야만 한다. 또한 조직 내부에 개인적 문화를 창출할 수도 있다. 그렇다면 설립자나 핵심적인 비전 제시자가 없을 경우, 야심찬 도전자를 위한 제대로 정의된 정체성은 어디에서 찾을 수 있을까?

정체성은 살아 있는 설립자에만 의존하는 것은 아니다. 앱솔루트 병이나 할리데이비슨 신화 같은 정체성을 보라. 조직 내부에 설립자나 강력한 CEO가 없을 경우, 다음의 네 가지 원천으로부터 강력한 정체성이 나올 수 있다. 그것은 바로 간과된 과거, 열성 고객들과의 관계, 경쟁사의 약점, 광고나 마케팅 아이디어이다.

간과된 과거

어떤 이들은 성숙한 브랜드의 경우, 브랜드 플래닝의 역할은 가치를 더하는 것이 아니라 가치를 추출하는 것이라고 말한다.[6] 다시 말해 그 관련성과 잠재력이 주목받지 못했던 특정한 브랜드의 역사와 본질을 찾아내 강화하는 것이다.

예를 들어 영국의 협동 은행The Cooperative Bank 이야기를 살펴보자. 영국의 주요 은행들에 비해 역사적으로 노동자 계층과 저소득층 고객을 많이 보유한 이 유서 깊은 은행은 시장 점유율을 회복하고 고객층을 확보하며, 확장하는 금융 서비스 영역에서 수익을 거두어야 하는 과제를 안고 있었다. 특히 협동 은행은 신용 카드 시장에 진출할 계획을 갖고 있었는데, 여기에는 두 가지 어려움이 따랐다. 첫째, 그들은 신용 카드 사업의 후발주자였다. 둘째, 신용도가 낮았다. 그렇다면 노동자 계층을 상대로 하는 은행이 신용 카드 사업을 성공적으로 시작하려면 어떻게 해야 할까? 그들은 이 문제를 놓고 광고 회사들이 경쟁 프리젠테이션을 하게 했다.

이 일을 따낸 광고대행사(Partners BDDH)는 문제 해결 방법으로서 브랜드의 과거를 살폈다. 그들은 협동 은행의 브랜드 정체성에는 '노동자 은행'이라는 희석된 개념보다 훨씬 더 풍부한 이야기들이 담겨 있다는 것을 발견했다. 사실상 협동 조합은 '로치데일 선구자들' Roch-dale Pioneers이라고 알려진 그룹 간의 소매 협약으로 시작되었다. 그들은 1820년대 영국에서 일반적이었던 교활하고 비윤리적인 사업 관행에 반대했다. 한 예로 무게를 속이는 일이 그러했다. 그 당시에는 고객을 속여서 실제보다 더 많은 양의 상품을 구입했다고 믿게 만들거나, 혹은 밀가루 같은 기본 식량에 이물질을 섞는 등의 부정한 방법으로 무게를 늘렸다.

광고대행사는 협력 은행의 기원을 조사하면서 정체성의 핵심은 특정 계층과의 관련성이 아니라 비윤리적 사업 관행에 맞선 이상적 기관이라는 사실에 있음을 깨달았다. 그리고 그들은 본래의 정체성을 복제하기보다 오늘날에 맞게 그 의미를 바꿀 수 있는지 살피면서 스스로 질문을 던졌다. 만일 오늘날 그런 은행을 새로 설립할 경우, 지배적인 사업 관행에 대한 어떠한 윤리적 태도가 시장에 어필할 수 있을까? 이런 질문으로부터 동물 실험 등에 태도를 분명히 하는 '윤리 은행'이라는 아이디어가 나타났다. 소비자 조사결과도 윤리적 태도를 표방하는 것이 매력적이라는 그들의 믿음을 입증해주었고, 그들 정체성의 뿌리에 다른 주요 은행 누구도 가지지 못한 신뢰성을 부여했다. 그 결과, 1992~97년에 걸쳐 협동 은행의 시장 점유율은 두 배로 증가했고, 1600만 파운드였던 적자가 5500만 파운드의 흑자로 바뀌었다. 1997년 협동 은행은 유럽에서 골드 비자 카드를 가장 많이 발급한 은행이 되었다. 아울러 협동 은행은 외부 고객뿐만 아니라 내부 고객(직원)과 관련해서도 자신의 브랜드 정체성을 재정의했다.

때때로 이러한 정체성을 발견하기 위해서는 촉매제가 필요하다. 협동 은행은 일상적 현실에 너무 가까이 있어서 자신이 누구였고 그것을 어떻게 현재의 것으로 전환할 수 있는지 몰랐다. 즉 은행은 너무 과도하게 성장해 있었다. 그래서 그들은 광고대행사를 고용했고, 그들의 도움을 받아 과거로부터 가치를 끌어냈다. 그 결과 새롭게 갖게 된 정체성은 고유할 뿐만 아니라 진실에 기초했기에 다른 어떤 것보다 훨씬 더 강력할 수 있었다.

열성 고객들과의 관계

도전자 브랜드는 소규모 열성 고객들이나 얼리어답터들 사이에서 매우 분명한 정체성을 발전시켜 왔다. 이 정체성은 적극적인 마케팅 활동과 상관없이 생겨나는데, 사용자들이 브랜드를 알게 되는 과정에서 브랜드에 관한 무언가를 발견했거나 투영해 왔기 때문이다.

오스트레일리아 맥주 브랜드인 포스터가 그런 경우이다. 포스터는 1980년대 초, 그랜드 메트로폴리탄에 의해 영국 전역에 유통되기 전, 런던의 얼스코트(오스트레일리아 배낭 여행자들의 고향) 부근에서 열성 고객을 가진 틈새 브랜드였다. 그랜드 메트로폴리탄 이전의 다른 맥주 업자들이 그 맥주를 들여오면서 만들어낸 것은 오스트레일리아의 본다이 해변, 파도타기, 태양 같은 이미지였다. 그랜드 메트로폴리탄 팀은 포스터를 출시하면서 그것이 열성 얼리어답터들 사이에서 오스트레일리아인들의 밋밋하고 진부한 생활 양식이 아닌, 오스트레일리아 맥주 애호가들의 삶에 대한 직설적이고 유머러스한 태도와 동일시되고 있다는 사실을 발견했다. 이것은 오스트레일리아인에 대한 그들의 경험이나 배리 맥킨지(Barry MacKenzie, 오스트레일리아 출신의 작가가 쓴 『배리 맥킨지의 모험』에 나오는 주인공) 같은 오스트레일리아의 반문화적 아이콘에 대한 존경에서 비롯된 것이었다. 이 두 가지 원천 중 하나로부터, 사용자들은 포스터 브랜드의 정체성에 관해 매우 분명한 느낌을 만들어냈다. 그것은 현실적이고 진솔하며, 투박한 이미지였다. 실제로 포스터의 론칭 광고는 오스트레일리아 출신의 영화배우 폴 호건을 출연시켜, 영국 얼리어답터들의 세계관에 큰 영향을 미친 떠돌이 애주가와 매우 흡사한 대변자를 만들어냈다.

브랜드 정체성을 정의하는 데 있어 열성 고객과 브랜드 관계의 가치는 론칭 시기에만 한정되지 않는다. 할리데이비슨의 경우, 열성 사용자들은 브랜드의 정체성을 살아 있게 하는 존재였고, 회사가 정체성을 바꾸려 할 때에도 그것을 지켜냈다. 일본산 오토바이가 세계 시장을 지배하면서 다시 도전자로 내몰렸을 때, 할리데이비슨이 부활시킨 것은 바로 그러한 가치였다.

경쟁자의 약점

새턴은 디트로이트 자동차 제조업체들의 대척점에 있다. 이 자동차 브랜드는 경쟁사의 특징에 반대되는 요소들로 자신의 긍정적 정체성을 정립했다.

전통적인 미국 자동차 회사	새턴
산업 도시	미국의 작은 도시
(예: 가격 흥정 가능)	(예: 가격 흥정 없음)
강압적인 판매	신사적인 판매
자신만의 규칙이 있음	다른 소비재와 동일한 규칙
철강 제품 판매	경험 판매
장사꾼인 판매원	'친구' 같은 판매원
일회성 거래	관계

또한 소비자의 의식 속에 있는 업계의 나머지 브랜드들에 대한 명확한 정체성은 그 브랜드로 하여금 그와 정반대의 명확하고 강력한

정체성을 가질 수 있게 했다. '병든' 업종의 소비자들은 업계의 서비스나 제품의 주요 특징에 몹시 불만을 느끼고 있다. 그러나 그것은 병든 업종에만 국한되지 않는다. 앞에서 보았듯이 바디샵은 화장품 업계의 주류와는 반대 방향으로 감으로써 자신의 정체성을 확고히 했다.

아이디어

정체성의 네 번째 원천은 외부의 인식뿐 아니라 내부 문화를 형성하는 시금석으로서 주요 마케팅 아이디어를 이용하는 것이다. 잭인더박스의 재론칭 광고가 둥근 플라스틱 머리를 한 설립자 잭을 대중들의 의식에 각인시켰을 때, 회사 내부에서 그 가치는 흥미로운 대변인 이상의 것이었다. 잭은 회사 내부에서 변화의 동인이 되었다. 회사의 크리에이티브 디렉터는 잭이라는 아이콘에 그가 회사의 어떤 행동을 용인하고 용인하지 않을지와 같은 일정한 태도를 주입함으로써 "이럴 때 잭은 어떻게 행동할까?"라는 질문을 의미 있게 만들었다. 예를 들어 점보잭 햄버거에 들어가는 토마토의 질을 낮추자는 제안이 나왔을 때, 내부 회의에서는 잭이라면 자기 이름이 들어간 햄버거에 좋은 재료가 들어가길 고집할 것이라고 판단해 그 제안을 거부했다.

■ 정체성의 뿌리: 과도한 실행과 신념

등대의 정체성에는 자신이 누구이고, 어떤 사업에 종사하는지에 대한 명확한 인식 외에 두 가지 필수적인 토대가 있다. 그것은 제품의 품질과 그에 대한 신념인데, 하나가 다른 하나를 더욱 자극한다. 다시 말해 분명한 정체성이 외부적으로 차별화를 가져온다고 한다면, 정체성이 품질에 바탕을 둔 경우 내부적으로 강한 신념을 불어넣는다. 자신의 브랜드가 어떤 중요한 차원에서 기성 브랜드와 다르고 오히려 더 낫다는 사실을 알게 된다면, 이는 업무 수행과 태도뿐 아니라 소비자와의 관계에도 영향을 미치는 것이다.

대부분의 리더 브랜드는 '그저 충분히' 전략을 구사한다. 소스에 그저 충분히 버섯을 넣고, 병의 인체 공학에 대해 그저 충분히 생각하며, 자재 조달에서 그저 충분히 품질 관리를 하고, 안내 데스크에서 그저 충분히 친절을 보인다. 헨리 포드는 '그저 충분히' 철학을 멋지게 구사했다. 그는 직원들을 미국 전역의 폐차장에 보내 구형 포드 엔진을 찾게 했다. 그리고 그것들을 디트로이트로 가져와 재생해 사용했다. 그는 품질을 낮추는 방법으로 비용을 절약한 것이다.[7]

'그저 충분히'는 어떤 의미에서 리더 브랜드에게 훌륭한 상업적 수완인 반면, 단순히 제품 만족이 아니라 제품에 대한 열광을 창출하려는 도전자에게는 좋은 기회이다. 광고 회사 WCRS의 대표인 로빈 와이트는, 소비자들의 마음속에 아이콘 같은 지위를 누리는 브랜드는 단지 솜씨 좋게 처리한다기보다 과도할 정도로 무엇인가를 해낸다는 점을 관찰했다. 그들은 단지 제품 성능이 아니라 과도한 제품 성능을 제공한다. 다시 말해 도전자로서 선택한 어떤 차원에서 소비자에게 아주 월등한 제품 성능을 제공함으로써 브랜드 약속을 지킨다. 아이스크림 위에 초콜릿을 엄청나게 많이 얹어주거나 온두라스의 한 섬에서 구한 재료만으로 제품을 만든다든지, 호텔에 우선적으로 체크인할 수 있도록 운전기사가 딸린 리무진을 무료로 제공하는 일 등이 그런 경우이다. 와이트는 그런 브랜드들에는 고유의 품질 기준이 있는데, 그것은 소비자의 욕구에 대한 조사에 기초한 것이 아니라 제품이 어떻게 기능해야 하고, 어떻게 경험될 수 있어야 하는지에 대한 거의 망상에 가까운 집착으로부터 비롯된다고 말한다. 그의 말에 따르면, 랜드로버는 자신의 자동차가 기름 주유 외에 다른 어떤 것도 추가로 필요로 하지 않으면서 4000마일에 이르는 비포장 도로를 쉬지 않고 달릴 수 있어야 한다는 기준을 가지고 있다. 오늘날 실제로 4000마일의 남극 지역을 주행하는 것을 보기는 어렵지만, 그것은 랜드로버를 만드는 사람들의 품질 기준이었다(그리고 비록 랜드로버 구매자가 특별히 이런 이야기를 듣지는 못하지만, 알게 모르게 그들은 자동차가 월등한 성능을 가졌다고 이해한다).

우리가 논의하고 있는 많은 도전자들은 과도한 실행(over-performance)이라는 와이트의 개념을 반영하고 있다(실제로는 그것을 과시하고 있다). 그들은 리더 브랜드보다 훨씬 극단적이다. 자신을 표현하는 방식의 강렬함뿐만 아니라 그들이 제공하는 제품 성능에서도 그렇다. 예를 들어 자동차 엔진이 6000rpm인 상태에서 보닛 위에 세 층으로 올린 샴페인 유리잔이 균형을 유지하는 경우는 극히 드물다. 하지만 렉서스는 론칭 광고에서 그것이 가능하다고 선전했다. 누군가가 음식에서 작은 위안을 필요로 할 때, 밴앤제리스는 아이스크림 위에 '그저 많은' 양이 아니라 '엄청나게 많은' 양의 초콜릿을 얹어주었다. 그들은 아이스크림에 어떠한 즐거움이 있어야 하는지에 대해 나름의 생각을 가지고 있었다.

항공 사업에서 버진애틀랜틱은 승객들에게 장시간의 즐거움을 효율적으로 제공했다. 그들은 헤드폰을 선택할 수 있게 했고 BBC 코미디를 전면 스크린에 연속해서 상영했다. 그리고 그것에 만족하지 않고 라이브 공연을 보여주기도 했다. 뉴욕행 일부 비행기에는 마술사가 함께 탑승하기도 했다. 더욱 흥미로운 점은 비즈니스 클래스를 비행기 위층에 마련한 것이었다. 대부분의 항공사들이 좌석의 발 뻗는 공간을 넓히는 데 주력한 반면, 버진의 특급 클래스는 목 마사지나 비행 중에 이용할 수 있는 바를 제공했다. 그들은 승객들을 최고의 고객으로 대우했다.

렉서스, 벤앤제리스, 버진의 상층 좌석 등이 보여주는 과도한 실행이 반드시 고급스러운 것을 의미하진 않는다. 사우스웨스트 항공은 그들만의 고유한 방식으로 과도한 실행을 하는데, 그것은 열정과 친근함이다. 그것이 모든 사람의 취향에 맞지는 않겠지만, 열정과 친근함을 좋아하는 사람들의 마음만은 확실히 사고 있다.

패션은 더욱 다양한 사례를 제시한다. 패션은 역사적으로 미적인 것에 의해 주도되는 것으로 여겨졌지만, 많은 젊은 패션 브랜드들은 더 나은 제품 아이디어에 기초한 신뢰성에서 출발했다. 모시모 Mossimo는 배구 경기용 반바지를 위한 더 좋은 아이디어에서 시작했다. 그들은 엉덩이가 넉넉하고 다리통이 헐렁하게 반바지를 만들었다. 레드샌드Redsand는 눈에 띄는 노란색 배구공 모양으로 시작했다. 오클리는 손 모양에 맞게 굽어진 모터사이클 손잡이로 시작했다. 테바Teva의 샌들은 래프팅 가이드들에 의해 물 속에서 신기 편한 래프팅 슈즈로 개발되었는데, 흠뻑 젖는 테니스화로는 급류를 헤쳐나가기 어려운 점을 해결한 것이었다. 닥터마틴Dr. Martens의 신발은 패션과 인체 공학적인 밑창 덕분에 멋진 제품이 되었다. 패션의 세계에서 최첨단 성능은 쿨하게 느껴진다(팀버랜드는 이러한 기반 위에서 '당신이 필요로 하는 것 이상의 신발'이라는 한 마디로 자신을 명시적으로 선전했다). 그리고 스와치의 화려한 플라스틱 패션 표현을 떠받치는 것은 매우 높은 수준의 엔지니어링이었다. 모든 스와치 제품은 방수가 되고 충격을 흡수한다. 스와치의 정밀 시계는 300달러짜리 가격표가 붙은 다른 정밀 시계 못지 않은 성능을 가지고 있지만, 가격은 80달러에 불과하다. 그리고 그것은 밝은 초록색에 전체가 해파리 모양이다. 스와치가 급속하게 시장에 범람하는 수많은 모방자들을 경쟁에서 물리칠 수 있었던 것은 우수한 기술 덕분이었다. 스와치는 과도하게 실행했다.

도전자에게 과도한 실행의 가치는 무엇일까? 그것은 얼리어답터들을 전도사로 만드는 것이다. 물론 다른 것도 있다. 나는 지금까지 논의하지 않았던 브랜드의 사례를 이용하려고 한다. 이 브랜드는 리더 브랜드이면서 동시에 도전자라는 특이한 위치에 있다. 워버턴스가 바로 그것이다.

워버턴스는 영국 북서부에 있는 패밀리 베이커리로서 1876년 앨런 워버턴이 처음으로 빵을 구우면서 시작되었다. 지금도 여전히 가족 중심으로 운영되고 있는 워버턴스는 랭커셔 지역에만 머물기에는 너무 크게 성장했다. 그래서 1996년까지 모두 네 지역에 베리커리를 확장했다. 워버턴스의 빵은 가격과 품질 면에서 월등하다. 그들은 가장 맛좋은 빵을 만들기 위해 가장 질 좋은 원료를 사용하고, 어느 제빵업자도 손에 넣기 힘든 일등급 밀을 캐나다에서 직수입해 온다. 빵에 대한 그들의 헌신 정도는 원재료에 지불하는 최고 가격이나 가까이에 있는 다소 품질이 떨어지는 밀 대신 전량을 수입한다는 데에서 뿐만 아니라, 워버턴스의 기술 책임자인 데이비드 핸더슨이 구매 계약을 하기 위해 해외로 나가 있는 시간을 보면 더욱 여실히 드러난다. 핸더슨은 거래를 성사시키기 위해 강성의 캐나다 밀 생산자 협회 회원들과 개별적으로 만나 로비를 한다. (핸더슨이 협회

워버턴스: 최고의 빵은 최고의 밀에서 나온다

와 마지막 면담을 마치는 순간까지 영국 제빵업계 리더 브랜드의 회장은 캐나다에 한 번도 온 적이 없다는 점에서 그의 헌신이 얼마나 강력한 것인지 알 수 있다).

이 같은 헌신이 워버턴스에 가져다주는 혜택은 바로 월등한 품질의 제품이다. 워버턴스의 마케팅과 세일즈 책임자인 조너선 워버턴은 품질에 대한 자신들의 이러한 헌신이 널리 알려져 소비자와 브랜드의 관계에 깊은 영향을 미친다고 믿고 있다. 이 소비자는 빵을 사 먹는 일반 대중이 아니다. 그리고 재료의 놀라운 품질이 회사가 최종 고객들에게 전달하려는 것도 아니다. 고객들은 맛있는 빵은 재료가 아닌 빵을 만드는 사람의 실력에 달려 있다고 믿을 뿐이다. 조나단 워버턴의 생각에 재료의 품질을 높이기 위한 이러한 노력이 깊은 영향을 미치는 또 다른 소비자가 있다. 그것은 회사 내부에 있는 소비자, 즉 직원들이다.

켈빈 에인즐리는 워버턴스의 다섯 개 지역 중 한 곳의 판매 책임자이다. 에인즐리는 데이비드 핸더슨이 캐나다를 방문해 회사의 빵을 다른 어떤 빵보다 더 맛좋게 만드는 특별한 일을 수행했다는 사실을 알고 있다. 하지만 그게 무엇인지는 모른다. 그는 밀의 종류나 빵의 부풀기, 버터 사용 효과에 대해서는 말해줄 수 없다. 그가 아는 사실은 워버턴스의 빵을 세계 최고로 만들기 위해 핸더슨이 장기간 해외에 나가 있었다는 점이다. 이 때문에 그는 경쟁 업체에서 판매하던 방식과 다르게 일할 수 있다. 그는 새로운 거래를 협상하거나 처리할 때 늘 자신감이 넘친다. 제품의 성공을 절대적으로 확신하기 때문이다. 새로운 고객을 확보한 후 처음에 품목이 효과적이지 않을 경우, 그는 효과가 나타날 때까지 신속히 재조정한다. 그의 자신감은 전염성이 있다. 그는 승자의 기분을 느끼며 고객의 사무실에 들어서기 전에 이미 승자가 되어 있었다. 바로 이런 이유 때문에 1997년 워버턴스는 비록 영국의 절반 지역에만 진출했음에도 불구하고 영국에서 빵을 가장 많이 판매한 브랜드가 될 수 있었다.

이처럼 과도한 실행은 도전자에게 많은 이점을 제공한다. 그것은 단순히 도전자의 감성적 포지션을 정당화하는 극단적인 차별화 요소만은 아니고, 열광적인 사용자층을 형성하기 위한 것만도 아니다. 그것의 다른 가치는 회사 내부에서 최고의 자기 믿음과 확신을 창출하는 데 있다. 그리고 회사 바깥에 있는 사람들도 그것을 느낄 수 있다.

과도한 실행은 기업이 정말로 제품에 신경 쓰고 있다는 것을 보여주며, 기업이 브랜드 약속을 지키기 위해 노력한다는 것을 의미한다. 그리고 기업에게 등대가 될 수 있다는 자신감을 심어준다.

■ 도전자 조직을 위한 함의

성공하는 도전자는 소비자를 바라보며 항해하지 않는다. 대신 브랜드와 상호 작용하는 모든 지점에서 적극적이고 열정적으로 전하는 정체성에 대한 강력한 인식이 소비자로 하여금 그들을 향해 항해하도록 유도한다. 등대처럼 굳이 찾으려 하지 않아도 보이게 하는 것이다.

우리가 도전자 과정 혹은 전략적 접근의 첫 단계를 창출하기 위해 처음 두 가지 원칙을 함께 고려할 경우, 명백한 모순에 직면하게 된다. 다시 말해 브랜드와 기업으로서 자신이 누구인지에 대한 지식의 필요성(등대의 정체성 구축하기)과 업종의 한계와 기회에 대한 지적인 순진함의 필요성(직전의 과거와 결별하기), 이 양자 간의 긴장을 어떻게 해소할 수 있을까? 도전자로서 성공하기 위해서는 조직 내에 이 양자가 공존해야 한다. 즉 성장의 기회를 찾기 위해 후자가, 그 기회를 실현하고 자신의 것으로 만들기 위해 전자가 필수적이다. 이를 위해 프로세스나 특정한 인적 결합을 통해 브랜드 지식과 업종에 대한 미경험 간의 지적 충돌을 창출하는 방법을 찾을 필요가 있다.

제3원칙

04 사고의 리더십을
장악하라

"연설을 바라보는 한 가지 방식은 치부를 덮기
위한 끊임없는 모략이라고 말하는 것이다."

— 해롤드 핀터

우리는 브랜드 리더십에 대해 그것이 마치 각 업계에서 하나의 브랜드, 즉 가장 큰 브랜드에 대해서만 진실인냥 말한다. 하지만 각 업계에는 두 종류의 브랜드 리더가 있다. 하나는 가장 규모가 크고 시장을 지배하는 브랜드인 마켓 리더이다. 또 다른 종류의 브랜드 리더는 사고의 리더로, 사람들의 입에 오르내리는 브랜드이다. 가장 크진 않지만 가장 많은 주목을 받는 브랜드이며 대중문화의 일부가 되어 변화를 주도하는 브랜드이다. 현재의 마켓 리더는 한 때 그러한 브랜드였다. 그러나 극소수의 예외를 제외하면 마켓 리더는 일단 정상에 오르면 더 이상 파장을 일으키지 않는다.

우리가 살펴보고 있는 대부분의 도전자 브랜드들은, 만일 그들이 마켓 리더가 아니라면 사고의 리더가 되어야 한다는 사실을 재빨리 알아차렸다. 그들이 마켓 리더가 될 수 없다면 모든 사람들의 입에 오르내리는 존재가 되어야 했다. 즉 역동적인 브랜드가 되어야 하는 것이다.

그들의 목표는 단지 제품 혁신이나 광고 전략을 통해서 뿐만이 아니라 행동을 통해서 사고의 리더십을 성취하는 것이다. 즉 그들은 자신이 진입 또는 재진입하려는 업계의 모든 관행이 아니라 한두 개의 관행을 선택적으로 깨뜨려 소비자를 놀라게 함으로써 사고의 리더십을 성취하려 한다.[1]

■ 업계의 관행을 깨뜨리는 행동

현실 세계에서 마케팅의 첫 번째 법칙은 소비자를 가장 중시해야 한다고 말하면서, 실제로는 그렇게 하지 않는 것이다. 기업의 사명 선언문은 '소비자들을 놀라게 하고 기쁘게 하는 것'에 대해 이야기 하지만, 소비자가 바라는 것과 소비자가 얻는 것의 괴리는 어떤 업종에서든 여전히 크다.

기업들은 자신의 업계에서 제품의 마케팅을 지배하는 규칙이나 관행에 얽매여 있다. 세제 광고에는 항상 두 명의 여성이 부엌에 나란히 있는 장면이 나오고, 치약 선전에는 언제나 치과 의사가 등장한다. 금융 상품은 늘 진지한 브랜드 이름이 필요하며, 항공사 광고에는 제복 차림의 승무원이 빠지는 법이 없다. 소비자들이 특정 업종이 제공해야 하는 것에 대한 어떤 기대를 갖고 있는 것처럼 보인다. 서커스를 보러 갈 때는 사자 입 속에 머리를 집어넣는 조련사, 말 위에 올라탄 아가씨, 공연장을 돌며 서로의 얼굴에 물을 뿌려대는 우스꽝스런 옷차림의 광대들을 기대한다.

하지만 이 같은 관행들의 특징은 소비자가 진정으로 바라는 것 혹은 바랄지도 모르는 것과는 전혀 관계가 없다는 점이다. 그 관행들은 마켓 리더들에 의해 만들어진 것으로, 지금도 계속 유지되고 있다. 대부분의 2등 브랜드들은 리더 브랜드가 만들어 놓은 기존의 관행들을 따르면서 편안하지만 별 볼일 없는 삶을 유지한다. 그리고 기성 브랜드들에 의한 관행의 반복은 특정 제품이 어떻게 보여야 하고, 그런 제품은 어떻게 마케팅되어야 하는지에 대한 소비자의 기대를 형성한다. 때때로 기성 브랜드들이 실시하는 조사는 이러한 관행의 타당성을 확인해주곤 한다. 왜냐하면 질문의 당사자가 해당 업종에 너무 밀착되어 있어서 천편일률적인 대답을 미리 가정하고 질문하기 때문이다. 그래서 소비자는 그밖의 다른 어떤 것이 제공될 수 있는지 전혀 알지 못한다.

하지만 도전자는 당연히 뒤늦게 시장에 진입하고, 그렇기 때문에 자신을 아주 분명하게 차별화해야 한다. 즉 소비자가 선택해야 할 강력한 이유를 제시해야 하고, 정체성을 분명히 드러내야 한다. 하지만 강력한 선택의 이유를 찾기란 쉽지 않다. 진정한 제품 혁신이 브랜드 탄생보다 먼저 이루어지는 경우가 있을 수 있겠지만(다이슨 사이클론의 진공 청소기처럼), 그런 경우는 흔치 않기 때문이다.

이러한 상황에서 업계의 관행은 차이를 만들어낼 수 있는 자연스런 지점을 제공한다. 도전자는 무엇보다 혁신적인 통찰력으로 소비자가 진정으로 원하는 것이 무엇인지 꿰뚫어보아야 한다. 그런 다음 업계의 관행 중에서 한두 개를 골라 스스로를 부각시키는 방식으로 그것을 의도적으로 깨뜨려야 한다. 이는 시장에 진입하는 도전자를 위한 단기적인 지렛대를 제공한다. 만일 그러한 관행 타파가 여론이나 광고를 통해 부각된다면 극적인 상황이 연출될 수도 있다(이것은 합기도의 핵심 철학 중 하나로, 상대의 힘을 자신에게 유리하게 이용하는 것이다). 어떤 관행이 유지된 기간이 길수록, 그리고 소비자가 그것을 받아들이는 정도가 클수록, 관행을 깨뜨릴 때 나타나는 효과도 더욱 극적일 수 있다.

그렇지만 이러한 관행 타파가 시선을 끌기 위한 깜짝 쇼에 그쳐서는 안 된다. 확실하게 주목을 받는 동안, 관행 타파의 단기적 목표는 자신의 정체성과 포지셔닝을 효과적으로 전달하는 것이다. 그리고 장기적 목표는 업계의 틀, 특히 소비자의 선택 기준을 도전자의 의도대로 만들어 장기적 이득이 되게 재구성하는 것이다. 즉 자신에게 유리하도록 법칙을 영원히 바꾸는 것이다.

모든 업종에는 다음과 같은 세 가지 관행이 존재한다.

1. 표현(representation)의 관행

2. 매체(medium)의 관행

3. 제품 경험(product experience)의 관행

앞으로 나타날 사례들에서 보는 것처럼, 관행 타파가 도전자의 일시적인 혈기나 바람으로 이루어지는 경우는 거의 없다. 오히려 광고 예산이나 유통망 같은 자원의 제약 때문에 어쩔 수 없이 그것을 해야만 하는 상황이 더 흔하다. 하지만 그 같은 부득이한 상황이 도전자로 하여금 소비자의 흥미를 자극하고 유혹하는 행동을 하게 만들며, 결국 업계의 규칙을 바꾸어 놓는다.

■ 표현의 관행

표현의 관행은 어디에서, 어떻게 자신과 자신의 정체성을 표현할지에 관한 문제이다. 이것은 광고(요구르트 광고는 입 속으로 들어가는 스푼을 늘 확대해서 보여준다), 포장(청량 음료는 항상 투명한 병에 담긴다), 로고, 이름 등을 모두 포함한다.

자신의 이름을 스스로 선택할 기회를 갖는 경우는 드물다. 사업을 시작하면서 그럴 경우가 있다면, 그것은 매우 괴로운 사치일 것이다. 신참자는 대개 기존 기업들에게서 자신의 이름을 만들 단서를 얻는다. 예를 들어 폭스는 미국의 네 번째 방송사를 출범시키면서 이름을 FBC라고 지을 계획이었다. 그것이 ABC, NBC, CBS처럼 방송사들이 이름을 짓는 방식이었기 때문이다. 성공을 바란다면 그것은 모든 신인 배우가 거쳐야 하는 무대인 것이다.

하지만 갓 태어난 기업에 세 글자의 알파벳을 새기기 전에 배리

폭스: 방송사가 아니라 하나의 브랜드가 되다

딜러를 비롯한 창업팀은 다시 한번 깊이 생각했다. 비록 폭스의 브랜드 개성과 정체성이 완전히 개발되고 분명하게 표현된 것은 그로부터 몇 년 뒤의 일이었지만, 그들은 사업 시작 전부터 다른 방송사와 달라야 한다는 분명한 인식을 갖고 있었다. 이러한 차별화를 모든 프로그램에 반영할 만한 배짱은 아직 없었지만(폭스의 개막 프로그램은 결국 〈조안 리버스 토크쇼〉였다), 방송사 이름을 FBC에서 폭스로 바꾼 결정은 단순히 방송사라기보다 하나의 브랜드가 되겠다는 야망을 표현한 것이었다. 결국 폭스는 방송사의 마케팅 방식을 변화시킨 브랜드가 되었다.

골드피시Goldfish는 기존 기업들이 정한 규칙에 따라 움직이고 있는 시장에 뒤늦게 뛰어든 또 하나의 브랜드였다. 모기업인 골드브랜드 개발Gold-brand Developments은 영국에서 신용 카드 사업의 신규 진출을 앞두고 먼저 광고대행사들과 접촉했다. 네이밍 조사에서는

골드피시: 네이밍 관행을 타파하다

새로운 신용 카드 이름으로 '밴티지'Vantage가 유력한 후보로 떠올랐는데, 최종 선정된 광고대행사는 소비자들의 관심을 끌기 위해서는 더 획기적인 이름이 필요하다는 의견을 제시했다. 그들은 성숙기에 접어든 카드 시장에서 경쟁하려면 진정한 차별화가 절대적임을 강조했다.

금융 서비스 상품의 명칭을 골드피시로 정한 것은 용감한 선택이었다. 금융업계에 있는 사람이라면, 그런 선택은 너무 위험하다고 말해주었을 것이다. 그리고 금융은 진지한 비즈니스라고 말했을 것이다. 무게감 있는 이름을 가질 수 없다면, 적어도 중립적인 이름을 택해야 한다. 반드시 피해야 하는 것은 불손하거나 가벼워 보이는 명칭이다. 하지만 이미 시장에는 400종이나 되는 신용 카드가 나와 있고, 그 해에만 또 다른 140종의 카드가 새로 출시되었기 때문에 관행 타파는 가장 현명하고 위험이 적은 결정이었다. 고도의 차별화는 사업의 필수품이다. 골드피시는 여러 가지 면에서 성공을 거두었지만, 그 가운데 가장 중요한 것은 관행에 얽매이지 않으면서 그 목적(신용 카드가 소수의 점유물이라기보다는 일상적이고 보편적이며 누구나 손쉽게 소유할 수 있다는 점)을 훌륭하게 전달하는 이름을 지었다는 사실이다. 골드피시는 사업 첫해에 60만 명의 이용자를 확보했고, 80퍼센트가 그 이름을 알았으며, 다른 어떤 카드보다 사용 빈도가 높았다는 점에서 그것은 매우 성공적이었다.

버진Virgin의 명칭은 이제는 아주 자연스럽게 받아들여지고 있다. 버진은 록 음반 사업에서 출발해 항공 사업까지 진출했지만, 록 음반 업계에서조차 회사 이름을 버진으로 정한 브랜슨의 홍보 능력이 과소 평가되곤 한다. 그가 영국에서 첫 사업체를 설립하기 몇 해 전만 해도, 어떤 사람이 여성 병원을 선전하는 전단에 '성병'이라는 저속한 용어를 표기했다는 이유로 정부에 의해 고발당한 적이 있었다. 본래 의학용어인 '성병'이 위대한 영국 대중들에게 차단될 필요가 있다고 생각될 정도였다면, 회사 이름을 처녀란 뜻의 '버진'이라고 부르는 것은 대단히 충격적이고 놀라운 일이었다. 심지어 최근에도 우리는 공격적인 거대 회사들이 아무런 뜻이 없는 '디아지오' Diageo 같은 엉터리 이름을 짓는 것을 보고 있다. 이름을 지어주는 회사가 어떤 이유를 갖다 붙이건 간에 말이다. 따라서 우리는 브랜슨 제국의 이름이 그를 성공하게 만든 정체성과 태도를 정립하는 데 도움이 되었다는 것을 알 수 있다.

일부 도전자의 경우는 제품 포장의 관행에서 벗어나는 것이 이름보다 더 확실하게 브랜드의 정체성을 드러냈다. 시장에 재진출하는 브랜드의 경우, 보통 제품 포장의 변화가 새로운 출발의 첫 번째 요소이다. 영국의 탄산 음료인 탱고Tango는 광고로도 유명하지만, 제

버진: 네이밍으로 정체성을 구축하다

품 포장 역시 매우 흥미롭다. 탱고의 제품 포장은 검정색이 지배적이다. 검정색은 오랫동안 음식에는 거부되어 온 색깔이었다. 그 이유는 단순히 장례식과 관련이 있다는 것부터 좀더 복잡한 설명까지 여러 가지가 있다. 동물은 황금색과 빨강색 먹이를 찾지만(건강과 숙성을 상징하는 색), 검정색이나 자주색은 피한다(부패와 질병을 상징하는 색)는 것도 그 이유이다.

하지만 탱고는 이 모든 터부에 맞서기로 했다. 탄산 음료 시장에서 오랫동안 중간 위치에 머물러 있던 그들은 수 년 동안 제대로 된 광고를 하려고 시도해 왔지만 대기업과의 경쟁에 아무런 영향을 미치지 못했다. 그들은 새로운 포장과 광고 개발에서 극적 연출이 필요했고, 검정색의 사용이 그것을 가능하게 했다. 첫째, 그 색은 탱고의 맛을 감각적으로 표현하면서 캔 중앙에 있는 과일의 그래픽을 극적으로 부각시켜 주었다. 둘째, 선반 위에서 제품을 더욱 두드러지게 했다. 그것은 코카콜라와 유사 콜라 제품의 거대한 빨강색 블록에 맞서 싸우는 검정색 블록처럼 보였다(탄산 음료 제품은 리더 브랜드의 유통 지배력 때문에 어려움을 겪는다). 셋째, 검정색 포장은 소비자들의 강력한 반응을 불러일으켰다. 실제로 포커스 그룹 조사에서 검정색 포장에 관해 많은 논쟁이 있었다. 어떤 이들에게는 그것이 단순히 잘못된 것으로 보였고, 다른 이들에게는 바로 그 잘못됨이 탱고를 흥미롭고 우상 파괴적이며 매력적으로 보이게 만든 요인이었다. 결국 탱고의 모기업인 브리트빅Britvic은 사람들의 주목을 끄는 전략을 택했고, 이 신제품은 광고의 지원을 받아 6년 동안 매출을 두 배로 늘렸다.

포장의 관행을 깨뜨릴 때 바디샵은 그래픽에 국한하지 않았다. 기존의 경쟁 업체들은 미용 상품이란 본질적으로 여성의 사치스런 욕망을 대변하므로 포장은 우아하고 제품의 품격을 높여주어야 한다고 믿었다. 실제로 많은 측면에서 포장 때문에 돈을 지불하는 것이나 마찬가지였다. 그렇지만 아니타 로딕은 제품을 값싼 플라스틱 병에 담고 전면에 간단한 초록색 상표를 부착했다. 로딕이 노린 것은 다른 종류의 감성적 가치였다. 외부보다는 내부에 초점을 맞춘 것이다. 바디샵의 제품 용기는 아무런 치장이 없는데, 그것이 자신들의 브랜드 정신을 빼앗아버리기 때문이었다. 바디샵 정신은 자연적이고 정신적인 편안함이었다. 저가 포장은 이 신생 기업에게 재정적으로 많은 이득을 안겨주었지만, 포지셔닝의 이점만큼 크지는 않았다.

아니타 로딕이 포장의 관행을 따르면서 광고를 통해서만 차별성을 전달하고자 했다면 브랜드 정체성을 소비자에게 극적으로 표현하기가 어려웠을 것이다. 화장품 병을 중요하지 않게 만든 것은 소

탱고: 색으로 자신을 정의하다

비자들이 병 속에 든 것과 포장 밖에 있는 것에 관심을 갖게 했다. 그것은 소비자로 하여금 새로운 선택 기준을 알게 했고, 바디샵이 그 기준을 발전시키게 했다. 새로운 선택 기준은 바로 제품에서의 새로운 감성(고급 디저트처럼 들리는 달콤한 제품 설명)과 제품을 판매하는 점포에서의 새로운 감성(포스터와 각종 팸플릿에 전달되는 정신과 자연에 관한 철학)이었다. 바디샵은 차별화뿐만 아니라 학습과 실험의 작은 여정을 제공했다. 즉 그들은 부분적으로 포장의 관행을 깨뜨려서 새로운 선택 기준에 관심을 갖게 함으로써 그것을 성취했다. 오늘날 새로운 미용 용품 브랜드들은 자연스러움과 신체에 대한 철학을 담은 팸플릿을 거의 모두 갖춰 놓고 있다.

생수 업계의 한 도전자는 최근 바디샵과 반대되는 방식으로 포장의 관행을 깨뜨림으로써 성공의 계기를 만들었다. 생수는 언제나 투

바디샵: 제품의 외부에서 내부로 눈을 돌리게 하다

명한 병 안에 담긴다. 이는 액체의 순수함을 예찬하고, 보통 물보다 낫다는 환상을 퍼뜨리기 위해서다. 역사적으로 프랑스가 생수의 본 고장이기 때문에, 티난트Ty Nant는 주류 업계의 앱솔루트처럼 자신 의 물이 어디에서 생산된 것인지를 알리는 시도를 전혀 하지 않았 다. 그 대신 짙은 암청색 유리를 사용해 속이 보이지 않는 병을 제작 했다. 이것은 엄청난 호기심을 불러일으켰고, 병과의 의외의 관계는 새로운 브랜드를 가지고 다양한 시도나 실험을 하도록 유도했다. 병 의 외양이 내용물보다 더 중요해진 것이었다. 티난트의 본거지인 웨 일스와 아주 멀리 떨어진 로스앤젤레스의 패션숍에서는 암청색 빈 병을 이용하여 진열창을 꾸미기 시작했다. 다른 생수 업체인 에비앙 이 병의 처분을 쉽게 하기 위해 플라스틱 기술 개발에 한창일 때, 티 난트의 병은 산타모니카의 미용실들을 장식하기 위해 계속 비워지

티난트: 병의 외양으로 자신을 정의하다

고 있었다. 이러한 사실은 누구도 들어본 적이 없고 여전히 소수만
이 발음할 줄 아는 이 생수의 명성을 널리 확산시켰다.

바디샵과 티난트는 업계의 포장 관행을 변화시킴으로써 소비자
에게 새로운 브랜드의 도착을 알렸다. 영국의 이동통신 업체인 오렌
지는 한 걸음 더 나아갔다. 그것은 제품을 전혀 보여주지 않았다(따
라서 포장도 없었다).

이동통신 시장에 뒤늦게 진출한 오렌지는 기존 통신업체들과의
차별화 문제에 직면했다. 판매하는 제품이 눈으로 볼 수 없는 것이
라면 도대체 무엇을 제품이라고 내보이겠는가? 그리고 제품이 무형
의 것이라면, 포장은 무엇이고, 어떻게 그것을 제시할까? 오렌지는
이동통신 영역에 뒤늦게 뛰어들었지만, 만일 그들이 그 영역을 차지
할 수 없다면, 새로운 영역을 창출해야겠다고 생각했다. 그들은 색

깔을 이용해 자신의 이름을 지음으로써 새로운 무선 세계의 개념을 창출했다. — "선이 없는 미래에, 당신은 장소가 아닌 사람에게 전화를 한다. 그리고 거기에서는 누구나 미래의 기술로부터 혜택을 얻는다." 이때 마케팅의 핵심은 광고를 비롯한 소비자 커뮤니케이션에서 휴대폰을 절대로 보여주지 않는 것이었다.

1980년 앱솔루트 보드카가 미국에 상륙할 때, 업계의 관행은 러시아산임을 표시하는 라벨이 없다면 이미 죽은 것이나 마찬가지라는 것이었다. 러시아산 진품이라는 방호벽에 맞서서 스웨덴제 칼을 휘두르는 것의 성공 가능성을 조사하면서, 그들은 자신들의 칼이 솔직히 무디다는 사실을 깨달았다. 소비자들에게 완만한 옥수수 평야를 보여주면서 스웨덴에 관해 떠오르는 이미지가 무엇인지 묻자, 그들은 하나같이 차가운 금발 미녀에 대해서만 말했다. 그래서 처음에는 술병에 아예 라벨을 부착하지도 않았다. 그들은 보드카의 품질을 알리는 다른 방법을 찾아야만 했고, 업계의 핵심 관행과 결별하지 않으면 안 되었다. 해결책은 품질에 대해 말하는 것이 아니라 당연하게 가정하는 것이었다. 재치와 스타일로 순수함에 대해 이야기하고 매체의 혁신적 활용을 통해, 그들은 증류주 시장에서 가장 경쟁력 있는 브랜드가 되었다.

■ 매체의 관행

매체의 관행은 브랜드가 전달되는 물리적이고 감성적인 방식과 관련이 있다. 이것은 유통(예를 들어 방향제는 항상 약국에서 판매된다)과 메시지 전달(란제리는 항상 여성 잡지에서 광고된다)을 포함한다.

사람들은 특정 업종은 특정한 종류의 매체에서 모습을 드러낼 것으로 기대한다. 도전자가 직면하는 딜레마는 이렇다. 해당 업종에서 정당한 경쟁자로 보여지기 위해 낮은 매체 점유율을 받아들이면서 동일한 매체를 이용할 것인가, 아니면 통상적인 경로에서 벗어나 소비자가 해당 업종과의 연관성을 떠올리기 어려운 전혀 뜻밖의 매체를 통해 자신을 드러냄으로써 얻을 수 있는 이점(불확실하고 단기적인 이점)을 노릴 것인가?

도전자는 종종 결정을 강요당하는 입장에 처한다. 그들은 관행을 따를 여유가 없다. 앞에서 살펴보았듯이, 돌파구는 단지 자신이 더 돋보일 수 있는 매체를 활용해야 함을 깨닫는 데서 오는 것이 아니라 새로운 매체의 활용으로 인해 그것의 비관행적인 성격을 자신에게 유리하게 활용할 수 있음을 깨닫는 데서 온다.

원더브라의 가슴을 올려주는 브래지어의 론칭 캠페인("이봐, 남자들")을 생각해보라. 이 광고 캠페인은 꽤 유명하다. 처음에 광고는 속옷 브랜드가 성적 매력에 대한 여성들의 태도 변화를 활용할 필요가 있다는 강력한 전략적 통찰에 기초하였다. 그러한 전략적 사고는 원더브라가 제공하는 남성을 압도하는 힘(그 결과로 불량한 행동의 즐거움)에 초점을 맞추는, 더 강력하고 창조적인 아이디어로 발전되었다.

그렇지만 여러 가지 면에서 정말로 혁신적인 것은 전략적 발상이나 창조적인 생각이 아니라, 그것의 표현으로서 매체의 선택이었다. 역사적으로 영국에서 속옷 광고는 광고를 하는 기업과 잠재 구매자 간의 조심스럽고 사적인 거래였기 때문에, 모든 커뮤니케이션은 대중의 시선에 노출되지 않은 채 여성 잡지의 은밀한 경계 안에서만 이루어졌다. 하지만 원더브라의 모든 포지셔닝이 성적 매력에 대한

원더브라: 여성의 자심감을 대변하다

과감함을 여성들에게 부추기는 데 있다면, 진정한 의미에서 광고 매체도 그러한 메시지의 한 부분이 되어야 마땅했다. 여성 잡지에 "이봐, 남자들" 같은 도발적인 광고를 싣는 것과, 시내를 오가는 대중교통 수단의 측면에 포스터를 부착하는 것은 전혀 차원이 다른 것이었다. 50만 파운드의 옥외 광고 캠페인 비용을 들여 브랜드는 2주 동안 뉴스 기사와 홍보를 통해 약 5000만 파운드의 효과를 거두었다(남아프리카에서 원더브라는 특이한 매체의 개념을 매장 안에서 시도했다. 캠페인이 시작되자, 매장 내의 여성 의류 코너 바닥에는 "자신의 발이 보인다면 원더브라를 착용하세요"라는 유혹적인 글귀가 부착되었다).

　패션 디자이너인 베라 왕Vera Wang은 야회복 컬렉션을 시작할 때 매우 적은 비용을 사용할 수밖에 없었다. 대개 이런 사업을 시작할 때의 일반적인 매체는 최고급 패션쇼였다. 사람들은 길게 뻗은 좁은

베라 왕: 패션쇼 대신 패션북을 만들다

무대, 슈퍼 모델, 유명 인사, 번쩍이는 조명에 익숙해 있었다. 그것은 디자이너가 매년 지불하는 비용처럼 보였다. 하지만 그것은 50만 달러에 달하는 많은 비용을 들여야 하는데, 베라 왕은 그럴 여력이 없었다. 베라 왕은 과거 스케이트 선수인 낸시 케리건의 의상을 디자인한 이력이 있어서 어느 정도 이름이 알려져 있었지만, 재정적인 측면에서 그녀의 회사는 막 걸음마를 시작한 단계였다. 그래서 그녀는 다른 매체를 찾아야만 했고, 한 가지 방법으로 '이미지 북' (image book)을 만들었다.

패션 전문지들은 길게 뻗은 무대에 초대되는 대신, 『베라 왕, 제1권』이라는 은색 표지 제목이 쓰여진 페이퍼백 크기의 검은 책을 받았다. 거기에는 후원자도 보석도 없이, 24벌의 드레스를 입은 모델들의 사진이 자세히 실려 있었다. 책에서 풍기는 소리 없는 자신감은 그것을 받아본 패션 전문지, 단골 고객, 잠재적 거래처 등 7500개의 강력한 표적 고객들로부터 상당한 주목을 받았다. 언론 보도는 물론이고, 고객들로부터 주문 전화가 폭주했다. 성과는 사람들의 주목을 받고 매출을 성장시킨 것에만 그치지 않았다. 이미지 북의 예기치 않은 특성은 관행적인 매체가 제공할 수 없는 두 가지 부가적 이득을 가져다주었다. 베라 왕이 주로 결혼 의상 디자이너로만 잘 알려져 있던 당시에 이미지 북은 그녀의 디자인 철학, 즉 정체성을 표현할 수 있도록 했고, 아울러 그녀의 위치를 패션 사업의 최첨단으로 올려놓았다. 이후 베라 왕은 뉴욕에 본점을 냈고, 바니스 비벌리 힐스 같은 현대적인 백화점에 매장을 차렸다.

처음에 게이트웨이 2000은 전통 매체를 통해 정체성을 구축하는 비용을 감당할 여유가 없어서, 이미 가지고 있는 매체를 이용했다. 즉 컴퓨터를 판매할 때 담는 종이 상자를 활용한 것이다. 그것은 컴퓨터 회사들이 전통적으로 모델 번호와 배송시 유의 사항 외에 어떠한 목적으로도 사용되지 않는 품목이었다. 그것을 이용해 테드 웨이트는 게이트웨이 2000의 상자를 검정색과 흰색이 어우러진 젖소 무늬로 꾸몄다. 원더브라처럼, 소비자에 대한 커뮤니케이션의 힘은 혁신적인 메시지와 비관행적 매체의 상호 작용으로부터 나왔다. 매체로서 사용된 컴퓨터 상자를 보는 것도 놀라움이었지만, 그보다 더 놀라운 것은 최첨단 제품을 농장의 젖소 무늬로 감싼 점이었다(만약 동일한 디자인이 기술적인 것과는 거리가 먼 포스터 같은 매체에 사용되었다면, 상호 작용의 힘은 상실되었을 것이다). 게이트웨이 2000이 '실리콘 초원'(Silicon Prairie)이라 부르는 것의 가치는 새로운 열성 사용자들에게 단순하고 직접적으로 전달되었다.

1984년 로스앤젤레스 올림픽 때, 나이키는 거대한 벽면으로 도시

존 갈리아노: 환상적인 경험을 디자인하다

의 상상력과 텔레비전 방송국 카메라를 사로잡았다. 벽면에는 나이
키가 후원하는 운동 선수들, 승리의 열정에 사로잡힌 뛰어난 인물들
이 그려져 있었다. 세계는 올림픽 경기의 공식 후원자인 나이키에
찬사를 보냈고, 선수들의 노력을 매우 멋지게 표현했다고 평가했다.
올림픽 공식 후원업체는 나이키만이 아니라 콘버스도 있었다. 하지
만 콘버스가 자금을 지원한 반면, 나이키는 매체의 관행을 깨뜨려
영광을 독차지했다.

　디오르의 패션 디자이너 존 갈리아노John Galliano는 패션 쇼의 손
님들에게 붉은색 비단으로 만든 발레 슈즈, 어느 초등 학생 소녀의
성적표, 아마추어 복싱 경기의 광고 포스터, 모래 속의 총알 같은 특
이한 형태의 초대장을 보냈다. 갈리아노는 전혀 예상하기 힘든 매체
를 초대장으로 활용해서 번잡한 패션 시즌에도 유독 두드러졌고, 일

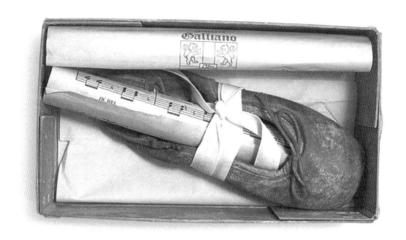

갈리아노의 초대장

반적으로 시큰둥한 언론 관계자들 사이에서 기발한 쇼에 대한 기대
를 드높였다.

'매체의 관행'이 일반적으로 커뮤니케이션 매체만을 지칭하는 것
은 아니다. 더 넓은 의미에서 해석하면, 그것은 제품의 장소(소비자
가 당신을 발견하는 곳)를 포함할 수 있다. 영국에서 플레이스테이션
의 론칭 프로모션은 이 새로운 시스템이 시장에서 가장 강력한 성능
을 가졌다는 점에 초점을 맞추었다. 플레이스테이션은 이를 18~30
세의 성인 게이머들에게 직접 어필할 수 있는 기회로 보고, 미니스
트리 오브 사운드 같은 런던의 클럽에 게임장을 설치했다. 음악과
술이 있는 그 같은 성인들의 장소는 플레이스테이션이 닌텐도보다
한 차원 높은 오락 경험을 제공한다는 사실을 보다 세련된 표적 고
객들에게 알릴 수 있는 기회를 제공했다.

■ 제품 경험의 관행

제품 경험의 관행은 제품과 제품이 주는 주변 경험과 관계가 있다. 단순한 차원에서 보면, 골프채 브랜드인 핑푸터의 독특한 소리, 혹은 할리데이비슨의 엔진 소리는 소비자에게 친숙한 업종에서 도전자가 경험의 차별화를 꾀하는 한 가지 방식이다. 좀더 복잡한 차원에서, 스타벅스는 전통적인 커피숍의 경험을 변화시킴으로써 그 자체가 하나의 목적지가 되었다.

서크드솔레는 사람들이 흔히 시대에 뒤처졌다고 말하는 서커스 업계에서 새로운 길을 개척했다. 갈수록 재미만을 추구하고 특수 효과가 난무하는 연예 오락 업계에서 서커스는 단지 어린 시절을 떠올리게 할 뿐이었다. 항상 공연은 천편일률적이고 예측 가능하기 때문에 우리는 서커스의 줄거리를 알고 있고 그것을 과거의 것으로 물리쳐버렸다. 지금은 확실히 컴퓨터 애니메이션과 아이맥스 영화관의 시대이다. 만일 1980년대 초에 어떤 곡예단이 캐나다의 벤처 캐피탈을 방문해서 새로운 서커스를 시도해보고 싶으니 투자해달라고 요청했다면, 그들은 가까운 복합 영화관에 가서 〈터미네이터〉를 보라며 물리쳤을 것이고, 더 이상 신경 쓰려 하지 않았을 것이다.

하지만 서크드솔레는 서커스 경험에 대한 수많은 관행을 깨뜨렸다. 첫째, 그들은 어른들을 위한 서커스를 목표로 했다. 퀴담, 살탱방코, 알제리아 같은, 사람들이 이해하기 어려운 제목으로 남녀 양성의 섬세한 쇼를 선보였다. 더 나아가 동물이 나오지 않는 서커스, 아니 동물 중에서도 가장 놀라운 동물인 사람이 등장하는 서커스를 만들었다. 또한 음악, 무용, 연극의 요소를 서커스에 담았다. 2년마다 내용을 새롭게 개발했기 때문에 일정한 틀에 매몰되는 일은 불가

서크드솔레: '가장 놀라운 동물'의 공연을 보여주다

능했다. 그들은 매번 도시를 방문할 때마다 완전히 달라진 볼거리와 분위기를 제공했다. 물론 큰 천막과 같은 일부 관행은 남아 있었다. 광대, 곡예사, 힘센 장사들도 여전하다. 그렇지만 중요한 요소는 모두 바뀌었다.

그들이 그렇게 한 것은, 성공의 열쇠가 다른 서커스단과의 경쟁이 아니라 도시의 다른 모든 쇼들과의 경쟁이라고 보았기 때문이었다. 그 결과 서크드솔레는 이제 세 개의 상설 순회 극단을 보유하고 있으며, 라스베가스와 도쿄 같이 멀리 떨어진 도시에서는 상설 공연을 하고 있다.

세인스버리는 수 년 동안 영국 식료품 소매 시장을 주도했다. 세인스버리가 개점 이래 줄곧 경쟁사인 테스코Tesco에 맞서며 1위 자리를 지킬 수 있었던 것은 음식의 맛과 구색에서 인정을 받았기 때

서크드솔레: 서커스를 넘어 다른 모든 쇼들과 경쟁하다

문이다. 1990년대 초반, 많은 사람들은 세인스버리의 자리를 넘볼 다른 회사가 없을 걸로 생각했다.

　테스코는 2단계의 사업 전략을 세웠다. 첫 번째 단계는 점포와 상품의 품질을 한 단계 높이는 것이다. 이는 리더 브랜드와 대등하게 맞서기 위해 어쩔 수 없는 선택이었다. 다음으로 테스코가 직면한 문제는 어떻게 하면 경쟁에서 이기는가였다. 세인스버리는 식료품 부문을 전쟁터로 정의했지만, 리더 브랜드가 되기 위해 테스코는 자신이 차지할 수 있는 다른 영역을 찾아내야 했다.

　테스코가 선택한 싸움터는 식료품 구매 경험 전반이었다. 그들은 한 발 떨어져서 식료품점에서 소비자가 전반적인 쇼핑 과정과 어떤 관계를 맺고 있는지 다시금 살펴보았다. 그리고 그 관계에서 식료품의 구색과 품질이 중요한 요소임에 틀림없지만, 식료품점과의 상호 작용이라는 더 넓은 차원에서 보면 소비자가 불만스러워하는 점이 있음을 깨달았다. 즉 소비자는 쇼핑 과정에서 자신(혹은 어린 자녀들)의 마음을 수시로 진정시켜야 하는 온갖 소동을 겪고 있었다. 예를 들어 넓은 주차장에서 잘못된 곳에 자동차를 세운다든지, 한시도 가만히 있지 않는 두 아이를 데리고 계산대에서 한참 동안 기다려야 한다든지, 물건을 쇼핑 바구니에 담는 와중에 계산원은 돈을 요구하고 아이들은 초콜릿을 사달라고 떼를 쓰는 것 등이었다. 이것이 과연 테스코가 차지할 수 있는 영역일까? 경험, 테스코는 바로 이것이 식료품의 품질이 좋은 세인스버리에 맞서 쇼핑 경험에서 혁신을 일으킬 것이라고 판단했다.

테스코의 광고대행사는 활동의 초기 단계에서 "아무리 작은 일이라도 도움이 된다."(Every little helps)라는 광고 문구를 개발했다. 그들은 이 표현이 쇼핑에 지친 소비자들의 마음에 와닿을 것임을 알았다. 그리고 그것을 커뮤니케이션뿐만 아니라 혁신을 위한 핵심 요소로 삼으면서 일련의 서비스 개선에 착수했다. 그 자체로는 최상의 서비스가 아니었지만 그러한 노력들 하나 하나가 합쳐져 테스코를 찾은 소비자들의 쇼핑 경험에 향상이 이루어졌다.

테스코에서는 직원이 고객의 쇼핑 봉투를 담아주었고, 두 명 이상의 고객이 줄을 서면 계산대를 추가로 개방했으며, 아기 기저귀를 갈 수 있는 장소를 만들었고, 자녀들을 동반한 고객을 위한 전용 주차장을 마련했다. 그밖에도 많은 사항들을 차례로 개선해 나갔다.

새턴: 상품이 아니라 구매 경험에 초점을 맞추다

다른 소매업자들이 번거로운 쇼핑 경험을 필요악으로 내버려두었던 반면 테스코는 바로 그곳을 싸움터로 삼았다.

그 결과 테스코는 세인스버리로부터 리더 브랜드 자리를 빼앗아올 수 있었다. 1995년 테스코는 세인스버리의 매장 면적당 매출을 따라잡았고 시장 점유율에서 앞서게 되었다.

자동차 업계를 다시 살펴보자. 새턴은 지난 20년 동안 가장 많이 분석된 두 개의 신제품 출시 사례 중 하나일 것이다. 그 주된 이유 중 하나는 그들이 오로지 하나의 관행을 깨뜨리는 데 사업의 총력을 쏟았기 때문이다. 그것은 바로 경험의 관행이다. 많은 소비자들은 자동차를 구입하는 과정에서 실랑이를 벌이거나 스트레스를 받는다. 실제로 판매점에서 자동차를 몰고 빠져나올 때에는 진저리를 칠 정도라고 말한다.

새턴이 깨뜨린 것은 자동차만을 상품으로 간주하는 관행으로, 그들은 자동차보다는 자동차를 구매하는 경험을 판매하는 데 주력했다. 즉 판매점에서 새로운 종류의 구매 경험을 제공하였고, 자동차 및 제조사와의 새로운 관계를 유도했다. 새턴의 광고에서는 자동차를 인도받기도 전에 새턴에 편지를 보내는 사람들에 대해 이야기하고 있었고, 몇 년 후 스프링힐에서 열릴 '홈커밍 행사'에 참가하기로 한 새턴 자동차의 주인들에게 축하 메시지를 보냈다. 새턴이 경험으로 관심을 돌린 것은 부득이한 일이었다. 일본 자동차와의 경쟁에서 이겨야 했지만 아주 놀라울 정도의 제품은 아니라는 점 때문에, 그들이 목표를 달성할 수 있는 유일한 길은 자동차와 관련된 소비자의 경험을 바꿔 놓는 방법밖에 없었다.

갈리아노와 그의 패션쇼를 다시 살펴보면, 그가 경험의 '관문'을 이용한 것은 무척 흥미롭다. 그는 무대를 거창하게 꾸미는 재능이 있는데(예를 들어 환상적인 숲을 만들기 위해 높이가 10미터나 되는 가문비나무를 경기장에 옮겨 심었다), 패션쇼 공연장 입구를 장식하기 위해서도 그렇게 했다. 어떤 해에는 관람객들이 의상실을 걸어 나가자, 차가운 눈이 발목까지 쌓인 스페인 도시의 지붕 위에 서 있는 자신을 발견하기도 했다. 갈리아노는 브랜드에 대한 경험을 몹시 중요하게 관리할 뿐만 아니라, 우리를 자신의 세계로 끌어들였다. 이제 도전자는 경험 비즈니스를 통해 경쟁하고 승리하고 있다. 즉 도전자는 업계의 관행을 깨뜨리는 경험을 남보다 먼저 제공해야 한다.

■ 관행 타파에 관한 몇 가지 오해

리더 브랜드는 품질로 판매하지만 2등 브랜드는 가격으로 경쟁한다는 주장이 있다. 하지만 가격을 경쟁의 발판으로 삼은 브랜드가 중장기적인 관점에서 성공한 예는 없다. 가격은 초창기 포지셔닝의

한 요소가 될 수 있고, 특히 사우스웨스트 항공과 버진애틀랜틱은 저가 항공으로 잘 알려져 있다. 하지만 이들 브랜드가 가격만으로 성공을 거둔 것은 아니다.

영국의 저가 항공사 설립자인 프레디 레이커Freddie Laker가 항공 업계의 약자들에게 가르친 것이 있다면, 가격만으로 경쟁하려 할 경우 언제라도 대기업들에게 목숨을 빼앗길 수 있다는 사실이다. 유나이티드 항공이 미국 서부 해안의 저가 전쟁에 뛰어들고, 브리티시 항공이 새롭게 고안해낸 서비스로 유럽의 저가 시장에 진입하자, 가격만을 무기삼아 경쟁에 나선 도전자들의 입지는 하루아침에 흔들렸다.

그런 점에서 버진도 항공 사업에 뛰어들면서 가격을 하나의 경쟁 요소로 삼았지만, 현재의 성공은 승객들에게 재미를 주는 특성과 가격 대비 품질의 우월성과 관계가 있다(버진이 일본 노선을 취항할 당시, 일본 정부는 자국 항공사를 보호할 목적으로 버진이 브리티시 항공보다 더 비싼 가격을 제시하도록 요구했다). 마찬가지로 미국의 통신 회사인 MCI는 가격을 브랜드 약속의 핵심으로 삼았지만, 그들을 성공으로 이끈 것은 '친구와 가족'이라는 아이디어(친구나 가족에게 거는 장거리 전화요금을 할인해 주는 로열티 프로그램)였고, 그것은 가격의 이점을 보다 높은 감성적 차원으로까지 끌어올렸다.

우리의 다른 도전자들 중에서 새턴은 비싸지 않지만, 그렇다고 그것을 선전하지도 않는다. 스와치는 최근 조사에서 처음에 소비자에게 제시한 것보다 가격을 더 높인다면 더 큰 수익을 얻을 수 있다는 결과를 얻었다. 앱솔루트는 극심한 불경기에도 가격 할인이나 쿠폰 발행을 하지 않았다. 탱고는 코카콜라보다 10퍼센트 높은 가격에 팔린다. 공교롭게도 테스코는 수 년 동안 가격 선도자로서 활동했지만, 경험의 본질을 바꿈으로써 도전자로서 성공을 거두었다. 성공적인 도전은 가격과 관련이 없다. 그것은 브랜드로서 어떻게 생각하고 행동할 것인가에 관한 것이다.

두 번째로 자주 일어나는 오해는, 관행을 깨는 사고의 리더십이 전통적으로 중요한 요소들, 특히 품질을 소홀히 여긴다는 것이다. 하지만 우리가 살펴보고 있는 도전자들은 그렇지 않았다. 예를 들면 사우스웨스트 항공은 품질에 대해 많은 말을 하지 않으며 기내 승무원에게 비싼 유니폼을 입히거나 고급 기내식을 내놓는 일도 없지만, 미국 항공사 품질 평가에서 2년 연속 정상을 차지했다. 새턴은 품질을 언급하지 않고 방송에서 자동차를 많이 내보이지도 않지만, 소비자들은 4년 동안 새턴을 포드와 같은 품질 수준으로 받아들였다. 버진은 8년 연속 우수 항공사 상을 받았다.

끝으로, 어떤 관행을 선별적으로 타파하는 것과 단지 엉뚱하게 행동하는 것 간에 이따금 혼동이 있다. 실제로 후자의 경우를 따르는 사람들이 있다. 어떤 이들은 나름대로 정당성을 가지고 주장하기도 한다. 만일 막대한 광고비를 들일 여력이 없다면, 약간의 도발적인 방식을 시도함으로써 각종 매체에 공짜로 오르내릴 수 있다는 것이다. 그것은 사람들의 주의를 끄는 것 외에도 치열한 경쟁 상황에서 약간 비껴날 수 있는 이득을 제공한다.

그러나 여기에서 우리가 관행에서 벗어난 방식으로 표현, 매체, 경험을 활용하는 것에 대해 말하는 것은 단지 홍보 효과를 노린 광고 이상의 의미를 지닌다. 분명히 해야 할 것은 이것이 금기를 조롱하는 문제가 아니라 경쟁 우위를 찾는 문제라는 점이다. 따라서 현명하게 수행되기만 한다면, 그것은 엉뚱한 기업가의 아주 위험한 선택이라기보다 적은 자원으로 많은 것을 성취하고자 하는 도전자의 덜 위험한 성공 방식이라 할 수 있다.

사고의 리더십은 모든 관행을 타파하는 것이 아니다

관행을 깨뜨리는 것이 뜨거운 주제가 되고 있다. 그러나 전면적인 원칙 파괴는 도전자가 추구해야 하는 것이 아니다. 오히려 도전자는 표현, 매체, 경험의 관행들 중에서 어떤 것을 깨뜨리고, 어떤 것은 지켜야 할지를 이해해야 한다.

예를 들어 렉서스는 몇 가지 제품 경험의 관행을 바꾸었지만, 다른 표현의 관행은 그대로 유지하기로 조심스러운 결단을 내렸다. 그들에게 변화는 부득이한 것이었다. 개발 조사에서 렉서스는 미국의 고급차 구매자가 바라는 다섯 가지 요소가 평판, 안전성, 중고차 가치, 성능, 스타일 순이라는 것을 발견했다. 하지만 렉서스는 당장 처음부터 평판과 중고차 가치를 높일 방안이 없었고, 따라서 성능과 스타일 같은 나머지 요소들에 주력했다. 그들은 제품 경험의 관행을 깨뜨림으로써 고급차를 새롭게 정의했다. 그래서 탄생한 제품은 그 결과에 따른 가격 기준에서 고급차가 어떠해야 하는지를 새롭게 정의했다.

하지만 렉서스의 신규 사업팀은 고급차의 개념을 새롭게 규정하는 과정에서 모든 관행을 타파하지는 않았다. 예를 들어 팀 내부에서는 새로운 자동차에 라디에이터 그릴을 포함해야 하는지를 놓고 격론이 오갔다. 렉서스 디자인 팀원들은 그릴을 떼어내는 쪽에 손을 들었는데, 실제로 인습의 타파를 기대했던 언론 매체들은 전시회가 열렸을 때 새로운 자동차에 그릴이 달린 것을 보고 놀라움을 표시하기도 했다. 하지만 구니히로 우치다를 포함한 고위 간부들과 디자인 책임자는 그릴을 유지하도록 지시했다.

그 후 인터뷰에서 우치다는 어째서 그릴을 포함하도록 결정했는지에 대해 질문을 받았다. 많은 기자들이 그릴이 없는 쪽이 미래형 자동차에 더 가까울 것이라고 생각했다. 하지만 우치다의 답변은 고급차에는 그릴이 있어야 한다고 굳게 믿는다는 것이었다. 그는 도전자가 모든 관행을 한번에 깨뜨릴 수는 없다는 것을 알고 있었다. 제품 경험의 관행을 깨뜨리는 데 대중의 관심을 집중시키기 위해서는 표현의 관행 일부를 유지할 필요성이 있었다.

■ 사고의 리더십과 행동

따라서 제3원칙은 업계에서 사고의 리더십을 장악하는 것이다. 이것은 업계의 일부 관행에 뿌리박고 있으면서, 한편으로 다른 관행들을 의도적으로 깨뜨리는 것에서 시작된다.

사고의 리더십은 마케팅 전략에만 국한되지 않는다. 그것은 행동과 관련이 있다. 우리가 살펴본 대부분의 경우, 기업들은 부득이 관행을 깨뜨려야 했다. 대체로 관행을 따르기에는 자금이 부족하거나(베라 왕, 게이트웨이 2000), 태생의 한계(앱솔루트, 렉서스) 때문이다. 그렇지만 그들은 소비자가 당연하게 받아들이는 관계를 변화시킴으로써 이것을 강점으로 바꾸어 놓았다. 즉 어떤 제품과 그것이 표현되는 방식, 어떤 제품과 그것이 활용하는 매체, 혹은 어떤 제품과 그것이 제공하는 경험과의 관계를 바꾸어 놓았다.

그 결과 그들은 자신에게 유리하도록 규칙을 정할 수 있었다. 앱솔루트의 성공은 케텔원, 로열티와 같이 규모는 작지만 성장하는 최

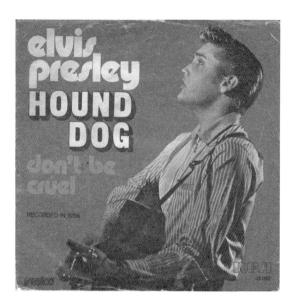

엘비스 프레슬리: 하운드 독

상급 보드카의 탄생을 가능하게 했다. 이들은 러시아산 보드카는 아니지만, 제품 증명서보다는 스타일을 무기로 삼고 있다. 렉서스의 성공은 고급 승용차의 성능을 다시 생각하게 했다. 버진애틀랜틱이 이코노미 승객에게도 오락거리를 제공한 것은 브리티시 항공이 자신을 돌아보는 계기가 되었다.

끝으로 우리는 이러한 리더십이 항상 처음부터 일반적으로 수용되지는 않는다는 점에 유의해야 한다. 사고의 리더를 언제나 모든 사람이 동시에 받아들이는 것은 아니다.

엘비스 프레슬리가 처음 등장했을 때를 생각해보자. 사우스웨스트 항공의 사장이 이따금씩 변신하는 엘비스가 아니라 진짜 엘비스 말이다. 이제 엘비스는 미국의 음악사에서 중심 인물이 되었지만, 초창기에는 어려움이 많았다. 엘비스를 탄생시킨 전설적인 샘 필립스Sam Phillips는 당시 음악계의 관행을 깨뜨릴 만한 퓨전 가수, 즉 흑인의 목소리를 지닌 백인 가수를 찾고 있었다.

오늘날 엘비스의 이미지는 라스베가스의 중년 부인들 앞에서 노래하는 차분한 중년의 사내이지만, 초창기에 샘 필립스가 추구했던 음악과 함께 엘비스가 보여준 모습은 그것과는 확연히 달랐다. 그가 〈하운드 독〉Hound Dog을 부르면서 무대 위에서 선보인 동작은 지나치게 선정적이라는 이유로 방송 금지 처분을 받았다. 라디오 방송국은 엘비스의 음악을 내보냈다는 이유로 살해 협박을 받기도 했다. 학부모와 교사 협의회는 그의 노래를 "저속하고 동물적인 소음"이라 일컬었고, 이 로큰롤의 황제를 "로큰롤 망나니", "섹스 미치광이"라고 불렀다. 경찰은 그의 쇼를 녹화했고, 〈That's All Right Mama〉가 나온 지 1년 6개월이 지난 후에도 엘비스는 여전히 '로큰롤에서 가장 논란이 많은 인물'로 방송 프로그램에서 소개되었다. 따라서 사고의 리더십의 성공 여부는 초기에는 즉각적인 대중 시장의 호응이 아니라, 주요 표적 고객들과의 강렬한 관계에 의해 평가되어야 한다.

제4원칙

05

재평가의 상징을
창출하라

"큰 놈이 작은 놈을 잡아먹는 것이 아니라
빠른 놈이 느린 놈을 잡아먹는다."

— 유럽 BMW 회장, 1989년

이른바 탈(脫)문자 사회에서 살아가는 우리로서는 마케팅에 서 아이콘과 상징의 힘에 대해 굳이 논란을 벌일 필요는 없 다. 세상에서 가장 가치 있는 브랜드는 말보로인데, 약 400억 달러 의 가치를 지닌다. 이 브랜드는 카우보이라는 단 하나의 아이콘을 중심으로 구축되어 왔다. 지난 30년 동안 하나의 아이디어(혁신이 아니라 아이디어)가 변함없이 반복되었고, 그것을 바탕으로 세상에 서 가장 가치 있는 브랜드가 구축되었다.

세상에서 두 번째로 가치 있는 브랜드는 코카콜라다. 코카콜라의 독창적인 포장 아이콘(여체 모양의 병)은 매우 강력해서, 오늘날 병 을 대신한 알루미늄 캔의 측면에도 여체 모양의 그래픽 표현이 사용 되고 있다. 빨간색처럼 근본적이고 강력한 상징을 갖고자 한 코카콜 라의 결의는 잘못된 대중 신화에까지 반영되어 있다. 즉 이제는 보 편화된 산타클로스의 빨간 코트는 코카콜라의 디자이너인 해던 선 드브롬의 뻔뻔스러움에서 기인한다. 1931년, 그는 크리스마스 브랜 드 마케팅 행사 때 파란 코트의 요정을 빨간 옷을 입은 어른으로 바 꾸어 놓았다.

상업적 가치는 제쳐두고라도, 브랜드 구축에서 기업들이 상징에 부여하는 중요성을 이해하기란 어렵지 않다. 가장 기본적인 면에서 인간의 커뮤니케이션 가운데 70퍼센트가 비언어적이라고 한다면 어떤 시각적 형태로 정체성을 표현하고자 하는 것은 당연하다. 실제 로 소비자가 마케팅 관계에서 멀어지려 하는 경우, 인상적인 시각적 이미지는 소비자의 거부감을 유발하지 않으면서 브랜드를 알리는 가장 강력한 방법이 될 수 있다.

물론 정체성의 시각적 전달이 중요하긴 하지만 도전자 브랜드를 위한 상징의 고유한 이점은 그 이상의 것이다. 첫째, 그것은 즉각성

곧 정체성의 순간적 전달과 관련이 있다. 나이키의 필 나이트는 에어 조던Air Jordan '점프 맨' 아이콘에 대해 언급해 왔는데, 그것은 1980년대 브랜드의 태도를 구현했고, 그래서 많은 시간을 절약해 주었다. 60초 안에 많은 설명을 할 수는 없지만, 마이클 조던을 보여준다면 아예 설명할 필요도 없을 것이다.

도전자를 위한 두 번째 이점은 감성을 전달할 수 있다는 것이다. 점프맨의 사례를 계속 이야기하면, 아이콘이 보여주는 덩크슛은 모든 아마추어 농구 선수들이 꿈꾸는 성취이며, 다리를 멋지게 벌리는 것은 단순히 성취가 아니라 별로 힘들지 않은 화려한 성취라는 것을 보여준다. 그와 같은 이미지의 호소력은 선수의 능력뿐 아니라 그 사람의 감성과 스타일에 관해 뭔가를 전달한다는 데 있다. 여기에는 매우 놀라운 의미가 함축되어 있다. 하지만 아이콘을 가치 있게 만드는 것은 아주 짧은 시간 안에 불러일으키는 감성이다.

감성과 속도는 도전자의 두 가지 핵심 요소이다. 도전자는 필연적으로 빠르게 움직여야 하는 브랜드이다. 그것은 단지 생활 속도가 빨라져서 사람들이 지름길과 빠른 해결책만을 찾게 되었다거나, MTV 이후 세대들이 빠른 속도의 커뮤니케이션과 브랜드 대화를 기대하기 때문만은 아니다. 그것은 도전자의 성공과 생존이 빠른 변화를 이루는 데 달려 있기 때문이다. 즉 도전자에게는 모멘텀과 임계 규모가 무엇보다 중요하다. 그리고 그러한 변화는 감성적 호소력을 구축하는 데 달려 있다.

도전자들의 두드러진 특징 중 하나가 상징과, 이미지를 통한 상징적 표현에 대한 갈구라는 사실을 언급할 때, 이는 캘로그 광고에 등장하는 토니 더 타이거Tony the Tiger나 필스베리 도우보이Pillsbury Doughboy 같은 형태의 아이콘을 말하는 것이 아니다. 우리는 변화의 상징에 관해 말하고 있다. 즉 도전자는 재평가를 촉진하기 위해 아이콘과 상징을 특정하게 활용한다. 그들은 놀랍고 인상적인 시각적 장치와 이벤트를 창출하는데, 그것은 소비자의 무의식적 선택(autopliot)을 깨뜨리기 위해 고안되었다. 그것은 동시에 자신이 누구인지를 반영하고 전달한다. 우리의 표적 고객들은 눈앞의 브랜드에 대한 자신들의 마음이 변하기를 기다리고 있지 않기 때문이다.

대부분의 구매 결정에서 이미 자신의 욕구를 충족시켜주는 일련의 브랜드들을 갖고 있다. 구매 결정은 대체로 진정한 결정이 아니라 습관이다. 이 점을 간과하기 쉽다. 뉴욕 사람들의 세계관을 그린 스타인버그의 만화처럼, 마케터로서 우리는 자신의 선입견에 맞춰 표적 고객의 세계를 자연스럽게 왜곡한다.

우리는 표적 고객의 소비와 선택에 대해 생각하는데 거의 모든 시간을 쏟기 때문에, 포커스 그룹 조사에서 사람들이 우리의 제품에 대해 아무런 생각을 갖고 있지 않다거나 생각하고 싶은 마음이 없다라는 말을 들을 경우 매우 실망하게 된다. 그들이 생각하는 것은 딸이 발레 연습을 하는 동안 어떻게 아들에게 축구 연습을 시킬지, 대학 등록금을 어떻게 마련할지, 아내의 기분이 상한 이유가 무엇인지, 목요일 저녁 파티에 가기 전에 어디서 세차를 할지 등이다. 그들이 시간과 정력을 바치는 것은 바로 이런 것들이다. 그리고 소비나 브랜드를 결정할 때는 거의 무의식적으로 선택을 한다.

그러나 이러한 무의식적 선택은 분명히 현상을 유지하는 데 유리하고, 리더 브랜드에게도 유리하다. 그렇기 때문에 도전자는 무의식적 선택의 세계에서는 살아갈 수가 없으며, 현상 유지 하에서는 성공할 수 없다. 따라서 도전자 목적을 달성하려면, 우리는 상징을 통해 주목성과 재평가를 창출하면서 소비자들이 해당 업종에 대해 갖고 있는 기존의 기대로부터 벗어나게 해야 한다.

■ 지배적인 자기만족 타파하기

우리의 표적 고객이 기대하는 세상의 모습은 어떤 시장 내에서든 분명히 다차원적이며, 수많은 기대와 자기만족이 서로 엉켜 있다. 내가 그것을 자기만족이라고 일컫는 까닭은 단순한 태도 이상의 것이기 때문이다. 그것은 고착화된 소비자 의견으로, 브랜드 세계에 관한 그들의 사고 방식에 깊숙히 박혀 있다. 이러한 자기만족 중 일부는 진실을 바탕에 두기도 하지만, 어떤 것은 단순한 의견일 뿐이다. 예를 들면 고지방 식품이 나에게 안 좋다든지, 위스키는 아버지가 마시는 술이고, 프랑스인은 세련되지만 거만하다는 식이다. 맥주는 남성들을 위한 것이고, 흡연은 반사회적 행동이라는 식이다. 또는 어떤 특정 브랜드가 구식이라든지 청소년용이라거나 여피족을 위한 것이라는 식이다.

각각의 시장 내에는 자기만족과 습관들이 서로 뒤엉켜 있지만, 이 중에서 한 가지가 가장 중요하다. 그것은 수반되는 다른 많은 속성들의 출발점이기 때문이다. 우리는 그것을 '지배적인 소비자 자기만족'이라고 부르고자 한다. 재출시되는 브랜드의 경우, 지배적인 소비자 자기만족은 소비자들이 제품에 대해 갖는 부정적인 견해일 수 있다(예를 들어 할리데이비슨이나 잭인더박스). 특정 업종에 대한 소비자의 견해가 극복되어야 할 지배적인 자기만족일 수 있다(시가나 고지방 식품 또는 모피 같은 사치품의 경우). 반대로, 이미 기성 브랜드가 성공적으로 자리잡은 시장에 어떤 브랜드가 뛰어들 경우, 지배적인 자기만족은 기존 기업에 대한 소비자의 시각일 수 있다(예를 들어 항공 시장에서 국적 항공사에 대한 국민들의 시각).

도전자는 이러한 걸림돌이 한꺼번에 제거되기를 바랄 수는 없다. 그 대신 변화시켜야 하는 지배적인 소비자 자기만족을 먼저 파악해야 한다. 이것들은 도전자가 모멘텀을 얻는 데 있어 중요한 장벽들이며, 반드시 허물어뜨려야만 한다. 동시에 도전자는 이것들을 허무는 작업을 자신이 누구인지 주장하는 데 이용해야 한다. 즉 등대의 정체성을 구축해야 하는 것이다(제2원칙).

예상하는 것처럼, 도전자의 전략적 루트는 지배적인 소비자 자기만족에 정면으로 공격을 가해 놀라움을 유발하는 것이다. 도전자는 도저히 조합하기 어려운 사물들을 한데 조합하는 방식을 쓴다. 자동차 보닛 위의 샴페인 잔, 초고층 빌딩과 시계, 발전소와 브래지어, 달걀과 뇌, 젖소와 컴퓨터 등이 그것이다. 각각의 경우 이 같은 조합은 사람들로 하여금 짝지어진 것의 한쪽에 있는 우리의 위치를 재평가하도록 요구한다.

■ 지배적인 소비자 자기만족: 소비자가 당신을 어떻게 보는가

몇몇 기업들은 지배적인 자기만족이 그들 자신이라는 사실을 깨닫고는 브랜드에 대한 소비자의 기존 인식과의 획기적 단절을 알리기 위해 폭파 장면을 텔레비전으로 내보냈다. 1980년대 중반, 영국의 행락 업체인 버틀린스Butlins는 자신의 낡은 캠프 중 하나를 폭파시키는 모습을 내보내 신세대 휴일 행락객들의 관심을 끌었다. 그런 다음 저렴한 휴일 패키지 상품으로 이들을 스페인의 태양과 모래,

상그리아로 불러들이는 데 성공했다. 광고 회사인 힐 홀리데이 코스모포울로스 코너스Hill Holliday Cosmopoulos Connors는 수명이 다해가는 컴퓨터 업계의 왕Wang 컴퓨터를 위해 광고를 제작했는데, 왕 컴퓨터의 초고층 빌딩이 폭파되어 서서히 무너지는 모습을 보여주면서 왕 컴퓨터가 새로운 탄생을 위해 변화하고 있다는 해설자의 목소리를 곁들였다.

잭인더박스는 자신을 두 번이나 성공적으로 폭파시킨 유일한 회사이다. 1993년 미국 북서부 지역에서 비극적인 사건(잭인더박스의 햄버거를 먹고 700명이 복통을 일으키고 4명이 사망한 사건)을 겪은 후 매출과 소비자 신뢰가 바닥에 떨어지자, 잭인더박스는 자신들의 과거를 극적으로 청산하는 내용을 광고로 내보냈다. 잘못된 경영을 한 책임을 물어 임원실을 폭파한 것이다. 줄무늬 양복을 입고 진지한 태도로 변화와 개혁을 약속하면서 폭탄의 버튼을 누른 이는 어릿광대 모습을 한 새로운 CEO였다. 하지만 그는 전혀 새로운 인물은 아니었다. 사실 어릿광대는 잭인더박스가 자신의 최초 아이콘으로 사용했던 낡은 자산의 환생이었다. 그 어릿광대는 아이들의 잭인더박스 장난감에서 빌려온 것이었다. 그것은 약 15년 전 광고에서 잭인더박스가 아이들을 위한 음식에서 보다 어른 취향 메뉴로의 전환을 알리기 위해 스스로 폭발시켰던 자기 자신이었다.

이 광고는 예기치 않은 논쟁을 촉발시켰다. 광고 캠페인은 애리조나의 피닉스에서 가장 먼저 전파를 탔다. 조용한 크리스마스 직후 기삿거리가 궁했던 지역 언론사 기자가 광고의 해악성을 비난하기 시작했다. 바로 직전에 뉴욕 지하철 폭발 사고가 있었기 때문에 광고가 아직 애리조나 주 밖으로 나가지도 않았는데 그 이야기는 삽시간에 미국 전역으로 퍼져 나갔다. 방송사들은 〈애드버타이징 에이

지)의 기사를 인용해, 광고 내용이 너무 고약하고 잭인더박스의 사업에도 좋지 않은 영향을 미칠 것이라고 보도했다.

하지만 소비자들의 생각은 달랐다. 광고에 대한 사전 조사는 잭인더박스에게 성공의 확신을 심어주었다. 소비자들은 급진적인 약속을 환영했고, 정장을 차려입은 어릿광대의 우스꽝스러움 뒤에서 잭인더박스가 추진하고자 하는 변화의 메시지를 알아차렸다.

언론이 계속 호들갑을 떨어대자, 잭인더박스의 임원들은 언론이 과연 옳은지, 사전 조사가 광고 아이디어에 대해 불편해하는 소비자들의 마음을 제대로 파악하지 못한 것은 아닌지 알아보기 위해 오토바이족에서부터 모르몬교도에 이르기까지 200여 명의 다양한 소비자들과 현장에서 대화를 나누었다. 하지만 그들은 아무것도 찾지 못했다. 이틀 뒤, 잭인더박스는 미국 서부와 텍사스 지역에도 광고를 내보내기 시작했다.

앞에서 잭인더박스의 새 광고 캠페인이 어떤 반향을 불러왔는지 언급했지만, 여담으로 이 광고의 인지도가 얼마나 높았는지 덧붙이고자 한다. 그로부터 석 달이 지난 후 새 광고로 인해 야기된 이미지 변화를 추적 조사한 광고 회사는 광고를 보지 않은 대조 표본을 형성할 충분한 응답자를 구할 수 없었다. 400명의 조사 참석자들 중에서 이 광고를 못 본 사람은 겨우 4명밖에 없었다. (물론 브랜드를 폭파하기 위해 반드시 다이너마이트가 필요한 것은 아니다. 코카콜라처럼 그저 뉴코크를 출시할 수도 있다. 세상에서 가장 유명한 이 마케팅 실수는 회사의 운명을 뒤바꿔버릴 만큼 중요한 결정이었다. 그것은 뜻밖에도 브랜드와 소비자의 관계를 극적으로 재평가하게 했다. 그리고 이듬해부터 시장 점유율이 큰 폭으로 증가했다.)

브리티시 텔레콤의 이미지가 급상승한 유일한 경우는 자신의 비효율성에 대한 강력한 상징을 제시했을 때였다. 그것은 어느 장소에서든 항상 부서져 있고 지린내를 풍기는 더러운 공중 전화 부스였다. 그들은 광고에서 일 년 내에 그것을 모두 수리하겠다고 약속했고, 실제로 그 약속을 지켰다.

어떤 면에서 이러한 종류의 커뮤니케이션은 소비자와 자기 자신에게 직전의 과거와 결별하라는 제1원칙을 강력하게 전달하는 역할을 한다. 성공을 하려면, 이러한 것들은 단순한 혁신이나 신제품 출시 이상의 것이어야 했다. 그것들을 재평가의 상징으로 만든 것은 새로움 그 자체보다는 포장, 즉 맥락이었다. 닷지 바이퍼Dodge Viper를 닷지 브랜드에 대한 강력한 재평가의 상징으로 만든 것은 그것이 단순히 스포츠카라는 사실이 아니라, 강렬한 붉은색, 불룩 튀어나온 보닛, 엔진 소리에서 보여지듯 극단을 대변한다는 점이었다. 그러한 과격한 비실용성은 차분하고 이성적인 브랜드로 알려진 닷지와는 정반대의 것이었다. 그리고 1.25톤이나 되는 붉은 강철의 존재감은 어떤 논쟁도 허용하지 않았다.

크라이슬러 계열인 플리머스의 프롤러Prowler는 한 걸음 더 나아갔다. 1993년 북미 자동차 쇼에서 프롤러가 첫선을 보이자, 한 잡지는 이 차가 "자동차 매체들의 목을 움켜쥐고 있다."고 표현했다. 몇 달 뒤 〈오토위크〉지는 다음과 같은 기사를 실었다.

> "프롤러를 만든 크라이슬러에 찬사를 보낸다. 그 차는 이미 성공을 거두었다. 한 이웃이 어디서 만든 차냐고 묻기에, 플리머스라고 대답했다. 그러자 그녀는 못 믿겠다는 표정을 지으며 이렇게 말했다. '플리머스요? 와우, 꽤 먼 길을 왔군요.' 프롤러의 판매는 아주 순조로울 것 같다."[1]

이것은 제품 출시에만 해당되지 않는다. 폭스가 NFL(북미 프로 미식 축구 리그) 중계권을 사들였을 때, 방송사와 업계 전문가들이 받은 충격은 실로 엄청났다. 폭스에게 있어 그 중계권의 가치는 시청률만이 아니라 주류에 진입하고 있다는 사실을 업계와 애널리스트와 소비자들에게 알리는 것이었다. 영국의 패션 디자이너 갈리아노가 프랑스의 패션 명가인 지방시와 디오르의 크리에이티브 책임자로 임명된 것은 조만간 이 회사들이 위축된 평판을 빠르게 회복할 것이라는 기대를 즉각적으로 전달했다.

시가 아피시오나도: 시가에 대한 관념을 전복하다

■ 지배적인 소비자 자기만족: 소비자가 업계를 어떻게 보는가

시가가 다시 고상해진 것은 의외의 사람들이 시가를 피우는 모습이 각종 매체에서 보여졌기 때문이다. 다시 말해 시가 흡연자의 전형적인 모습과는 거리가 먼 인물들이 등장했기 때문이다. 먼저 MTV 화면에서 도시의 흑인 랩퍼들이 시가에 불을 붙이기 시작했고, 〈시가 아피시오나도〉Cigar Aficionado 지가 시가를 피우는 데미 무어를 표지에 실었다. 섹시한 몸매로 유명한 그녀는 자극적인 남근의 상징을 스스럼없이 피우고 있었다. 유명 여배우가 등장한 것 이상으로, 이것은 하나의 전복이었다. 그리고 여성이 시가를 피우는 모습은 거리에서도 볼 수 있게 되었다. 시가의 유행을 타고 가장 유명해진 브랜드는 시가 브랜드가 아니라 〈시가 아피시오나도〉는 잡지였

렉서스 LS 400: 보닛 위의 샴페인 잔

다. 그 잡지의 아이코노그래피(iconography, 이미지를 통한 상징적 표현)가 이러한 소비자의 재평가를 가장 먼저 촉진시켰기 때문이었다.

출시 당시 렉서스는 고급 자동차에 대한 소비자의 기준을 위신을 강조하는 감성적 호소에서 승차감으로 바꿔야 했다. 그래서 그들은 고급스러움의 시각적 상징 위에 성능에 대한 합리적 약속이라는 옷을 덧입혔다. 비교 실험이나 세제 회사들이 즐겨 사용하는 비교 그래프 대신에, 그들은 LS 400의 보닛 위에 샴페인 잔을 쌓고 rpm이 붉은색에 가까워지는데도 흔들리지 않는 장면을 보여주었다. 그것은 업계의 오랜 기준을 바꾸어 놓았다. 엔지니어링 전통과 반짝이는 크롬 문양으로 대표되던 고급 자동차 시장은 이제 탁월한 승차감과 성능을 중시하는 시장이 되었고, 자동차 가격은 45,000달러가 채 되지 않았다. 캐딜락의 마케팅과 제품 전략은 전적으로 뒤집어졌다.

미국의 마약 퇴치 캠페인 1987

캐딜락 STS의 뛰어난 마력과 성능, 노스스타 엔진 개발은 대체로 1989년 렉서스의 시장에 대한 재정의에 의해 촉진되었다. 8년 후 그들은 텔레비전 광고에서 엔진의 힘만을 놓고 메르세데스와 자신을 비교하고 있었다. 렉서스의 샴페인 잔 이미지는 아주 유명해서 니산 알티마의 출시 포지셔닝에도 이용되었다. 세단인 알티마는 고급차 수준의 가치를 인정받길 원하면서 렉서스의 샴페인 잔 아이디어를 도용했다.

　미국에서 가장 널리 회자되는 마약 퇴치 캠페인은 팬 위에서 지글지글 끓는 달걀의 이미지를 활용한 것이었다. 그것은 마약이 뇌에 끼치는 영향을 소름끼치게 표현함으로써 어떠한 이유나 논리보다도 훨씬 더 강력했다.

　도전자에게 차별화는 필수이며, 재평가의 상징을 통해 업계를 놀라게 하는 것은 도전자가 차별화된 포지셔닝을 신속히 구축할 기회를 제공한다. 우리는 앞에서 게이트웨이 2000이 자신을 '컴퓨터 회사 같지 않은 컴퓨터 회사'로 포지셔닝하기 위해 젖소와 컴퓨터의 충돌을 조심스럽게 활용했다고 언급했다. 그것은 어떤 의미에서는 사과를 한 입 베어낸 애플 로고의 아이디어를 모방한 것이다. 상징적인 단어 역시 이러한 재평가 수단이 될 수는 있지만, 시각적 이미지만큼 강력하지는 못하다.

■ 지배적인 소비자 자기만족: 기성의 리더 브랜드

일부 도전자들은 기존 질서에 대한 소비자의 인식을 허물어뜨리기 위해 자신을 경쟁 업체와 대비시킨다.

비틀은 원래 미국에 들여오기 어려운 자동차였다. 그것은 모든 소비자 조사와 시험 판매에서 실패할 것이 불을 보듯 뻔했다. 미국에서 자동차는 과시적 외양, 수영장 같은 연료 탱크, 켄터키 주만한 뒷좌석이 있어야 했다. 반면 비틀은 미국의 자동차 시장이 중시하는 것들과는 정반대였다. 하지만 폭스바겐은 그 점을 감추기보다는 오히려 강조해 수십만 대의 자동차를 판매했다. 미국에서 폭스바겐은 자신의 타고난 요소를 아주 영리하게 포지셔닝함으로써 허세를 부리는 기존 자동차 회사들과는 정반대의 이미지를 보여주었다.

도전자가 자신을 업계의 거물과 직접 대비시킨 가장 유명한 광고 사례는 애플의 1984년 광고이다. 그것은 슈퍼볼 경기 중에 단 한 번 방송되었지만, IBM과 대중들에게 뚜렷한 인상을 남겼다. 광고는 제품을 전혀 보여주지 않을 만큼 자신감이 넘쳤다.

애플 1984; 빅브라더 IBM에 도전하다

우리가 여기서 논의하고자 하는 것은 우연한 사건을 현명하게 활용해야 한다는 것이 아니라, 상징을 좀더 의도적이고 전략적으로 도입해야 한다는 것이다. 이 같은 상징은 회사 전체의 장기적 마케팅 또는 리마케팅의 일부로서 의도적으로 창출되어 왔다. 세가의 소닉처럼 말이다.

세가는 닌텐도의 친근하지만 유치한 배관공과 맞서 싸울, 더 강하고 빠른 상징으로서 소닉 더 헤지호그를 선보이면서 비디오 게임계에 발을 내딛었다. 사실상 마리오의 특성은 닌텐도의 소프트웨어 개발자에게는 기술적 한계로 인한 어쩔 수 없는 선택이었다. 마리오가 귀여운 배관공이 된 까닭은 애초에 화면의 선명도가 낮아서 코밑 수염을 붙여야만 입과 구분할 수 있었고, 배관공 작업복을 입혀야만 팔 동작을 알아볼 수 있었기 때문이다. 하지만 세가는 그런 제약이

에너자이저 버니: 듀라셀 버니와 자신을 대비시키다

없었다. 소닉을 개발할 당시 그들은 발전된 기술을 가졌고, 그것을 이용해 비디오 게임에 대한 새로운 태도를 상징하는 선명한 선과 그보다 더 선명한 이미지의 아이콘을 만들었다. 소닉은 단순한 게임 이상이었다. 소닉과 이후 등장한 캐릭터들은 게임과 마케팅에 대한 세가의 정체성과 태도를 구현했다(여기에 원숭이와 바나나는 없다. 세가의 모털 콤뱃Mortal Kombat이란 게임에서는 머리에서 선혈이 뿜어져 나온다). 세가는 소닉을 통해 비디오 게임의 기준을 흥미에서 멋진 이미지로 바꾸어 놓았다.

에너자이저 버니 역시 기성 브랜드인 듀라셀과 연관된, 북치는 장난감 토끼의 이미지를 뒤엎었다. 오래가는 건전지의 특성을 대변하는 기성의 아이콘(북치는 토끼)을 빌려 왔지만 거기에 선글라스, 샌들, 자신만의 태도를 덧붙임으로써 에너자이저는 건전지 제품에 새

버진애틀랜틱: 스칼렛 레이디

로운 차원, 즉 재미와 즐거움을 불어넣었다. 처음에 아무런 반응을 보이지 않던 듀라셀도 에너자이저가 누리기 시작한 이미지와 판매 성장에 점점 더 놀라게 되었고, 결국에는 비교 시연 광고뿐 아니라 그들 브랜드의 핵심이자 어떤 건전지 브랜드에도 타당한 유일한 이 점인 '오래 가는' 특성에 대한 주장도 내던져버리기에 이르렀다.

버진애틀랜틱을 출범시켰을 때, 브랜슨은 기성 항공 업계의 눈에 상징적 손가락을 찔러 넣으며 처음부터 불손함과 엔터테인먼트를 앞세웠다. 나머지 항공사들이 국기 문양과 상징 동물로 꾸며진 근엄한 장식을 뽐낸 반면에, 브랜슨은 할 수 있는 모든 방법으로 새롭고 신선한 항공사의 아이콘을 창조했다. 그는 문양 대신에 비행기 꼬리 날개에 시각적 환상을 그려 넣었다. 브랜슨은 버진의 첫 비행기에 프랑스의 고성이나 일리노이 주의 도시 이름이 아니라, Scarlet

Lady(행실이 나쁜 아가씨)라는 재미있는 이름을 붙였다. 비행기의 모든 것이 점잖은 브리티시 항공과는 정반대임을 상징적으로 전한 것이다.

■ 달 로켓과 가속력

우리는 지금 도전자가 상징을 활용해 자신이 선택한 방향으로 신속히 나아가는 것에 대해 이야기하고 있다. 상징과 아이콘은 소비자로 하여금 논리가 아닌 감성으로 주요 사안에 대한 자신의 습관적인 태도를 재평가하게 한다. 만약 이러한 상징에 극적인 느낌을 불어넣을 수 있다면, 거기에 가속력이 붙게 될 것이다. 즉 브랜드가 더 빨리 소비자 임계 규모에 도달할 수 있게 하는 것이다.

달을 향해 떠난 로켓이 첫 1마일을 날아가기 위해 연료의 절반을 소모한다는 사실은 널리 알려져 있다. 이는 지구를 벗어날 수 있는 결정적 추진력을 얻고 필요한 속도에 도달하기 위한 것이다. 나머지 연료는 방향을 바꾸거나 까다로운 전환(재진입, 달 착륙 등)에 대처하기 위해 쓰인다. 비록 브랜드는 우주 공간과 같이 편안히 통과할 수 있는 무중력 지대를 갖고 있지는 않지만, 적어도 브랜드가 지상에서 이륙하려고 할 때는 그와 유사한 논리가 적용된다. 즉 진정한 난관은 초기의 결정적 모멘텀을 얻는 데 있다. 따라서 가용 연료의 절반은 전적으로 소비자 무관심이라는 중력에서 벗어나는 데 사용되어야 한다.

도전자의 매체와 판촉 예산은 적을 수밖에 없다. 따라서 그 예산을 어떻게 쪼개서 써야 하는지는 중요한 문제가 아니다. 문제는 금

스와치: 스위스 시계의 고정관념을 깨뜨리다

전 이외의 연료, 즉 아이디어, 창의력, 열정을 어떻게 활용할 것인가이다. 극적으로 실행된 재평가 상징의 활용은 바로 이러한 맥락에서 바라보아야 한다.

예를 들어 스와치의 독일 진출을 살펴보자. 그들은 거대하고 완벽하게 작동하는 150미터 높이의 스와치 시계를 만든 다음, 프랑크푸르트에서 가장 높은 빌딩인 코메르츠방크Commerzbank에 매달았는데, 시계에는 이렇게 세 가지만 적혀 있었다.

스와치. 스위스. 60마르크.

처음에는 그저 사람들의 시선을 끌기 위한 구경거리로 보였던 것이 사실은 브랜드를 재포지셔닝하는 뛰어난 작업이었다. 그것은 스와치를 세상에 알렸고, 모든 스위스 시계는 고급 제품이라는 신화를 깨뜨렸으며(하지만 스위스제 시계의 품질은 여전히 강조하면서), 과거 스위스제 품질에 대해 붙여진 적이 없는 가격을 제시했다.

스와치 그룹의 회장인 니콜라스 하이에크가 지적했듯이, 그것은 스와치 브랜드 약속의 핵심을 즉각적으로 전달했다.

> "거대하고 무시무시한 마천루에 시계를 매다는 것은 큰 도발이었다. 그것은 재미있고 기상천외했으며, 하나의 조크, 즉 삶의 기쁨이었다. 시계를 떼어낼 즈음엔 우리가 도달하고자 했던 모든 이들이 우리의 메시지를 전달받았다."[2]

만일 그들이 프랑크푸르트의 그 대형 시계를 멈추게 한 채 단지 여론의 관심만을 끌었다면, 그들은 모멘텀이 아니라 악명만을 얻었을 것이다.

원더브라는 대중 노출을 통해 상징을 창출해야 할 다른 이유를 갖고 있었다. 4장에서 우리는 영국에서 속옷 광고는 광고주와 잠재 구매자 간의 조심스럽고 사적인 비즈니스였지만, 원더브라의 모든 포지셔닝은 매체는 메시지의 일부가 되어야 한다는 것을 의미했음을 살펴보았다. 그들은 옥외 포스터로 만족하지 않고 한 단계 더 나아갔다. 게릴라 작전으로 원더브라는 템스 강 보트에서 약 45미터 높이의 배터시 발전소에 "이봐, 남자들"이라고 쓰여진 광고 화면을 투사했고, 경찰 경비선이 도착한 후에야 소동은 중단되었다. 다음 날 신문들은 간밤에 벌어진 강변의 교통 체증을 주요 기사로 다루었다. 전례가 없는 뻔뻔스런 이미지는 원더브라가 소비자에게 약속하고 있는 자신감과 파워, 그리고 그들이 란제리 이상의 다른 사업을 하고 있다는 사실을 극적으로 부각시켰다.

자동차 출시에서 그 같은 놀라움은 더 이상 새삼스러운 일이 아니다. 이들은 사람들이 전혀 예상하지 못한 것들을 제공하고 있다. 앞에서 살펴보았듯이 닛산의 중형 세단인 알티마는 고급차인 렉서스를 유명하게 만든 '샴페인 실험'을 흉내낸 다음 렉서스와는 비교할 수 없을 정도의 낮은 가격을 제시했다. 알티마는 그 같은 방식으로 경쟁 관계에 있는 다른 중형 세단들을 차례로 제쳤는데, 〈월 스트리트 저널〉은 그것을 "미국 역사상 가장 성공적인 자동차 출시"라고 불렀다. 렉서스는 그 상징적 실험의 TV 광고를 중단했는데, 다른 고급 자동차 업체가 자신을 모방할 수 있기 때문이 아니라 광고가 경쟁사 세단의 판매를 돕고 있다는 우려 때문이었다.

이 같은 상징의 활용에서 볼 수 있는 극적인 느낌의 창출은 또한 그들 조직 내부에 있는 도전자의 특성을 규정한다. 애플의 스티브 잡스는 극적인 느낌을 창출하는 데 귀재였다. 1983년과 1984년 애플의 혈관에 아드레날린을 주입한 것은 복도에 울려퍼진 그의 우렁차고 공개적인 외침이었으며, 그 결과 100일 만에 매킨토시가 만들어졌다. 마이크로소프트는 경쟁자들에 대한 지하드(성전)를 이야기했고, 지금도 역시 이야기하고 있다. 그들에게 그것은 중대한 것이고, 단순한 업무 이상의 것이다. 그리고 당신이 말하고자 하는 것이 정말로 중요하다고 느낀다면, 이 세상의 모든 것이 브랜드를 위한 잠재적 무대가 될 수 있다. 운동화를 위한 로스앤젤레스에 있는 벽, 브래지어를 위한 런던의 발전소, 시계를 위한 프랑크푸르트의 마천루를 생각해보라. 그것은 소비자들의 머릿속에 든 진부한 생각을 바꾸는 무대인 것이다. 소비자가 광고를 기다리지는 않겠지만, 그들은 늘 새로운 소식을 고대하고 있으며 훌륭한 아이디어에 감탄할 준비가 되어 있다. 극적인 장면이 바로 그것이다.

비록 브랜드는 아니지만, 대중적 이슈에 대한 급격한 태도 변화에서도 이 점을 확인할 수 있다. 영국의 다이애나 왕세자비가 미들섹스 병원에서 에이즈 환자와 악수하는 장면을 담은 사진 한 장은 수년 동안 대중들에게 광고한 것보다 훨씬 더 AIDS 감염 경로와 그 병에 걸린 환자와의 관계에 대한 영국 대중들의 인식을 바꾸어 놓았다. 아름다움과 행운의 화신으로 여겨지는 영국 왕실의 고귀한 여성이 많은 영국인들이 화장실 변기를 같이 사용해도 감염될 수 있다고 여기는 에이즈 환자의 몸에 손을 댄 것은 바로 지배적인 소비자 자기만족에 대한 단순하면서도 극적인 도전이었다.

역사적인 도전자는 대중의 상상력을 사로잡고 대중들의 관점을 형성하기 위해 상징을 매우 잘 활용하였다. 러시아인들은 항상 아이콘 창출의 중요성을 잘 알고 있었고, 혁명 이후 러시아 예술에서 최고조에 달했다(질적인 면이 아니라 양적인 면에서). 간소한 흰색 의복을 입고 삭발한 머리를 한 간디를 생각해보라. 그는 겉모습과 옷차림의 중요성을 홍보 전문가가 대처 총리를 위해 조언하기가 훨씬 이전부터 이해하고 있었다.

그리고 전혀 다른 차원에서, 1859년 하퍼스페리에서 존 브라운 John Brown(버지니아 주 하퍼스페리에 있는 연방 무기고를 습격하여 교수형을 받은 인물. 노예제 폐지 운동의 순교자로 추앙받고 있다.)의 교수형에 대해 헤르만 멜빌은 "미국 시민 전쟁의 별이 진 것"이라고 말했다. 하지만 이것은 사건에 대한 진정한 통찰이 아니었다. 롱펠로는 처형이 있던 날 아침 자신의 일기장에 다음과 같은 글을 남겼다. "오늘은 우리 역사에서 위대한 날, 새로운 혁명의 날이 될 것이다. 그것은 과거의 혁명만큼 필연적이다." 이 사건이 하나의 전환점이

이오지마의 성조기: 이미지는 메시지다

라는 즉각적인 느낌을 불러일으킨 것은 노예 제도의 폐지를 위해 죽은 백인, 바로 그것의 상징이었다.

그렇지만 이미지를 재평가의 상징으로 이용한 가장 유명하고 단순한 역사적 사례는 1944년 2월 미군 해병 6명이 이오지마 섬에 미국 국기를 세우는 사진이다. 20세기 미국에서 가장 유명한 이미지 중 하나이고 퓰리처상을 수상한 이 사진은 제2차 세계 대전뿐 아니라 20세기의 가장 결정적인 순간을 담고 있다. 당시 이 전투에서 미군은 36일간의 맹공 끝에 일본군을 격퇴함으로써 적군의 공중 및 해양 전투력을 무력화할 수 있는 중요한 기지를 확보하였다.

돌이켜보건대, 이 이미지는 보다 일반적인 의미에서 승리자로서 미국을 상징하는 것처럼 보인다. 즉 세계 무대의 주요 열강들 중 하나였던 이 젊은 도전자가 이제는 노쇠한 유럽 국가들을 누르고 자유 세계 최고의 지도국으로 우뚝 섰음을 보여주고 있다. 보통 미국인들(사진 속의 인물들 중에서 중사 이상의 계급은 없었다)의 투쟁, 용기, 성취의 이미지는 나중에 알링턴 국립 묘지에 있는 전사자들을 기리기 위해 청동 동상으로 재창조되었다. 동상 제막식에서 닉슨 대통령은 그 동상의 힘을 다음과 같이 요약했다.

> "이 동상은 미국인의 희망과 꿈, 그리고 우리 외교 정책의 진정한 목적을 상징하고 있습니다. 우리 자신의 자유를 지키기 위해서는 세계 다른 곳의 사람들이 자유를 잃은 것을 가만히 지켜보아서는 안 된다는 사실을 깨달았습니다. 미래에는 이 동상이 의미하는 희생이 필요하지 않게 할 방안을 찾고, 사람들이 자유로울 수 있고, 국가들이 독립을 누릴 수 있고, 사람들이 평화와 우정을 나누며 함께 살아갈 수 있는 세계를 건설하는 것보다 정치가에게 더 위대한 도전은 없을 것입니다."

그렇지만 그 사진의 위력에도 불구하고 가장 의미심장한 사실은, 그 장면이 고지를 점령하고 깃발이 처음 세워지던 바로 그 순간을 찍은 것이 아니라는 점이다. 당시 중위 한 명과 다른 세 사람이 본래 있던 철봉에 작은 깃발을 달았고, 다른 사진 작가가 그 자장면을 찍었다.

실제 순간을 찍은 첫 사진은 그리 나쁘지 않았다. 그것은 어떤 힘든 성취의 느낌을 담고 있었다. 하지만 시간이 흐르면서 그 사진은 까맣게 잊혀졌다. 거기에는 세 시간 후에 찍은 두 번째 이미지와 같은 힘이 없었기 때문이었다. 해병대 지휘관은 다른 군인들을 보내 봉을 새로 세우고 더 큰 깃발을 달도록 했으며, 다른 작가가 그 사진을 찍었다.

요점은 이렇다. 행동은 그 나름대로 의미가 있다. 즉 깃발을 세우는 것은 적군의 사기를 떨어뜨리는 것만큼이나 아군들을 고무시킨다. 하지만 그 행동이 표현되는 방식은 그것을 전혀 다른 차원으로 이끈다. 재평가의 상징과 함께, 이미지는 행동 자체만큼이나 하나의 메시지이다.

그리고 해병대 지휘관은 이오지마 섬에 단순히 깃발을 세우는 것이 아니라 큰 깃발을 세워야 한다는 점을 36일간 일본군 진지를 빼앗기 위해 총공격을 펼치는 와중에도 깨닫고 있었다. 그 사진으로 퓰리처상을 받은 조 로젠탈의 도움으로, 해병대 지휘관은 앞으로 계속해서 해병대를 고무할 승리의 이미지, 상승하는 미국의 이미지를 만들어냈다.

■ 다른 청중들

재평가의 상징은 다양한 대상들을 가지고 있다. 재평가의 상징을 창출하는 목적 중 하나는 그들에게 변화의 신호를 보내는 것이다. 앞서 우리는 많은 도전자 CEO들이 자신의 직원들을 가장 중요한 대상으로 여긴다는 점을 언급했다. 그것은 자신의 이익을 위한 것이지 기업의 박애주의가 아니다. 그들은 브랜드가 어떠해야 하는지에 대한 인식, 그리고 브랜드의 우수성과 임박한 성공에 대한 절대적 믿음을 직원들에게 심어줄 수 있다면, 그밖의 모든 일은 저절로 이루어질 것으로 믿는다.

물론 당신의 군대에게 불가피한 변화의 신호를 극적으로 보내는 다양한 방식들이 있다. 18세기 영국 해군은 '병사들을 독려하기 위해' 반항적인 빙Byng 제독을 총살대에 세웠다. 공개적인 총살과 일시 해고는 새로운 방향의 필요성에 대한 신호를 보내는 힘든 방식이다(예를 들어 누구나 루 거스너 회장의 취임과 함께 IBM이 약 10만 명의 직원을 일시 해고한 이야기는 무엇보다도 앞으로 닥칠 조직과 전략의 변화를 매우 강력하게 암시하는 것이었다고 생각한다). 조직 변화 컨설턴트는 이러한 종류의 동기 부여를 '불타는 갑판' 이라고 부른다. 그것은 바다에서 석유 굴착 설비 위에서의 안전 훈련에서 따온 말로, 작업자들을 물 속에 뛰어들게 하는 유일한 방법은 정말로 갑판에 불이 붙었다고 믿게 하는 수밖에 없다는 것이다.

하지만 가장 강력한 상징은 사람들의 정신을 고취하는 상징이다. 모두를 결집시키는 깃발이나 맞서 싸워야 하는 적과 같은 상징이 바로 그것이다. 이는 우리가 '평상복을 입는 금요일' (casual Friday) 정책 이상의 것을 찾고 있음을 의미한다. 그것은 좀더 극적인 것이어야 한다. 예를 들어 새턴의 탄생지는 단순히 모기업의 과거로부터가 아니라 미국 자동차 산업 전체의 과거에서 벗어나기 위해 디트로이트와는 정반대되는 곳이 되었다. 테네시 주 스프링힐의 현실은 광고에서 묘사하는 이상적인 작은 도시는 분명 아니겠지만, 직원들에게 강력한 메시지를 전하기에는 충분했다. 만약 새턴이 단순히 디트로이트의 다른 생산 라인에서 만들어졌다면, 과연 기성 자동차와는 완전히 다른 자동차를 만들고자 하는 열성적인 사람들을 채용할 수 있었을까?

소비자와 직원 외에 재평가의 상징이 목표로 하는 대상은 여론 주도층이다. 폭스는 전 세계 시장 곳곳에서 주요 방송사로서의 자신의 존재를 알리기 위해 크고 극적인 제스처를 줄기차게 취해 왔다. 폭스의 청중은 소비자뿐 아니라 언론, 경쟁 방송사, 프로그램 제작자도 포함된다. 한 예로, 미국에서 이 새로운 방송사가 처음으로 전파를 내보낸 저녁, 로스앤젤레스 언덕 위의 유명한 '할리우드' 흰색 광고판이 '폭스'로 바뀌었다.

그것이 바뀐 것은 역사상 오직 이때뿐이었다. 광고대행사 사람들은 줄지어 서서 350개 탐조등의 스위치를 일제히 켰다. 그것은 바뀐 광고판에서부터 폭스가 방송을 하고 있는 센추리 시티까지 이어졌다. 폭스는 첫 방송 저녁 시청률에 모든 마케팅 예산과 에너지를 쏟아붓고 나서 프로그램으로 승부를 걸기로 결정했다. 그들의 핵심 목표는 지상에서 로켓을 띄우는 것이었다.

1987년 할리데이비슨 역시 정부 앞으로 보낸 한 장의 문서로 여론 주도층과 직원들을 위한 강력한 재평가의 상징을 창출했다. 이는 퇴조와 시련의 시기가 끝났음을 알리는 신호였다. 시련은 1980년대 초, 일본 모터사이클 업체들의 공격을 받고 2등으로 추락하면서 찾아왔다. 1983년 할리데이비슨은 새로운 경쟁의 발판을 마련하기 위해 조직과 이미지의 전면적인 재구축에 들어갔고, 정부에는 일본 모터사이클에 관세를 부과하도록 요청했다. 관세는 일본 모터사이클의 공격으로부터 자신을 보호하면서 자금, 제품 디자인, 이미지를 정비할 시간을 벌기 위한 것이었다. 미국 정부는 기꺼이 1988년까지 관세 장벽을 설치하기로 결정했다. 그런데 관세 보호가 시행 중이던 1987년 5월 17일, 미국 정부는 관세 폐지를 요청하는 한 장의 문서를 받았다. 그 문서를 보낸 곳은 일본 업체가 아니라 할리데이비슨이었다. 이제 그들은 개방된 시장에서 다시 경쟁할 준비를 갖추게 된 것이다.

보호를 일 년 앞당겨 자진 철회한 자신감은 할리데이비슨의 주주와 여론 주도층, 그리고 직원들에게 불과 몇 년 전은 역사의 한 페이지가 되었음을 입증했으며, 상승 모멘텀을 더욱 가속화했다. 그리고 2년 후, 할리데이비슨은 다시 대형 모터사이클 시장을 지배하게 되었다.

지금까지 살펴본 바와 같이, 재평가의 상징이 반드시 광고나 마케팅일 필요는 없다. 중요한 것은 바로 그 의미이다.

제5원칙

**06 핵심이 아닌 것은
희생하라**

"위대한 브랜드는 열정을 불러일으킬 것이다. 사람들은 그 브랜드를 사랑하거나 미워할 것이다."

— 피터 반 스토크

온갖 소음과 정보들이 넘쳐나는 세계에서, 브랜드가 직면하는 가장 큰 위험은 소비자의 거부가 아니라 무관심이다. 거부는 쉽게 눈에 띄고 대처할 수 있지만(대대적인 변화를 시도하거나 사업에서 손을 떼면 된다), 무관심은 훨씬 더 위험한 문제이다. 선택적 경청은 기업들로 하여금 여기저기 조금씩만 고치면 모든 것이 잘될 것이라 믿게 한다. 그리고 그들은 점점 더 많은 돈과 시간을 점점 더 적은 성과를 위해 쏟아붓는다.

지난 몇 개의 장에서 우리는 도전자에게 있어 무관심을 해결하는 방법은 강력한 정체성과 이를 통한 강력한 소비자 관계 형성에 있음을 살펴보았다. 필연적으로 이는 도전자 브랜드의 성공이 강력한 정체성과 소비자 관계를 창출하기 위해 무엇을 희생할 것인지 매우 신중하게 고려하는 데서 비롯되는 것임을 의미한다.

정말로 자신의 초점, 목소리, 행동을 희생하고 더 좁게 집중하는 능력은 도전자가 가진 중요한 이점 가운데 하나다. 두 전선에서 동시에 전투를 벌인다면 전투력은 약화될 수밖에 없다(1941년 러시아 침공으로 히틀러는 3년 뒤 프랑스를 지배할 힘을 잃었다). 리더 브랜드는 많은 전선에서 동시에 전투를 해야 한다. 그렇기 때문에 종종 도전자에게 빈틈을 보이기도 하는데, 그것은 어디까지나 그저 빈틈에 불과하다. 말하자면 자신을 희생할 준비가 되어 있어야만 그 빈틈을 활용할 수 있다는 것이다.

만일 희생의 실용성이나 수익성 측면에 의심을 품고 있다면, 사우스웨스트 항공을 살펴보자. 사우스웨스트는 모든 사람들에게 환영받는 항공사는 아니다. 승무원 콜레트 밀러의 이야기를 들어보자. 그녀가 승객들을 서비스하는 방식은 조금 특이하다. 그녀는 웃으면서 말한다.

"우리는 고무 바퀴벌레 같은 작은 장난감들을 많이 갖고 있어요. 만일 음료수에 바퀴벌레를 넣고 싶을 정도로 고약한 사람이 있으면 고무 바퀴벌레를 넣기도 하지요."[1]

아마도 콜레트가 좀 정신이 나갔다는 생각이 들 것이다. 사우스웨스트의 기준에서도 마찬가지다. 하지만 그렇지 않다. 인터뷰할 당시 콜레트는 우수 항공 승무원 상을 받았고, 사우스웨스트에서 12년 동안 근무한 베테랑이었다. 그녀는 항공사가 고객 서비스의 모범으로 전 세계에 소개할 만큼 자랑스러워하는 직원이다.

물론 승무원에게 이 정도의 재량권을 허용하는 것은 고객 입장에서는 상당한 희생을 요구한다. 아마도 워렌 버핏 정도의 승객이라야 위스키 잔에 고무 바퀴벌레가 들어 있어도 크게 놀라지 않을 것이다. 하지만 이것이야말로 리더 브랜드가 아닌 2등 브랜드의 미덕이다. 군이 대중의 동의를 구할 필요가 없이 자신만의 색깔을 가지고 그것을 내세울 수 있다. 두각을 보이려면 그렇게 해야 한다. 우리는 희생이 잠재 사용자와 수익성을 줄인다고 생각하며 실제로 주저하고 있지만, 사우스웨스트의 이야기는 그와 정반대로 희생은 승객들에게 더 강한 충성도를 이끌어냄으로써 수익성을 높여준다는 점을 말해주고 있다.

사우스웨스트 항공의 재무 성과를 다른 항공사들과 비교해보라. 1990~1993년에 미국 항공 산업의 매출은 40억 달러 감소했다. 하지만 사우스웨스트는 사업 개시 이래 항상 흑자를 기록했고, 1994년에는 순익이 1억 7900만 달러에 달했다. 희생의 대가로 충성도와 성장이라는 큰 수익을 얻었기 때문이다.

그리고 색깔(심지어 사우스웨스트의 브랜드 색깔)이 어떻다고 해서 우수한 제품이 되지 말라는 법은 없다. 1996년 사우스웨스트 항공은 항공사 품질 평가에서 아메리칸, 유나이티드, 델타 항공을 앞지르며 2년 연속 최고 평점을 받았다. 대기 시간 10분, 자신의 음식은 직접 싸가지고 오기, 고무 바퀴벌레, 그리고 그들은 최고 품질의 항공사로 선정되었다. 우리는 80 대 20 법칙을 잘 알고 있다. 사우스웨스트는 그 법칙을 적절히 실행하는 것의 가치를 우리에게 보여주었다.

■ 내 고무 바퀴벌레는 어디 있는가?

도전자의 희생은 제한된 라인 확장이나 조사 예산 혹은 보조 홍보 인력 등과 같이 사업의 부수적인 영역에 있지 않다. 그것은 유통, 메시지, 청중 같은 사업의 핵심 요소의 희생이다. 그리고 희생의 최우선 목표는 핵심 청중들에게 올바르고 중대한 영향을 미치는 것이다. 즉 당신의 목소리가 임계 규모에 신속히 도달하게 하는 것이다.

우리가 초점을 맞추고 있는 도전자들은 핵심 청중들과 더욱 강력한 관계를 창출하기 위해 다양한 유형의 희생을 하고 있다. 그 중 가장 일반적인 것은 표적의 희생, 조사의 희생, 메시지의 희생, 라인 확장의 희생, 유통의 희생, 품질 전달의 희생이다.

■ 표적의 희생: 충성도를 위해 수를 희생한다

우리는 앞서 사우스웨스트의 개성이 일부 승객들을 당황시키고

사우스웨스트: 모든 고객을 만족시키려는 목표를 버리다

다른 승객들을 매료시킨다는 점을 살펴보았다. 방송사인 폭스도 마찬가지다. 폭스의 혁신적 프로그램들(〈심슨〉, 〈X파일〉, 〈마틴〉)은 나이가 많고 보수적인 잠재 시청자들에게 외면당했다. 그 대신 그것은 개성 없는 기성 방송사들에 대해 명확한 차별성을 폭스에 주었을 뿐 아니라, 18~34세의 가장 변덕스러운 시청자층에서 두 종류의 충성도로 보상받았다. 첫째는 시청률이었다. 폭스의 종합 시청률은 4위에 불과했지만 18~34세, 18~49세 주요 시청자층의 주말 핵심 시간대에서는 선두를 달렸다. 이것은 폭스에게 돈벌이가 되었다. 광고주들이 가장 선호하는 대상이 바로 그 연령대의 시청자들이었기 때문이다.

둘째는 개별 프로그램 내의 충성도이다. 그것은 프로그램이 방송되는 동안 시청자 관심의 정도를 말한다. 미국 전역에 방영된 TV

프로그램들 가운데 성인 시청자가 완전히 집중해서 본다고 응답한 비율을 기준으로, 폭스는 상위 프로그램 7개 가운데 5개를 차지했다. 개별 프로그램 내에서도 폭스는 선택된 시청자들과 강력한 관계를 맺고 있었다. 직관적으로 우리는 두 가지 충성도 간에는 관련성이 있고 하나는 당연히 다른 하나를 예측한다고 가정할 수 있다. 개별 프로그램 내의 관심도와 몰입도가 감소하면, 조만간 반복 시청의 충성도가 줄어들 것이기 때문이다. (이것은 도전자가 다른 업종으로부터 어떻게 배울 수 있는지의 실례를 제공한다. 대부분의 업종들은 오직 한 가지 충성도만 측정한다. 하지만 관심과 몰입의 충성도는 경험 비즈니스에서 활동하는 도전자의 주요 측정치가 될 수 있다. 일례로 이것은 슈퍼마켓 쇼핑이나 패스트푸드 업종에서 중요한 측정치로 활용할 수 있다.)

■ 소비자 도달 혹은 빈도의 희생: 정체성을 위해 수를 희생한다

최근 앱솔루트가 광고 집행의 고정된 틀을 만들기 위해 일관되게 잡지 뒤표지를 점유하는 것은 비용이 많이 든다(내지에 전면 광고를 싣는 것보다 비용이 더 든다). 그래서 그렇게 하기 위해 앱솔루트는 광고 집행 빈도와 소비자 도달 범위를 희생한다. 하지만 그 위치가 주는 가시성과 배타적인 느낌은 앱솔루트가 탄생 이후 가꾸어 온 명성을 강화시켜주었으며, 앱솔루트 브랜드를 대중적 아이콘으로 만드는 데 결정적인 역할을 했다. 이러한 이득은 앱솔루트가 고집해온 일관된 희생 때문에 가능했다. 브랜드 담당자가 어떤 해에는 한 번 해보고 다른 해에는 포기하는 식이었다면, 브랜드는 소비자의 마음속에서 잡지 위치와의 유리한 연결을 구축하지 못했을 것이다.

앱솔루트: 잡지의 뒤표지만을 고집하다

맥주 브랜드인 보딩턴 비터도 지난 5년 동안 그 같은 전략을 성공적
으로 추진해 왔다.

이와는 전혀 다른 영역과 매체에서, 새턴은 명백히 비싼 60초짜
리 텔레비전 광고를 전략적으로 이용한다. 새턴의 전체 포지셔닝은
소도시의 편안한 자동차 회사가 제공하는 경험을 파는 데 초점을 맞
추기 때문에, 자동차의 제조와 판매에 접근하는 방식에 대해 차분하
고 서둘지 않는 느낌을 주어야 하고, 그러기 위해서는 긴 광고 시간
이 필요하다. 말하자면 미국의 다른 자동차 브랜드들이 30초 내에
끓이려고 안달하는 잡탕 수프와는 완전히 대조되는 느낌인 것이다.
앱솔루트와 마찬가지로 새턴도 특별한 광고 형태를 고수하기 위해
메시지의 도달 범위와 횟수를 희생하지만, 그 희생은 독특한 감성적
개성을 새턴에 가져다주었다. 그리고 희생을 통해 얻은 그러한 이점

은 다른 경쟁 업체들이 그렇게 할 수 없기 때문에 더욱 부각되었다.

■ 유통의 희생: 호감도를 위해 이용의 용이성을 희생한다

유통의 희생은 브랜드로 하여금 소비자와 강력한 관계를 형성하고 그것을 유지하도록 하는 데 도움을 준다. 예를 들어 오클리는 제품의 진품성과 판매점의 희소성에 특별한 가치를 둔다. 이것은 오클리가 스포츠 매장들과 거래를 확대할 때, 유통망을 조정하고 제한함을 의미한다. 예를 들어 세 곳의 자전거 매장이 있는 도시에 진출한다면 모두 원칙적으로 오클리의 아이웨어를 취급하려 하겠지만, 오클리는 세 곳 가운데 가장 열성적인 매장 한 군데에만 제품을 공급한다. 그럴 경우 그 지역의 여론 주도층 사이에서 사용자 의식이 생겨나고, 중장기적 차원에서 브랜드의 신뢰성과 좋은 평판의 씨앗이 잠재 고객들에게 폭넓게 뿌려진다.

마찬가지로 사우스웨스트의 성공에도 불구하고, 허브 켈러허는 사우스웨스트가 양 연안을 오가는 장거리 노선에 취항할 생각이 없음을 밝혔다. 사업의 규모가 커지면 직원과 운영 기반을 확대해야 하는데, 그럴 경우 브랜드와 고객과의 관계에서 (가격과 함께) 핵심으로 꼽을 수 있는 직원들의 단합심을 유지하기가 어렵기 때문이다. 오클리와 사우스웨스트 모두 유통망 확대를 통해 단기적 이득을 크게 늘릴 수 있겠지만, 중장기적으로는 브랜드의 쇠퇴를 가속화할 위험이 있었다. 따라서 그들은 유통망 확대를 통한 성장보다도 소비자 및 직원과의 강력한 관계를 중시했다.

스포츠 용품 브랜드인 오션 퍼시픽Ocean Pacific의 과도한 확장과

오클리: 희소성을 위해 판매점 수를 제한하다

그로 인한 쇠퇴는 모든 도전자들에게 경고가 되고 있다. 어디에서나 구매하고 이용할 수 있다는 것은 코카콜라와 AT&T 같은 기성 브랜드들에게는 좋은 것이지만 독특한 취향의 커피 전문가, 파도타기 애호가, 산악 자전거 애호가 등 좀더 한정된 표적 고객들과 더욱 강한 친밀감을 창출하려는 도전자 브랜드에게는 위험한 것이다.

■ 메시지의 희생: 명료함을 위해 깊이를 희생한다

기업이 전달하고자 하는 메시지의 양과 소비자에게 확실히 전달하기 위한 메시지의 단순성, 이 둘 사이에 위치한 심연은 우리가 가장 건너기 어려운 것이다. 브랜드 입장에서 보면 항상 전달해야 할 사항이 너무나 많다. 구매 유인책, 그리고 시장 조사 결과가 제시하는 경쟁력 있는 핵심 차별성 등등. 어찌됐든 소비자를 한 시간 반 동안 방에 앉혀서 우리 브랜드가 월등한 모든 이유를 설명해줄 수 있다면, 우리는 그들을 충성스러운 구매자로 바꿔 놓을 수 있을 거라고 생각한다.

하지만 현실을 외면할 수는 없다. 강한 브랜드는 커뮤니케이션에 있어 매우 단순하고 어느 한 가지에 집중한다. 설사 그것이 이차적으로 중요한 메시지의 희생을 의미한다고 할지라도 말이다.

다시 앱솔루트를 살펴보자. 이 브랜드가 자신에 대해 말할 수 있는 이야기는 매우 많다. 예를 들어 1879년에 관한 이야기, 앱솔루트의 설립자로 연속식 증류법을 개발한 라스 올슨 스미스Lars Olsson Smith의 이야기, 혹은 중세 도시 이야기를 들려줄 수 있다. 스웨덴 밀의 장점, 귀중한 액체를 만드는 데 이용되는 정류 과정(경쟁사의 숯 여과 방식보다 훨씬 뛰어난 과정으로 소비자의 감탄을 자아낸다)을 일러주고 싶을 것이다. 또는 재미와 수익을 목적으로 앱솔루트를 여러 가지 새로운 음료나 전통 음료와 섞어 마시는 방법을 알려줄 수도 있을 것이다.

이 모든 것은 가치가 있으며, 어떤 면에서 소비자들의 흥미를 끌수 있을 것이다. 그러나 앱솔루트는 단 한 번을 제외하고 이 모든 메시지들의 희생을 선택했다. 〈뉴욕 타임스〉에 실린 한 광고에서 앱솔루트는 이 모든 이야기들을 동시에 털어놓았다. 브랜드를 유명하게 만든 절제된 광고가 이젠 끝났음을 선언하면서 제품에 대해 더 많은 것을 이야기하고 싶은 바람을 드러내 보였다. 이 광고를 자세히 들여다보면 밀밭, 신선한 칵테일 사진, 정류의 본고장, 수많은 광고 문구들이 보이는데, 모두가 진실이고 흥미롭다.

THE MOST POPULAR AD CAMPAIGN OF ALL TIME NEED NOT RUN FOR ALL TIME.

It was good advertising. It had a good, long run. But everyone knows what must come to all good things.

Ironically, the old ads were, in a way, too charming. Too engaging, really too much fun. They were diverting consumers' attention from a far more important story.

Don't get us wrong, it was right for the time. It was fun and we'll miss it. Gee, it's been 17 years and hundreds of ads since ABSOLUT PERFECTION first ran, way back in 1980. But times change and so must the way we relate to our customers. We think people deserve more; more information about their favorite vodka.

We all know what's on the outside of the bottle (the old campaign certainly saw to that), but now we think it's high time we got to the heart of the matter – it's time to talk about what's inside the bottle.

You are now reading the first ad in the new Absolut Vodka campaign. The first in a series of messages from a company that has a lot to say about vodka.

SO LET'S TALK WHEAT

That's right, wheat. More specifically, wheat from the fields in and around the medieval town of Ahus, Sweden, the birthplace of every single drop of Absolut Vodka. This grain is key to the character of the world's favorite vodka.

Pour a touch of Absolut Vodka into a snifter and savor the aroma. You are experiencing a distillation of the finest grain on earth – golden Swedish wheat, rich in flavor from the minerals and nutrients found in the soil of the fields of southern Sweden. And so it has been since 1879 when Lars Olsson Smith produced the first bottle of what the world now knows as Absolut Vodka.

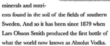

But it's not enough to have the fields and grow the wheat. It's important to know what to do with the grain once it's brought in from the harvest.

Absolut Vodka is produced using centuries-old distilling expertise and tradition in combination with modern distillation technique, and an elaborate modern purification process called rectification. It's what makes Absolut Absolut.

The best vodka is clean vodka. When the spirit is charcoal filtered, which many vodkas are, impurities generated by fermentation and distillation are left behind, and those can wind up in your Martini. Charcoal filtering is a highly inefficient method of removing unwanted impurities.

Rectification, the process used by Absolut Vodka, may be expensive and painstaking – it involves a sophisticated and rare continuous distillation process which runs the vodka through several apartment building-sized columns – but it produces a product unusually free of impurities, while still maintaining the essence of the golden grain of southern Sweden.

This is the secret to Absolut.

BE IT EVER SO NORDIC, THERE'S NO PLACE LIKE HOME

If your vodka is distilled under license in 30 industrial locations around the world, chances are the quality is uneven.

The entire world supply of Absolut Vodka is produced at the same distillery in southern Sweden, in the town of Ahus. Every single drop of water comes from the same underground spring that has contributed to the mystique of Absolut Vodka for centuries, and so it continues to this day.

Moreover, it is vital for the producer of a great spirit to have complete control of the entire distillation process from grain to glass. Absolut Vodka is just such a spirit.

A FAMILY OF FLAVORS

It's not as easy as it seems. We've experimented with hundreds of possibilities. After all, we're not just producing a flavored vodka, we're producing flavored Absolut!

And our customers have been glad for our efforts. Lemony Absolut Citron (actually a blend of four citrus fruit flavors) is today the world's most popular flavored premium vodka. Absolut Kurant, flavored with the delicate essence of natural black currant, is equally tasty. And our third flavor, Absolut Peppar, is perhaps the most rewarding and unexpected variety in our family.

IT'S NICE TALKING TO YOU

We believe a dialogue with our customers is critical to the vitality of our company. And a dialogue is exactly what we wish to begin, with this new, more informative approach to advertising. So say goodbye to our old voice and hello to our new, customer-oriented style of communication.

Let's start the dialogue right now. Pick up the phone and give us a call with any questions, comments or ideas at 1.800.324.2224.

And remember, it doesn't really matter what's in the ads, it's what's in the bottle that counts.

And that's Absolut.

CALL WITH ANY QUESTIONS, COMMENTS OR IDEAS: 1.800.324.2224.

앱솔루트: 만우절 광고

하지만 이 모든 세세한 사항은 진짜였지만, 광고 자체는 그렇지 않았다. 페이지 위쪽의 날짜가 4월 1일 만우절이다. 앱솔루트 성공의 핵심은 메시지의 희생이다. 앱솔루트는 모든 부차적인 커뮤니케이션을 희생했다. 그 대신 모든 자원과 아이디어를 '최고의 세련됨'(premium sophistication)이라는 하나의 핵심 커뮤니케이션 과제를 위한 임계 규모에 도달하는 데 집중했다.

■ 라인 확장의 희생

라인 확장에서 희생이 얼마나 중요한지에 대한 가장 인상적인 설명은 그렇게 하지 않았던 팀버랜드Timberland의 사례이다.

팀버랜드는 도전자로서 1994년까지는 모든 것을 제대로 하는 듯이 보였다. 신발 시장에서 비교적 작은 기업이었던 그들은 자신의 정체성에 대한 명확한 인식을 갖고 있었고, 오로지 신발에만 매진하고 있었다. 그들 스스로도 그것에 대해 자랑스럽게 생각했다. 그들은 패션보다는 진품성과 기능성을 강조했고, 그것으로 인해 유행이 되기도 했다. 그리고 그들은 3년 만에 매출액이 두 배로 늘어났다.

하지만 성장을 하면서 그들은 어떻게 해서 자신들이 그 위치까지 오르게 되었는지를 잊어버렸다. 신발 이외의 영역으로 사업을 다각화하면서 그들은 의류와 액세서리에까지 손을 뻗쳤다.

하지만 그 영역들에서는 일시적인 관심을 받았을 뿐 어떠한 신뢰도 얻지 못했고 진품성과 정체성은 희석되고 말았다. 팀버랜드의 일시적 성공을 보고 나이키와 리복 같은 경쟁 업체들이 비슷한 신상품을 출시하자, 소비자들은 팀버랜드를 더 이상 특별하게 생각하지 않았다. 도전자인 팀버랜드는 비틀거리며 어쩔 수 없이 공장 문을 닫고 재고 처분에 나설 수밖에 없었다.

팀버랜드뿐이 아니었다. 할리데이비슨과 나이키도 그들의 정체성을 넘어 확장함으로써 자신의 길을 잃었던 시기가 있다. 할리데이비슨은 카페레이서 풍(Cafe Racer-style)의 '일본식 모터사이클'이 되었고, 나이키는 운동화에서 벗어나 캐주얼 슈즈가 되었다. 두 기업에게 그 실수는 그들이 진정 누구인지를 일깨워주는 값비싼 기억으로 남았고 그들의 핵심 정체성에 다시 주력해 새롭게 성공을 거둘 수 있었다. 모든 브랜드가 이와 동일하게 쉽게 회복 가능한 것은 아니며, 만일 도전자가 라인 확장을 통해 너무나 빨리 소비자들로부터 너무 많은 것을 거둬들이려 한다면, 2~3년 안에 급속히 성장하고 급속히 쇠퇴하게 된다.

폭스는 특히 〈X파일〉의 장기적인 마케팅 전략을 개발하기 위해 총괄 마케팅 책임자를 임명하면서 이 점을 깨달았다. 문제는 어떻게 더 넓은 대중들 사이에서 브랜드의 잠재력을 활용하면서(예를 들어 장편 영화, 상품, 서적 등의 형태로), 계속해서 열성적인 시청자들의 충성도를 유지하는가였다. 따라서 새로운 직책의 핵심 과제 중 하나는 이를테면 판촉 파트너들의 관리였다. 폭스는 핵심 시청자들에게 지나친 상업화로 비춰지지 않기를 바랐고, 또 팀버랜드처럼 2~3년 만에 일반 시청자와 핵심 시청자들로부터 신뢰를 잃고 싶지 않았다.

■ 품질 전달의 희생

품질은 마케터들에게 늘 쉬워 보이지만 사실은 어려운 영역이었다. 시장 상황이 좋았던 시절에는 품질과 마케팅 성공 간에 상관성이 있음을 보여주는 많은 증거들이 있다(표 6.1 참조).

이것을 가지고 품질이 판매를 결정한다고 주장할 수 있을까?

하지만 1990년대의 도전자들에게는 어떻게 품질을 전달하는가(communicate)라는 질문이 매우 어려운 문제이다. 우리는 앞에서 과도한 실행에 뿌리박힌 정체성에 대한 인식을 가지고 있는 성공적인 도전자에 대해 이야기했는데, 그러한 과도한 실행의 어떤 측면을 이야기할 것인가. 그래서 어떤 측면을 희생할 것인가는 매우 어려운 결정이다. 이때 수많은 근본적인 질문들에 부딪히게 된다.

첫째, 품질은 진정으로 무엇을 의미하는가? 이것은 현대 마케팅에서 가장 느슨하게 사용되는 개념이다. 품질의 속성이 업종마다 다르다는 점에서 그것은 아무것도 의미하지 않는다. 그리고 업종 내에서 소비자가 중요시하는 성능의 모든 측면을 포괄한다는 점에서 모든 것이라고 할 수도 있다. 전략적으로 가치가 있으려면 그 의미는 매우 명확히 정의되어야 한다.

둘째, 자신의 영역에서 품질이 실제로 무엇을 뜻하는지 엄격한 정의를 내릴 수 있다면, 현재 표적 고객의 품질에 대한 정의(리더 브랜드가 수 년 동안 주장해온 정의를 거의 확실히 반영하고 있다.) 위에서 경쟁해야 하는가? 아니면 자신에게 유리하게 그것을 재정의해야 하는가?

셋째, 소비자들이 모든 제품의 품질이 점점 더 동일해지고 있다고 느끼는 증거들을 어떻게 해석해야 할까?

브랜드의 시장 서열	품질 비교 지수
시장 지배자	+14
한계 리더	+6
2등 브랜드	+0.3
3등 브랜드	-2.7
나머지 브랜드	-3.1

출처: 3500개 사업체의 실적에 대한 PIMS 자료, 1989년.[2]

표 6.1 품질과 마케팅 성공의 상관성

넷째, 소비자들이 광고에서 말하는 품질에 관한 합리적인 주장('맛있다'거나 '건강에 좋다'라는 식의 주장뿐만 아니라)을 믿지 않는다고 말할 때, 우리는 어떻게 대응해야 하는가?(새턴은 품질이나 JD 파워 평가 결과에 대해 직접적으로 언급한 적이 없다. 이미 많은 기업들이 광고에서 이야기하므로 소비자가 다른 자료를 통해 그것을 듣는 것이 더욱 효과적이라고 믿기 때문이다.)

끝으로, 도전자가 제품의 특성이나 기능보다 오직 자신이 누구인지에 대해서만 말하기로 한다면, 소비자는 제품에 대해 어떤 방법으로 알게 되는가? 리더 브랜드는 제품의 품질에 관한 이야기를 전체적인 커뮤니케이션의 일부로서 전달할 여유가 있지만, 도전자는 자신의 메시지를 전달하는 데 집중해야 한다.

분명히 가격/가치 방정식을 변화시킴으로써 성공을 거둔 뛰어난 도전자들이 있다(예를 들어 렉서스 혹은 버진 항공의 위층 좌석). 그들은 더 낮은 가격에 더 많은 것을 제공한다. 하지만 도전자들에게 해결책은 물리적 품질이 아닌 감성적 품질을 전달하는 데 있다. 그들은 대중 매체에서 합리적인 품질의 전달을 희생하지만, 그들이 선택한 차별화된 포지셔닝에 대한 호소는 소비자의 마음속에서 추정되고 추론된 품질을 만들어낸다. 즉 소비자로 하여금 그것을 믿고 싶도록 만드는 것이다. 밀워드 브라운Millward Brown의 공동 설립자인 고든 브라운은 그것을 다음과 같이 품위있게 표현했다.

> "광고는 사람들로 하여금 어떤 것을 믿도록 설득할 수 없다. 광고가 할 수 있는 것은 사람들이 스스로를 설득하는 위치에 그들을 데려다 놓는 것이다."[3]

사람들은 각자 나름대로 품질을 인식하는 지름길을 알고 있다. 브랜드가 오랫동안 주변에 있었는지(닛산의 '꿈의 차고' 광고), 브랜드가 가족 기업에 의해 만들어졌는지(워버턴스), 제품을 만드는 사람들이 자신의 일에 관심을 보이고 즐기는지(새턴, 사우스웨스트), 상품을 만드는 데 들이는 시간의 양(많은 최상급 위스키) 등을 따진다. 바로 그러한 것들이 믿어 달라고 하는 많은 합리적인 설명보다 소비자의 마음에 품질에 대한 더욱 강력한 단서가 된다.

따라서 직접적인 품질 전달 메시지의 희생은 반드시 제품 품질의 인식이나 품질 평가에 있어 측정 가능한 향상을 희생하는 것이 아니다. 제품의 포지셔닝을 명확히 하면, 소비자는 스스로 제품의 품질을 추정하거나 추론하게 된다.

우리는 앞에서 새턴이 출범하면서, 자동차를 만드는 자신들의 철학과 일에 대한 애착을 중시했으며, 4년이 채 지나기 전에 품질 이미지에서 포드를 따라잡았다는 사실을 살펴보았다. 포드는 수 년 동안 '품질 최우선'을 역설해 온 기성 브랜드였다. 한편 앱솔루트는 러시아산이라는 보증서는 없지만 자신의 순수한 맛을 주장하는 메시지를 계속 전달함으로써 끝내 보드카 품질 평가에서 러시아산 스톨리치나야를 물리치게 되었다.

따라서 여기에서 명심할 사항은, 제품 품질의 명시적인 전달을 희생하라는 언급이 도전자가 제품의 중요성이나 제품에 관해 이야기하는 것의 가치를 부정하는 것이 절대로 아니라는 점이다(브랜드와 품질 중 어느 것이 중요한가 논쟁하는 것은 잘못된 것이다. 제품은 브랜드의 약속을 이행하는 것으로 보여져야 한다. 둘은 서로 얽혀 있다). 실제로 모든 포지셔닝이 제품 품질에 대한 소비자의 기대를 재정의하는 데 집중되어 있는 몇몇 도전자(예를 들어 렉서스 혹은 닛산 알티마)도 있다.

관찰에 의하면, 많은 도전자들은 그 대신 간접적으로 품질에 대한 인식을 달성하고 있다. 그들은 명시적인 제품 주장을 희생하지만 고품질이라는 평가를 받는다. 왜냐하면 표적 고객들이 브랜드가 자신을 표현하는 방식을 보며 간접적으로 품질을 추론하거나(앱솔루트), 그들이 소비자와 형성하는 관계가 소비자로 하여금 제품이 좋다고 믿고 싶게끔 유도하기 때문이다. 그리고 소비자가 브랜드의 품질을 스스로 추정하는 이러한 상황의 부가적인 가치는, 소비자는 우리가 가장 가치 있다고 여기는 특성이 아니라 소비자 자신들이 가장 가치 있게 생각하는 특성을 추정하는 경향이 있다는 점이다. 왜냐하면 품질은 업종마다 다른 의미를 전달할 뿐 아니라, 같은 업종 내에서도 사람들마다 다른 특성을 의미하기 때문이다. 심지어 동일한 브랜드의 핵심 고객들 내에서도 그러하다.

자동차를 예로 들면 소비자의 눈에서 품질은 자동차의 구조에서부터 안전성, 내부의 안락성 등 제품의 다양한 차원을 의미할 수 있으며, 개별 소비자마다 각각의 차원들에 약간씩 다른 비중을 두고 있다. 따라서 소비자가 품질을 추론하게 하는 것은 그들로 하여금 자신들이 가장 중요하게 여기는 차원에 따라 그것을 해석하게 하는 것이다.

마지막으로, 도전자의 제품은 도전자 자신이 선택한 핵심 제품 차원에서 성능을 입증해야 한다. 과거 나쁜 경험을 겪은 소비자들은 이제 실제 증거를 보고자 한다. 미주리 주의 별명이 '보여 줘'(Show Me)라면, 마케팅 용어에서 고객 회의주의는 이제 우리가 '미주리의 시대'에 접어들었음을 의미한다.

■ 희생의 전략적 목적

어쩌면 희생은 집중의 다른 이름이 아닐까?

희생과 집중의 차이점은 집중이 2차적이고 3차적인 목표까지 허용한다는 것이다. 그것은 실제로는 집중이 아니며, 다른 말로 하면 우선 순위인 것이다.

따라서 희생의 가치는 단순히 외부적으로 마케팅 힘을 집중하는 것만이 아니다. 그것은 또한 식물의 혹독한 가지치기와 같은 내적인 가치를 지니고 있다. 기업에서 모든 에너지와 동력은 가장 중요한 목적에 전적으로 투입되어야 한다. 이는 리더 브랜드도 마찬가지다. 코카콜라는 영화에 대한 관심을 끊고 병 공장 사업을 포기한 뒤 탄산 음료 판매에 집중함으로써 다시 도약했다. 몇 년 후, 펩시도 식당 사업을 분사하면서 코카콜라의 전략을 따르게 되었다. 도전자는 기성 브랜드가 하는 것보다 더 한정된 에너지와 자원을 더욱 제한된 분야에 집중하는 것이 필수적임은 이제 두말할 필요도 없다.

그러므로 앞에서 살펴본 사례들에서 우리는 희생이 도전자를 위한 세 가지 주요한 전략적 기능에 기여한다고 말할 수 있다.

1. 희생은 정체성을 희석시킬 수 있는 활동을 제거함으로써 내부적·외부적으로 정체성의 표현을 집중시킨다.
2. 희생은 약하고 일반적인 호소에서 더욱 강력하고 더욱 좁혀진 호소를 추구하도록 조직의 마음가짐을 바꿔 놓음으로써 강력한 차별화 요소의 창출(예를 들어 고무 바퀴벌레)을 가능하게 한다.
3. 희생은 부차적인 마케팅 활동을 벗어던지게 함으로써 정체성과 차별성의 전달에 있어 임계 규모에 도달할 수 있게 한다. 희생은 한정된 마케팅 자원이 주어진 상황에서 도전자의 소비자 존재(presence)를 극대화하는 핵심 요소이다.

리더 브랜드는 대중에 대한 폭넓은 호소를 자신의 자산으로 인식하고 있으며, 그래서 선호도가 약화되는 것을 어느 정도 용납할 수 있다. 왜냐하면 그것은 어디서나 이용 가능한 특성과 유통망의 편의성에 의해 보상을 받기 때문이다. 하지만 도전자는 더욱 극단적인 행동과 몸짓이 필요하다. 진정한 차별화를 통해서 더 큰 비율의 '헌신적이고', '열정적인' 사용자들을 창출할 필요가 있다.

따라서 도전자의 자산은 중용이 아니라 극단성이다. 즉 최고의 선호도이거나 아무것도 아닌 것이다. 그리고 이것은 우리가 스스로 강력한 차별성을 만들어야 함을 의미한다. 그러한 차별성은 때로는 고객층을 극단적으로 갈라놓을 수 있지만(예를 들어 모든 소비자들이 새턴의 정가 정책, 원더브라의 대담함, 사우스웨스트의 유머 감각, 폭스의 관행 타파, 라스베가스의 화려함을 좋아하는 것은 아니다), 그것이 차단하는 것 이상으로 더 많은 사람들을 강력하게 끌어들일 수 있어야 한다. 즉 아무도 관심을 두지 않는 방보다는 분리된 방이 낫다. 그리고 그 차별화 요소를 통해 우리의 정체성의 윤곽을 그리고 나면, 그러한 정체성을 직접적으로 지원하지 않는 모든 마케팅 활동을 벗어버려야 한다. 어떤 브랜드든지 포지셔닝은 희생이다. 도전자에게 그것은 성장으로 가는 길이다. 하지 않기로 선택한 것이 정말 자신이 누구이고 무엇인지를 정의한다.

피카소에 관한 이야기가 있다. 피카소의 작업실을 찾은 한 방문객은 작업실 한가운데에 있는 커다란 돌덩이를 보고는 그것이 무엇인지 물었다. 피카소는 "사자"라고 대답했다. 그러자 방문객은 이 다듬어지지 않은 돌덩이가 어떻게 사자냐고 되물었다. 피카소가 대답했다. "간단해요. 정을 가지고 사자처럼 보이지 않는 부분을 깎아내면 됩니다."

07

제6원칙
과도하게
헌신하라

"결정적인 순간에는 아무리 강해도
지나치지 않다."

– 나폴레옹

19 96년 닛산의 고객 팀은 미국 자동차 시장을 면밀히 조사하라는 지시를 받았다. 흥정이 불필요한 새턴의 정가 정책은 대단한 관심과 논란을 불러일으켰으며 상당한 대중적 지지를 받았다. 새턴의 모기업인 GM이 자신의 다른 브랜드 차종에 대해서도 동일한 판매 프로그램을 내놓을 정도였다. 그래서 닛산 고객 팀은 시장 탐색의 일환으로 각각의 GM 브랜드들을 판매하는 대리점들을 상대로 암행 조사를 실시했다. 전반적인 새턴의 고객 응대 철학까지는 아니더라도, 적어도 '정가 판매' 만큼은 지켜지는지 알아보기 위한 것이었다.

암행 조사에서 새턴은 자신의 모든 약속을 지켰고, 포커스 그룹의 소비자들이 칭찬을 아끼지 않던 모든 것을 시행하고 있었다. 즉 손님을 압박하지 않고 친절하게 대하며, 필요할 때 귀를 기울이고 그렇지 않을 때는 조용히 물러났다. 젠 체하거나 싸구려 농담을 던지지도 않았다.

GM의 또 다른 자회사인 올즈모빌Oldsmobile도 동일한 정가 정책을 실시했지만, 쇼핑 경험은 조금 달랐다. 암행 조사원인 젊은 여성이 로스앤젤레스에 있는 올즈모빌 판매점을 방문했을 때, 판매 직원은 한 명뿐이었다. 판매 직원은 자신의 책상에 앉아 수화기를 들고 개인적인 대화에 열중하고 있었다. 그래서 조사원은 그의 책상 곁에서 참을성 있게 기다리면서 자신이 어떤 정보를 찾고 있다는 분명한 몸짓을 했다. 그렇지만 판매 직원은 아무런 반응을 보이지 않았다. 통화가 계속 길어지자 암행 조사원은 그곳을 떠나 전시된 자동차 모델 주변을 서성거렸다.

달라지는 게 전혀 없었다. 10분이 훨씬 지난 뒤에도 판매 직원은 여전히 수화기를 붙들고 있었다. 조사원은 결국 기다리기를 포기하고 안내 데스크로 향했다. 단순 업무를 맡고 있는 안내원 뒤쪽 벽에는 자동차 모델들과 정가가 적힌 큰 포스터 한 장이 붙어 있었다. 조사원은 안내원에게 올즈모빌의 가격 정보를 찾고 있다고 말했다. 그러자 판매 직원이 다소 바쁜 척하는 것이 보였다.

"아, 그래요?" 안내원은 판매 직원을 향해 고개를 끄덕이며 대답했다. "판매 직원이 무관심했나 보군요. 아마도 새 정가 정책이 마음에 들지 않나 봅니다." 안내원은 자기 뒤쪽에 있는 포스터를 가리키며 말했다. "가격이 나와 있는 팸플릿은 없지만, 괜찮다면 이 포스터를 복사해 드릴 수 있어요."

거래는 그것으로 끝이 났다. 두 경우 모두 정가 정책은 동일했지만, 경험은 확연히 달랐다. 새턴의 경우, 그 가망 구매자는 이 회사의 가격 제안을 이해하고 거래에 관심을 갖고 돌아갔다. 올즈모빌의 경우, 가망 구매자는 안내원 뒤쪽에 붙어 있는 포스터의 복사본 한 장만을 가지고 돌아 나왔다. 한 곳은 스스로를 차별화하고 고객을 끌어들이려고 노력한 반면, 다른 한 곳은 사실상 가망 구매자를 떨쳐내버렸다. 정가 정책은 소비자에게 호소력이 있다는 게 입증되었고, 더 나아가 두 경우 모두 동일한 모기업에 의해 제도화되었고 지원을 받았다. 그렇지만 둘 중 한 곳에서는 그에 대한 저항으로 인해 그 정책을 훼손하고 역효과를 초래하기까지 했다(이 암행 조사원에게는 분명히 그렇다). 차라리 올즈모빌이 그러한 제안을 하지 않았더라면 고객과의 거래를 성사시킬 수 있는 더 강력한 위치에 있었을 것이다.

업무에 큰 변화를 시도하는 기업들의 주요한 실패는 의도를 정의하지 못하는 게 아니라, 그 의도를 행동으로 옮기지 못하는 것이다. 의도와 실행 간 괴리의 중요성은 1990년에 실시한 한 조사에서 특히 부각되었다. 이 조사에서는 응답자의 오직 14퍼센트만이 서비스 기업 직원들의 태도에 대해 불만을 느끼지 않았다.[1] 그 수치의 다섯 배에 해당하는 68퍼센트는 직원들의 무관심 때문에 다른 브랜드로 충성심을 옮기고 있었다. 이러한 무관심은 회사 고위층들이 회사의 성장에 관심이 없거나 고객 서비스의 중요성을 모르기 때문이 아니다. 고객에게 무관심한 회사들 가운데 85퍼센트는 "훌륭한 서비스로 고객에게 감동을 선사한다."는 식의 문구를 기업 사명 선언문에 넣어두고 있었다. 따라서 이러한 무관심은 전략적 의도를 행동으로 옮기지 못한 데서 비롯된다.

새턴과 같은 위치에 있는 브랜드는 자신의 핵심적인 차별화 요소에 승부를 걸어야 하며, 다른 선택은 있을 수 없다. 도전자로서 이미 수백 종의 모델이 팔리고 있는 미국 자동차 시장에서 성공하기 위해서는 처음부터 강한 인상을 심어줘야 했다. 그러기 위해서 (올즈모빌과는 다르게) 새턴은 자신이 의도하고 약속한 차별화의 핵심을 진정한 행동으로 보여 줘야 했다. 괜찮은 편이지만 놀랄 만큼 뛰어나지는 않은 새로운 자동차를 판매할 때, 성공을 위한 유일한 길은 구매와 소유 경험을 변화시키는 것이었다.

새턴이 했던 것은 과도한 헌신이었다. 그들은 왜 의도를 행동으로 옮기지 못하는지 모든 이유를 미리 예측하고, 사업의 구조를 변경하여 그 장애물을 제거했다. 그래서 예를 들어 자동차 판매상으로서 (편의상 폰티악이라고 하자) 가격을 깎아주려는(따라서 정가 정책에 반하는) 가장 큰 유인책은 한 블록 너머에 있는 다른 경쟁 업체의 브랜드 판매자가 아니라, 인접 구역에 있는 다른 폰티악 브랜드 판매자이다. 만일 내가 흥정을 거부하고, 다른 판매자가 고객에게 조금만 더 양보하면 나는 거래를 잃게 된다. 따라서 새턴은 지리적인 영역에 따라 새턴의 판매권을 단체로 부여하는 방식을 택했다. 이 새로운 협정에 따라, 한 대리점이 자동차 가격을 할인해주지 않는다고 할 때 인접 구역의 같은 대리점에 고객을 빼앗긴다는 걱정을 할 필요가 없어졌다. 이들은 모두 같은 곳에 소속된 대리점이기 때문이다. 마찬가지로 자동차를 구매하는 고객을 압박하지 못하게 하기 위해서 새턴은 판매원에게 지급하는 급료 체계를 개선했다. 즉, 성과 중심의 방식을 건전한 봉급제로 바꾸었다. 반면, 올즈모빌은 어떠한 구조적 개선을 꾀하지 않았기 때문에 오히려 정책 변화의 불똥이 고객의 얼굴에 튀게 만든 꼴이 되어버렸다.

올즈모빌의 실행과 새턴의 실행 간의 차이는 우리가 과도한 헌신이라고 부르는 것이다. 새턴은 전략이 문제 해결의 50퍼센트도 되지 않는다는 점을 이해했다. 그들은 또한 조직은 태생적으로 아무리 탁월한 전략적 의도조차도 태만, 적극적 저항, 오해(예산, 이기심, 그리고 현재 상황에 대한 두려움)를 통해 그것을 희석시키는 방법을 찾는다는 사실을 이해했다. 이러한 희석은 브랜드의 중요한 차별성을 소비자들이 실질적으로 그것을 인식하지 못하는 정도까지 약화시킨다. 따라서 차별성의 유지라는 전략적 의도를 이행하기 위해 도전자에게 필요한 것은 단순한 헌신이 아니라 과도한 헌신이다. 즉 차별성을 유지하기 위해서는 꼭 해야 하는 것 이상으로 더 많은 것을 해야 하는 것이다.

도전자가 '적당주의 철학'으로 성공한 예는 없다. 도전자는 지속적으로 차별화를 확고히 함으로써 성공할 수 있으며, 이는 경영진과 조직의 과도한 헌신을 요구한다.

위에서 살펴본 올즈모빌과 새턴의 차이를 다른 식으로 표현하자면, 이렇게 말할 수 있다. 새턴은 벽돌의 2피트 아래를 겨냥했다.

■ 벽돌의 2피트 아래 겨냥하기

주먹으로 벽돌을 깨뜨려 보는 것이 당신의 오랜 희망 사항이었다고 가정해보자.

과거에 벽돌을 격파하는 광경을 본 후, 당신은 강건한 몸과 마음에 매료되었다. 그래서 가르침을 받으려고 유단자를 찾아가게 되었다. 사범의 가르침은 다음과 같다. 만일 벽돌을 깨고 싶다면, 주먹으로 벽돌의 겉면을 겨냥해서는 안 된다. 벽돌을 깨려면 겉면에서 2피트 아래를 겨냥해야 한다. 벽돌의 겉면을 겨냥해 내리칠 때는 자연적으로 몸이 겁을 먹고 피하게 된다. 따라서 그 아래를 겨냥해야만 벽돌을 깰 수 있다. 마찬가지로 도전자 브랜드도 단순한 헌신이 아닌, 과도한 헌신을 통해서만 성공할 수 있다. 도전자 브랜드는 성공을 위해 결정적인 순간에 '적당주의'를 거부한다. 대신에 도전자 브랜드는 성공을 확실히 하고, 도전자의 의도와 전략을 행동과 결과로 전환하려고 시도하는 과정에서 불가피하게 (내부적 · 외부적으로) 직면하는 타성과 저항을 극복하기 위해 과도하게 헌신한다.

과도하게 헌신하지 못한 사람, 단지 벽돌의 겉면을 겨냥한 도전자의 사례를 살펴보자. 1992년에 영국 노동당은 모진 대가를 치르면서 그러한 교훈을 얻었다. 선거일인 4월 9일 목요일 이전까지 전국의 신문사들이 실시한 여론 조사에서는 하나같이 당시 야당인 노동당의 무난한 승리를 예측했으며, 선거 주일 초반까지도 아무런 변동이 없었다. 10년이 넘게 집권을 하지 못한 노동당은 선거를 이틀 앞둔 화요일인 7일에 선거 캠페인을 모두 중단했는데, 할 일이 더는 남아 있지 않다는 확신 아래 선거 열기를 가라앉힐 겸 모두 집으로 돌아갔다.

하지만 여론 조사 결과와는 상관없이, 그들은 유권자들의 의사 결정 과정이 그다지 확고하지 못하다는 사실을 미처 깨닫지 못했다. 선거에서 다수의 부동층은 선거에 임하는 불과 몇 분 전까지도 마음의 결정을 내리지 못하는 경우가 허다하다. 그리고 이 선거에서 유권자의 펜은 투표소 내의 투표 용지 위에서 말 그대로 오락가락했으며, 막판이 다 되어 어쩔 수 없이 한쪽을 선택하는 식이 되었다. 결국 많은 투표자들이 이전 여론 조사에서 자신이 지지한다고 밝힌 정당을 선택하지 않은 현상이 나타났다. 많은 영국인들은 노동당이 제시한 사회적 약속들을 믿고 싶었지만, 기성 브랜드인 보수당이 집권할 때만큼 경제적 번영을 이룰 수 있을지에 대해서는 확신하지 못하는 경향도 있었다. 더구나 몇 년 전부터 상당한 인기를 모으던 노동당의 기세는 전투에서 이겼다고 판단한 순간, 즉 투표 이틀 전이 되자 어디론가 사라져버렸다. 결국 이 선거는 기성 브랜드이자 노동당의 경쟁자인 보수당에게 또다시 5년간 집권을 허락해주는 것으로 막을 내렸다.

노동당은 이 선거를 통해 교훈을 얻었다. 이후 5년 동안 그들은 모든 일에 과도하게 헌신했고, 그것을 완수했다고 결코 가정하지 않았다. 이제는 그들이 어떤 사안에서 이기더라도 그것을 확인하고 또 확인했다. 그들은 자신들의 주요 공약에 대해 그들이 해야 하는 것 이상의 노력을 기울이는 식으로 과도하게 헌신했다. 즉 어떤 약속을 하는 데 그치지 않고, 약속을 지켰다는 사실을 확인받기 위해 약속 당사자들을 직접 만났고, 혹시라도 약속을 지키지 못할 경우 전화로 사정을 설명했다. 실제로 노동당 당원들은 지갑 크기의 카드를 만들어 가지고 다니면서 사람들과 자신들에게 한 약속을 재확인했다.

선거가 열리기 전인 1997년 여론 조사 결과는 1992년보다 노동

영국 노동당: 1992년 선거

당의 승리가 더욱 무난하다는 예측이 나왔지만, 신노동당(그들은 당명을 고쳤다)의 선거 캠페인은 선거 막바지까지 가열차게 계속되었다. 선거 결과는 노동당의 단순한 승리가 아니라, 20세기 영국에서 집권한 그 어느 정당보다도 큰 격차의 대승이었다.

　정치가 아닌 비즈니스 영역에서 과도한 헌신은 무엇을 의미할까? 앞서 살펴보았던 스와치의 사례를 보자. 스와치는 프랑크푸르트의 코메르츠방크 건물에 거대한 오렌지색 시계를 매달았다. 스와치로서는 이 아이디어를 떠올리는 것과 그것을 실행에 옮기는 것은 전혀 별개의 문제였다. 코메르츠방크의 사장이 그처럼 대담한 계획을 실행에 옮기도록 허락했으니 스와치가 매우 운이 좋았다고 생각할지도 모른다. 그렇다면 생각을 조금 진전시켜 그와 같은 아이디어가 처음 제안되었을 때 우리 회사 내부에 있음직한 타성과 저항에 대해

영국 노동당: 1997년 선거

생각해보자. 그리고 우리 조직의 누군가가 그 다음으로 중요한 시장에서 우리 브랜드를 위해 비슷한 제안을 할 경우, 솔직히 우리 자신의 반응이 어떨지 생각해보자. 그것이 어떤 식으로 수행되어야 하는지를 열성적으로 논의하기 시작할 것인가? 아니면 재미있는 아이디어라고 감탄하면서도, 실제로는 우리 조직 문화에서는 결코 이루어질 수 없다며 외면할 것인가?

도전자로서 우리가 벽돌의 2피트 아래를 겨냥하기 위해 필요한 것은 공공연한 저항만큼이나, 숨어 있는 정신적 타성을 극복하는 것이다. 스와치의 사례에서, 성공은 운이 아니라 과도한 헌신의 결과였다. 독일은 새로운 스위스 시계 산업에 있어서 잠재적으로 가장 큰 유럽 시장이었고, 스와치는 그 시장에서 성공해야만 했다. 은행을 방문하기에 앞서, 그들은 핵심 의사 결정자(코메르츠방크 사장)가 제기할 반대 사유를 미리 예상했고, 그를 만나기 전에 미리 해답을 마련해 놓았다. 그들은 프랑크푸르트 시의 당국자와 먼저 접촉했고 서면 동의서를 받아냈다. 그래서 후에 코메르츠방크의 사장을 실제로 만나 사장의 첫 반응이 "말도 안 돼요. 무엇보다 시에서 그걸 허락할 리가 없어요." 같은 것이었을 때, 그들의 대답은 사실상 미리 발급된 허가서를 보여주는 것이었다. 나중에 사장이 은행 고객의 의견에 끼칠 영향에 대해 걱정하자, 스와치는 바로 그 은행 고객들을 상대로 실시한 조사 자료까지 제시했다. 은행 고객들은 은행이 그와 같은 행동을 통해 인간적인 면모가 있음을 보여주는 것에 대해 호의적이었다. 과도한 헌신을 통해, 즉 성공의 장애물을 미리 예상해서 그것이 제기되기 전에 해결함으로써 스와치는 아주 중요한 지점에서 성공을 거두었다.

스와치 같은 도전자들도 어떤 의미에서는 신노동당처럼 선거전에서 싸우고 있었다. 그들은 변화를 위해 캠페인을 벌이고 있으며, 변화에 한 표를 던져주기를 호소하고 있다. 그리고 그 캠페인에서 어떤 시도의 성공과 실패를 가르는 요소는 우리가 상상하는 것보다 훨씬 더 사소한 것들이다. 왜냐하면 소비자의 의사 결정 과정이 대단히 종잡을 수 없기 때문이다. 판매원이 고객에게 어떻게 말을 거느냐, 중요한 구매자에게 배송 문제를 얼마나 잘 확신시키느냐, 혹은 출시 당시에 얼마나 뉴스를 타느냐 등등, 이러한 것들 중 어느 것이라도 현상 유지나 역전에 중요한 영향을 미칠 수 있다.

과도한 헌신에 있어 첫 번째 과제는 도전자가 반드시 성공해야 하는 결정적인 지점을 파악하는 것이다. 클라우제비츠는 말했다. "장군은 (다른 모든 곳에서 패배한다고 하더라도) 승리를 결정짓는 결정적인 지점에 모든 힘을 쏟아야 한다." 이 점에 있어서 파레토 효과(이른바 80 대 20 법칙)는 표적의 선택 못지 않게 행동의 선택에도 적용된다. 하지만 지난해에 사업 성공에 가장 중요한 영향을 미쳤던 한두 가지 행동을 꼽는 일은 별로 어렵지 않은 반면, 우리가 과도하게 헌신해야 할 한두 가지 결정적 차별화 요소를 미리 예측하기란 쉽지 않다.

만약 도전자로서 우리가 몇몇 굵은 획에 초점을 맞춰 마케팅 그림을 그리고 있다면, 한두 가지 핵심 요소와 그 뒤에 숨은 저항을 예상하기가 비교적 쉽다. 우리는 특히 과도한 헌신을 위해 스와치가 전략적 파트너에게 접근하는 관례를 깨뜨리고, 새턴이 자동차 판매의 관행적인 구조와 단절하는 것을 보았다.

그렇지만 과도한 헌신은 예기치 못한 결정적인 상황이 갑작스레 닥쳤을 때 어떻게 대처하느냐에 의해서도 평가될 수 있다. 테스코가 식품의 품질에서 전반적인 쇼핑 경험으로 전장을 옮김으로써 영국 식료품 소매 시장의 주도권을 위한 선거전에서 성공적으로 싸우고 있을 당시, 그들이 개발한 가장 경쟁적인 무기는 원 인 프론트(One in Front)라고 불리는 고객 서비스 제안이었다. 그것은 계산대에 줄을 서서 기다리는 고객이 한 사람이라도 더 있으면 계산대를 추가로 연다는 약속이었다. 이 아이디어는 테스코 안팎에서 열렬한 환영을 받았다. 따라서 테스코는 이 약속을 테마로 하는 광고 제작에 들어갔고 본격적인 실시에 앞서 직원 교육을 위해 한 달의 준비 기간을 두었다.

하지만 어느 금요일, 테스코는 경쟁사인 세인스버리가 개점 125주년을 기념해서 자신들과 똑같은 아이디어를 시행하면서 일주일 내에 광고를 내보낼 것이라는 얘기를 전해 들었다. 테스코는 어떻게 해야 했을까? 한편으로 그들은 주요 경쟁사가 총체적인 쇼핑 경험

개선이라는 그들 전략에서 중요하고 효과적인 아이디어의 이점을 향유하게끔 내버려둘 수는 없었다. 다른 한편으로 테스코 자신은 아직 준비가 덜 된 상태였다. 소비자들에게 서비스의 시작을 알릴 광고는 이미 제작되어 있었지만, '원 인 프론트' 교육은 고사하고 직원들에게 아직 공식적으로 발표하지도 않은 상태였다.

그래서 테스코는 과감한 결정을 내렸다. 그들은 직원 교육을 독려했고, 나흘 뒤에 광고를 내보냈다. 서비스 개시를 당초 계획보다 25일 앞당기면서 시간의 압박과 임박한 대중 발표를 내세워 제때에 직원들이 준비를 갖추게 했다. 결국 세인스버리는 기선을 빼앗겼고, 광고를 내보내지도 못했다. 그래서 테스코는 경쟁에서 결정적인 한 걸음을 앞서 내딛게 되었다.

렉서스는 더욱 나아갔다. 1989년 11월, LS400을 출시한 지석 달이 지났을 무렵, 렉서스는 새 자동차 8000대를 리콜해야 하는 처지가 되었다. 원칙적으로 우수한 성능과 고급스러움에 기초해 업계를 재정의하려고 하는 기업으로서는 깊은 상처였지만, 렉서스는 오히려 그것을 기회로 바꾸었다. 렉서스는 언론의 나쁜 보도를 최소화하기 위해서는 이러한 측면에서도 다른 모든 고급 자동차 브랜드들보다 훨씬 더 뛰어나야 한다는 사실을 깨달았다. 렉서스 판매 직원들은 서비스와 친절함에 대한 모든 기대를 의도적으로 뛰어넘기 위해 부품을 가지고 고객을 방문해 수리를 해주었고, 현장에서 작업을 할 수 없는 경우에는 고객의 자동차를 회수해 작업이 끝나는 즉시 탁송해주었다. 필요하다면 연료를 채워주거나 렌터카를 내주기도 했다. 3년이 지난 뒤, 자동차 매체들은 고급 자동차 리콜을 렉서스의 LS400의 리콜 기준에 따라 판정하기에 이르렀다. 벽돌의 2피트 아래를 겨냥함으로써 렉서스는 잠재적인 재앙을 긍정적인 입소문의 원천으로 바꾸었다.

물론 판돈이 엄청나게 크거나 회사 규모가 작을 경우, 강한 동기 부여가 이루어지고 과도한 헌신이 자연스럽게 일어나기도 한다. 스와치는 동기 부여가 확실했다. 브랜드 출시 성공에 스위스 시계 산업의 성공이 달려 있었고, 독일은 거대하고 아주 중요한 시장이었다. 그리고 오클리의 짐 재너드처럼 당신이 300달러로 첫 사업을 시작하면서 자신만이 아니라 임신 8개월인 아내를 책임져야 할 상황이라면, 다른 선택은 없다. 서크드솔레는 로스앤젤레스에서 첫 공연을 하면서 개막 첫날에 가진 돈을 몽땅 털어 넣었다. 공연이 실패할경우 몬트리올로 돌아갈 기름값도 남지 않은 상황이었다. 조직의 모든 사람들에게 그만큼 훌륭한 자극제는 없었다. 라스베가스는 어쩔수 없이 스스로를 재창조해야 했다. 어떤 산업도 그 도시에 진출하려고 하지 않았기 때문이다. 애틀랜틱시티에서 도박이 합법화되자라스베가스는 독점을 위협받았고, 다른 사업들로 다각화를 시도했다. 그러나 항공 우주 산업과 하이테크 산업을 유치하려는 적극적인 노력에도 불구하고(네바다 주는 비공해 산업과 비용수 업종만을 지원할수 있었다) 기업들은 라스베가스로 들어오려고 하지 않았다.

그들은 스스로에게 물었다. 어떤 부모가 도박의 도시에서 자녀들을 키우려고 할까? 그래서 라스베가스는 더 큰 도박을 해야 했다. 그들은 처음으로 돌아가 자신을 돌아보았고, 라스베가스에서 호텔하나가 유독 더 다양한 부류의 손님들을 끌어들이고 있음을 알아냈다. 서커스서커스Circus Circus라는 이 예외적인 호텔은 자주색과 흰색이 섞인 서커스 천막 모양을 하고 있었다. 그리고 그들이 알게 된것은 서커스서커스가 도심 교통량의 상당량을 차지하고 있다는 사실이었다. 사람들은 주로 도박을 하러 라스베가스에 오지만, 서커스

라스베가스: 서커스서커스 호텔

서커스에는 즐기러 오고 있었다. 그래서 라스베가스는 놀랄 정도로 환상적인 호텔들을 짓기 시작했고, 이러한 엄청난 노력에 힘입어 트레주어아일랜드는 도박보다 비도박 사업으로 더 많은 수익을 내는 새로운 세대의 첫 번째 호텔이 되었다.

과연 이러한 과도한 헌신은 어디에서 나왔을까? 세계 어느 도시보다 라스베가스의 호텔이 가장 환상적인 것은 우연이 아니다. 라스베가스는 지역 공동체의 생존 여부가 호텔 사업의 성공에 달려 있는 세계에서 유일한 도시이기 때문이다. 도박의 도시로서의 위치가 위협받음으로써 라스베가스는 도전자가 되어 위락의 도시로서 미국의 다른 도시들과 대결해야 했다. 노르웨이 속담 중에는 "제일 배고픈 늑대가 제일 사냥을 잘 한다."는 말이 있다.

이것이 우리에게 결정적으로 중요한 사항이다. 왜냐하면 우리들 대부분이 그런 상황에 처해 있지 않기 때문이다. 우리는 그만큼 규모가 작지 않고, 아내가 임신하지도 않았으며, 여전히 트럭에는 연료가 절반쯤 남아 있다. 어쩌면 그 점이 문제일지도 모른다. 도전자가 되려는 우리는 목표를 정할 때, 그리고 조직 내부와 외부의 저항을 예상하고 극복하는 방법을 찾을 때 배고픔을 느껴야 한다.

■ 벽돌의 2피트 아래 겨냥하기: 목표의 정의

도전자는 일종의 마음가짐을 의미한다. 따라서 도전자 조직의 리더는 먼저 자기 자신을 이기려는 마음가짐이 있어야 한다는 점은 두말할 필요가 없다. 개인적 헌신은 바로 주변에 있는 사람들에게 영향을 미치며, 큰 위험을 스스로 무릅쓰는 것은 개인적 헌신을 최대한으로 이끌어낸다.

음반 사업을 처음 시작할 때, 브랜슨은 우편 주문 사업체를 차렸다. 1972년 영국 우체국 노조가 넉 달간의 파업을 선언하자 브랜슨은 사업을 그만두어야 할 만큼 위기에 직면했는데, 그래도 자신의 사업에 더욱 헌신했다. 그는 점포 몇 군데를 열어 음반 판매를 시작했다. 그래서 탄생한 것이 버진메가스토어Virgin Megastore이며, 바로 버진이라는 이름이 오늘날 거대 브랜드의 초석이 되었다.

이러한 개인적 헌신은 역사상 위대한 도전자들의 특성이며, 아주 최근까지도 그들의 성공에서 나타난다. 예를 들어 알렉산더 대왕을 생각해보자. 이 마케도니아인은 스무 살이 되기 전에 서방 세계의 가장 큰 군대(페르시아군)를 물리쳐 오늘날 터키, 시리아, 이집트, 이라크, 이란, 인도 북부를 모두 포함하는 제국을 건설하는 서막을 열었다. 기원전 325년에 페르시아군을 물리친 알렉산더와 마케도니아인들은 이미 그리스에서 펀자브 지역까지 정복했다. 하지만 그의 부대 중 일부는 10년이 넘게 전투를 치르면서 충성심에 동요가 일기 시작했다. 군인들 대다수는 귀환을 바랐지만 알렉산더는 계속해서 진군하기를 원했다. 결정적인 어려움은 물탄Multan의 언덕 요새를 포위했을 때 나타났다. 요새에 주둔한 대담한 인도인들은 갈수록 전의를 잃어 가는 마케도니아 군대의 연이은 공격을 격퇴했고, 마침내 알렉산더는 다음에 치를 공격의 결과가 전투 이상의 것에 달려 있음을 직감했다.

그는 도박을 감행했다. 알렉산더는 소규모 엘리트 부대인 기사들을 이끌고 직접 성벽의 사다리를 올랐다. 공격은 대부분 격퇴당했지만, 알렉산더와 세 명의 기사는 성벽 위에 올라섰다. 나머지 군대는 본래 위치로 물러나 있었다. 기사들은 알렉산더에게 자신들이 엄호할 테니 성벽 밖으로 뛰어내리라고 소리쳤다. 하지만 알렉산더는 오히려 반대로 행동했다. 놀랍게도 그는 적군이 즐비한 요새 안으로 뛰어들었고, 그리스 군대의 시야에서 사라졌다.

성벽 꼭대기에 있던 기사 세 명도 왕을 따라 뛰어내렸다. 그들은 벽을 등진 채 알렉산더를 보호하며 적군의 접근을 차단했다. 한편 지도자가 곧 죽을 위기에 처하자, 그리스 공격군 사이에서는 비탄의 함성이 울려 퍼졌다. 그들은 알렉산더 대왕을 구하기 위해 필사적으로 성벽에 달려들었다. 동료의 어깨를 밟고 성벽에 오르는 이들이 있었고, 사다리를 부숴서 그것을 진흙 벽에 박아 넣고 발판으로 삼는 이들도 있었다. 절망의 순간에 그들은 승리를 쟁취했다. 그들이 마침내 알렉산더 대왕에게 다가갔을 때, 왕을 보호하던 기사 두 명은 죽고 왕은 부상을 입었지만, 요새는 함락되었다. 그들의 충성심

알렉산더 대왕

은 되살아났다. 그래서 알렉산더는 고국으로 돌아가기 전에 인도 북
서부 지역을 제국의 영토에 포함시킬 수 있었다.

기업의 리더가 일단 도전자의 마음가짐을 갖추었다면, 다음 단계
는 조직의 핵심 그룹에 동일한 마음가짐을 전파하는 것이다. 하지만
직원들에게 어떻게 동기 부여를 할 것인가는 그와는 아주 다른 문제
이다. 직원들의 동기 부여 역시 과도한 헌신에 달려 있지만, 그것은
새로운 차원의 목표에 모두가 과도하게 헌신(전념)하도록 하는 것
이다. 목표에 대한 과도한 헌신은 이행에 있어 과도한 헌신을 창출
하는 데 도움이 된다.

다시 새턴으로 돌아가보자. 새턴은 출범하면서 고객 만족이 아닌
고객 열광(enthusiam)을 목표로 세웠다. 그러한 목표는 자동차 사업
에서 과도한 헌신을 요구하는 것이었다. 즉 대부분의 소비자들이 차

량 구매 과정에 대해 아주 냉소적인 상황에서 단순히 '구매의 고통'을 덜어주는 차원을 넘어 고객 열광을 창출하는 것은 구매 과정의 모든 것에 대한 재평가를 요구하는 일이었다. 새턴이 고객 만족을 확실히 이루기 위해 고객 감동이라는 더 큰 목표를 세웠다고 하는 것은 지나치게 냉소적일지도 모른다. 하지만 다른 자동차 회사들이 고객 만족이라는 목표를 세우고도 고객 무관심조차 해결하지 못한다는 점만은 확실하다.

우리가 깨달아야 할 핵심 사항은 이것이다. 기업이 아무리 좋은 의도를 말한다 해서 소비자들이 무조건 믿어주진 않는다는 사실이다. 많은 직장인들이 『초우량 기업의 조건』이라는 책을 읽었거나 혹은 읽은 척한다. 하지만 중요한 것은 그들이 기업의 사명 선언이나 고객 만족 프로그램에 대해 알고 있다고 해서 세상이 바뀐 것처럼 보이지는 않는다는 사실이다. 그러한 훌륭한 의도들은 그들이 느끼거나 누릴 수 있는 서비스의 일반적인 질로 이어지지 않았다. 그래서 소비자들은 당신의 의도에 대해서는 흥미가 없다. 그들은 당신이 지금 당장 하려고 하는 것에 관심을 갖는다. 더구나 요즘처럼 '과대 선전이 난무하는' 세상에서 소비자는 항상 약속과 실천 사이에 괴리가 있다는 것을 발견하기 때문에, 기업의 마케팅 약속 자체를 평가 절하하는 경향이 있다. 그리고 기업이 실제로 하려고 하는 것조차 믿지 않는 경우가 많다. 따라서 의도만으로는 충분치 않다. 의도를 행동으로 바꾸기 위한 유일한 방법은 과도하게 헌신하는 것이다.

이 문제를 우리 자신에게 적용해보자. 논의를 원활히 하기 위해서 우리가 브랜드의 성공을 위해 고객들(최종 사용자, 거래처, 다른 청중들)과 상호 작용을 해왔다고 가정하고, 아래의 세 가지 질문에 답해보자.

1. 고객 서비스와 관련해 우리 회사 사명 선언문의 야망은 무엇인가?
2. 우리는 그 야망을 얼마나 실천하고 있는가?
3. 지난 3년 동안 그 목표에 얼마나 가까이 근접해 왔는가?

대부분의 회사들은 다음과 같은 답변을 내놓을 것이다.

1. 고객의 기대를 뛰어넘는 것.
2. 어느 정도 하고 있다.
3. 한참 멀었다.

우리 자신이 다양한 업종을 두루 경험해본 소비자라면, 우리의 기대를 뛰어넘을 만큼 훌륭한 서비스를 보여준 브랜드의 숫자는 손가락으로 꼽을 정도에 불과할 것이다. 따라서 우리가 전혀 다른 종류의 전략과 전혀 다른 종류의 행동을 창출하기 위해서는 직원들에게 제시한 목적과 목표를 근본적으로 재구성할 필요가 있다. 예를 들어 우리가 더욱 첨예한 도전자 상황에 처해 있으며, 성공이 생존과 밀접히 연관되어 있는 경우를 상상해보자. 혹은 우리의 내년도 목표가 고객 만족과 매출 규모라는 두 가지 측면 모두에서 갑자기 두 배로 늘어났다고 가정해보자. 내년에는 현재와 동일한 마케팅 자원과 동일한 가격으로 수익을 두 배 늘려야 하는 상황이다. 어떠한 전략을 세워야 할까? 고객 서비스의 목표는 무엇인가? 또 이 두 가지 목표를 새로운 행동으로 옮길 방안은 무엇인가?

진지하게 고려할 때, 나는 모든 것이 근본적으로 바뀌어야 한다고 제안한다. 유니레버의 니알 피츠제럴드는 조금 다른 형태로 그러한 과제에 접근한 것으로 전해진다. 그는 어느 팀도 문제를 해결하지 못하는 상황에 처하자 자원과 인력을 아예 절반으로 줄여버렸다. 더 큰 역경을 통해서 돌파구를 찾고자 한 것이다. 모든 점진주의적 사고, 혹은 지난해에 썼던 전술적 행동에 대한 의존을 버리고 결정적인 지점에 과감하게 몸을 던져야 한다. 성공하기 위해서는 과도한 헌신을 요구하는 목표를 세워야 한다. 어쩌면 초창기의 나이키처럼, 구매자가 아닌 '팬'을 만드는 것을 목표로 정하고 그와 유사한 결과 창출을 기대해야 한다.

■ 벽돌의 2피트 아래 겨냥하기: 조직 외부의 저항에 대처하기

오클리가 아이웨어 사업을 시작했을 때, 거래점이나 직원 못지않게 중요한 고객이 있었다. 그것은 자신의 제품을 사용해줄 운동 선수들이었다. 나이키나 리복만큼 자금력이 풍부하지 못했던 오클리는 유명 선수들에게 큰 돈을 안겨줄 여력이 없었고, 또 무명 선수라 해도 오클리 제품의 팬이 아니라면 제품 착용을 권하기가 쉽지 않았다. 오클리 제품은 단순히 미적인 면만이 아니라 실용성을 따져 렌즈를 독특한 모양으로 디자인했기 때문이었다(이를테면 그것은 빛의 굴절을 최소화하면서 얼굴 윤곽을 따라 만든 최초의 렌즈였다). 처음에 이것은 매우 난감한 문제였다. 철인 3종 경기 선수인 스콧 틴리를 공장으로 직접 초대하여 새로 출시된 제품을 착용해보게 했을 때에도 오클리 사장인 마이크 파넬은 문제가 있다는 것을 즉시 알아챘다.

스콧 틴리는 선글라스의 성능에 감탄했지만, 새로운 스타일은 어쩐지 불편해하는 것처럼 보였다. 틴리는 선글라스를 착용한 후 바닥을 내려다보거나 고개를 이리저리 돌리며 빛의 굴절이나 간섭을 살폈다. 그런 다음 자신의 발밑을 내려다보면서 "음, 아주 좋군요."라고 말했다. 그런데 그는 고개를 들기 전에 선글라스를 벗어버렸다. 아무래도 선글라스를 착용한 채 고개를 들거나 파넬을 쳐다보기를 주저하는 눈치였다.

파넬은 틴리가 새로운 제품의 디자인을 탐탁해하지 않는다는 사실을 깨달았고, 바로 이것이 자신들이 극복해야 할 중요한 난관이라는 것을 알았다. 틴리가 실제로 오클리의 아이웨어를 착용하고 그것을 주위 사람들에게 자랑하지는 않는다 해도, 최소한 신체적, 정서적으로도 편안하게 보여야 했던 것이다. 그래서 파넬은 이 문제를 직접 거론하기보다 틴리에게 새 선글라스를 낀 채 공장 이곳저곳을 둘러보라고 제안했다. 그런 다음 선글라스가 얼마나 편안한지 느낌을 말해달라고 부탁했다(오클리의 직원들은 대부분 열광적인 스포츠 팬이었고 운동 선수와의 접촉에도 익숙했다). 틴리는 커피를 한 잔 마시고 나서 공장을 천천히 둘러보았다. 그때 로비 쪽에서 젊고 매력적인 여성이 먼저 말을 걸어왔다. "우와, 선글라스 색이 굉장히 멋진데요." "정말이에요?" 기분이 좋아진 틴리는 턱을 약간 들어 올리며 말했다. 복도를 지나칠 때는 또 다른 직원이 그에게 다가와 말을 붙였다. 공장에 딸린 농구 코트에서도 직원 한 명과 마주쳤다. 제품 연구소에 들렀을 때도 여자 직원이 반갑게 말을 걸어왔다. 오클리의 공장 문을 나설 즈음, 틴리는 새 선글라스를 친구들 앞에서 써보고 싶다는 생각을 했다. 틴리에게 스스럼없이 말을 건넨 사람들은 모두 가짜였다고 파넬은 나중에 밝혔다. 하지만 바로 그 경험이 틴리를 오클리의 팬으로 만들 수 있기를 바랐다. 그리고 그는 그 기회를 잘 활용했다. 파넬은 벽돌의 2피트 아래를 겨냥한 것이다.

■ 벽돌의 2피트 아래 겨냥하기: 조직 내부의 저항 예측

마케팅 활동을 통해서도 단기적인 성공을 거둘 수 있다. 하지만 장기적인 성공은 기업과 직원들의 활동에 달려 있다. 기업이 마케팅 전략의 핵심 요소를 제공하는 데 과도한 헌신을 하기 위해서는 먼저 조직 내에서 실행에 대한 과도한 헌신을 이끌어내야 한다.

이를 위한 2단계 접근 방법은 다음과 같다. 우선 성공 여부를 좌우하는 핵심 과제나 마케팅 아이디어에 초점을 맞추고, 각각에 대해 그것이 실패할 수 있는 세 가지 이유를 파악한다. 그런 다음 실행에 앞서 각각의 숨은 장애물을 극복하기 위한 가장 효과적인 방법에 대해 토론하는 것이다. 이러한 장애물들을 알아보는 일은 별로 어렵지 않다. 그리고 앞에서 살펴보았듯이, 도전자는 핵심적인 마케팅 활동을 실행하기에 앞서 그 장애물들을 극복할 수 있는 이상적 환경을 가지고 있다.

이번에는 또 다른 정치 이야기를 해보자. 당신이 미국 대통령에게 개인적인 자문을 하고 있다고 가정해보자. 어느 유명 신문사에서 대통령과 그의 아내가 연루된 매우 불미스러운 토지 거래 사건을 들추어냈다고 상상해보자. 이 문제가 불거질 경우, 이미 흔들리고 있는 대통령의 인기에 치명상을 입힐 것은 불을 보듯 뻔하다. 신문사는 토지 거래와 관련된 어떤 문서의 제시를 요구했다. 당신과 대통령은 올바른 대처 방법에 대해 서로 견해가 달랐다. 대통령은 무조건 부인하는 게 상책이라고 생각한다. 반대로 당신을 포함해 대통령과 가까운 다른 조언자들은 신문사의 요구를 따르자는 쪽이다. 사태를 더욱 악화시키고 부풀리기보다는 한두 차례 비난 기사를 감수한 후 사건을 마무리짓는 것이 더 나은 해결책이라고 판단하고 있다.

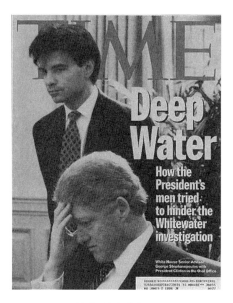

화이트워터 게이트

　당신은 대통령의 뜻을 거스르는 한이 있어도 당신의 뜻을 관철시키기로 마음먹고 의견을 강하게 밀어부치기로 결심한다. 실제로 당신은 그렇게 했다. 설득력이 뛰어난 당신은 얼마간 반대에 부딪히고 서로 격앙된 목소리가 오고갔지만, 결국 대통령에게 당신의 뜻을 관철시키기에 이르렀다. 마침내 대통령은 아내와 잠깐 상의를 하겠으니 10분만 여유를 달라고 한다.

　당신이 저지른 실수는 바로 이것이다. 당신은 나름대로 많은 노력을 기울였지만 과도하게 헌신하지는 못했다. 당신은 대통령이 최종 판단과 조언을 요청할 만한 사람이 그의 아내, 부통령, 절친한 친구 등 서너 명이 있다는 것을 알고도 미리 대비하지 못했다. 결국, 대통령이 그의 아내에게 전화를 걸고, 대통령의 아내가 당신의 제안을 완강히 거부함으로써 일은 그녀의 뜻대로 진행된다. 그로 인해 소문은 눈덩이처럼 부풀려지고, 대통령은 남은 임기 내내 또 다른 무수한 의혹에 시달리게 된다. 이러한 상황에서 과도한 헌신은 대통령의 최종 반응이 어떨지 미리 예상해서, 그가 조언을 구하게 될 다른 사람들에게도 미리 손을 써두는 것을 뜻한다.

그 과도한 헌신을 위한 첫 번째 연습을 우리는 '화이트워터'로 지칭할 것이다.

화이트워터하다: 각각의 핵심 마케팅 과제에 대해 그것이 실패할 수 있는, 혹은 평범한 것으로 전락하는 세 가지 분명한 이유를 자문해본다. 그런 다음 그 각각의 이유들을 중립화하거나 뒤집는 가장 효과적인 방법을 토론하다.

두 번째 연습은 오클리 설립자의 이름을 따서 '짐 재너드'로 칭할 것이다.

짐 재너드하다: 동일한 질문을 세 가지 방식으로 자문해본다. (1) 그러한 활동의 성공을 어떻게 보장할 것인가? (2) 만일 우리의 일자리가 거기에 달려 있다면 어떻게 성공을 보장할 것인가? (3) 마지막으로 그것이 우리의 사업이고 은행 잔고가 300달러밖에 없으며 가족의 생계가 거기에 달려 있다면, 어떻게 성공을 보장할 것인가?

이 연습은 어떤 사람에게는 다소 가벼워 보일지 모르지만, 사실은 매우 진지한 연습이다. 그것은 다음과 같은 질문에 답할 때 나타나는 동어반복의 문제를 해결한다. "내가 필요하다고 생각하는 것보다 더 많은 노력을 필요로 하는 것을 어떻게 계획할 수 있을까? 그런데 정의상, 수정된 계획은 내가 필요하다고 생각하는 것일 것이

오클리의 짐 재너드

다." 따라서 위에서 제시한 각각의 단계를 따라가면 질문에 대한 대답이 분명해진다.

이 연습의 또 다른 가치는 '도전자 개인'과 '기성의 개인'을 구분해준다는 데 있다. 연습을 수행할 때 어떤 사람들은 연습이 의도한 대로 행동한다. 즉 그들은 과제에 대해 충분히 생각하고, 성공을 보장하는 강력하고 상상력 넘치는 방법을 개발하면서 더욱더 헌신적이 된다. 반면 정반대로 행동하는 사람들도 있다. 걸려 있는 판돈의 액수가 커질수록 점점 더 보수적으로 변해 가며, 가족의 생계가 위협받기 전까지는 가능한 한 관습적으로 행동하려 한다. 과연 이 연습이 구분하는 두 가지 유형의 사람 가운데 어느 쪽이 도전자 회사의 성공에 더 도움이 될지는 스스로 명확히 판단해야 한다.

■ 희생과 과도한 헌신

우리는 앞에서 도전자 마케팅의 핵심은 더 이상 마케팅을 '전략'과 '실행' 차원으로 접근하는 것이 아니라 우리의 활동을 태도 ― 전략 ― 행동이라는 도전자의 3요소로 나누는 데 있다고 언급한 바 있다. 도전자는 좋은 아이디어를 독점하기 때문이 아니라, 좋은 아이디어가 자랄 수 있는 환경을 제공한다는 점에서 비범하다. 이는 다음의 세 가지 요소와 관련이 있다.

1. 정신적 각오와 철저한 준비(제1원칙).
2. 아이디어의 활용이 어떻게 정체성을 정의하고 리더십을 창출하며 소비자와의 관계를 강화하는지에 대한 분명한 인식(제2, 3, 4원칙).
3. 계획: 실행에 있어 저항과 타성을 예측하고, 벽돌의 2피트 아래를 겨냥하는 것(제6원칙).

이러한 측면에서 볼 때, 희생은 과도한 헌신과는 동전의 반대 면이면서, 동시에 과도한 헌신을 가능하게 하는 것이다. 다시 말해, 희생은 브랜드의 정체성을 정의할 뿐만 아니라 과도하게 헌신할 수 있게 한다.

08

하이 레버리지 자산으로서 광고와 홍보를 활용하라

"우리는 새로운 접근 방법을 필요로 한다.
이제는 제품이 아니라 마케팅이 왕이다."

- 랜돌프 듀크

대부분의 광고는 형편없고, 소비자와 언론은 점점 더 참신한 광고를 원한다. 이 두 가지 결합은 열의에 가득 찬 도전자 브랜드에게 무한한 기회를 제공한다.

광고 혹은 마케팅 케뮤니케이션이 극복해야 할 장애물(넘쳐나는 광고, 시청자의 주의 산만, 과대 선전)과 관련하여 〈뉴욕 포스트〉의 전 편집장은 젊은 후배들에게 보내는 글에서 다음과 같이 직설적으로 표현했다.

> 여보게, 젊은이. 내가 충고 하나 해주지. 자네는 독자를 붙들어야 해. 독자가 지금 전철을 타고 어딘가 가고 있어. 그런데 전철 안은 아주 더워. 그 사람은 요즘 틈만 나면 여직원에게 수작을 걸고 있는데, 그녀가 도무지 시간을 내주지 않아. 그의 아내는 남편을 못 잡아먹어 안달이고, 아이들은 한시도 가만 있지 않아. 더구나 지금껏 모아놓은 돈도 별로 없어. 옆자리에 앉은 녀석은 역겨운 입냄새를 풀풀 풍기고, 전철 안은 시장 바닥처럼 혼잡하지. 자네는 그 사람이 자네가 쓴 기사를 읽어줬으면 싶겠지? 그러려면 기사를 더 재미있게 써야 해.[1]

위의 글은 소비자들이 돈을 주고 구입하는 신문 뉴스에 관한 이야기이다. 소비자들은 자기 돈을 지불하는 한이 있더라도 대부분의 광고를 없애버리고 싶어할 것이다. 그 광고는 광고로서의 가장 기본적인 요건조차 갖추지 못했다.

이런 실험을 한번 해보라. 오늘밤 편안한 소파에 앉아 땅콩 봉지를 들고 한 시간 반 동안 텔레비전 광고를 보라. 훌륭한 커뮤니케이션이라면 최소한의 관련성과 차별성이 있어야 한다는 것을 기본 전제로 하자. 바로 이 기본 전제를 충족하는 광고를 땅콩 개수로 세어 보라. 그리고 남은 땅콩은 모두 먹어치워라. 이런 실험이 실망스러울 수는 있지만, 적어도 배가 고프진 않을 것이다.

광고 시청은 일종의 가벼운 대화와 같다. 기성 브랜드와 소비자는 서로를 잘 안다. 대화가 줄어들더라도 아무 문제가 없을 정도로 관계가 편안하며 안정되어 있다. 기성 브랜드는 광고를 통해 자극을 주거나 거부감을 불러일으키지도 않는다. 광고는 단지 소비자와의 불편한 침묵을 깨고 브랜드가 있다는 것을 상기시키는 한 가지 방식일 뿐이다. 때때로 그것은 흥미로운 이야깃거리이기도 하다. 예를 들어 잡지에 실린 고급 스킨케어 광고는 동호회 소식지 같은 구실을 하는데, 광고의 회상도가 비사용자에게는 낮지만 사용자에게는 높은 편이다. 즉 비사용자는 대부분 광고를 그냥 지나쳐버리지만, 특정 브랜드를 사용하는 사람은 회사의 스타일이나 광고 모델을 알아보고 친구들과 이야기할 때 화제에 올리곤 한다.

광고의 이야기에 주의를 기울이는 사람들은 점차 줄어들고 있다. 그래서 우리는 도전자가 튀는 것 외에는 달리 선택의 여지가 없다는 사실을 가장 먼저 인정해야 한다. 차별화는 생존의 문제이다. 도전자는 잡담을 할 수 없으며, 주목을 끌어야 한다. 주목성과 변화는 도전자의 구호이다.

만일 우리의 실질적인 광고 점유율이 동일 업종과의 인위적 비교가 아니라, 전체 업종의 광고 비용에서 우리 매체 예산이 차지하는 비율이라면, 도전자는 상황을 받아들이고 만족하기보다 자신이 하는 모든 것, 그리고 돌파구가 요구되는 광고, 홍보, 디자인에서 과감한 포지션을 취해야 한다. 기성 브랜드들은 주로 메시지의 양과 반복에 의존하지만, 적은 자원으로 많은 것을 이루려는 도전자에게는 명확한 커뮤니케이션만으로는 충분하지 않다. 따라서 단지 커뮤니케이션이 아니라 표적 고객의 상상력을 사로잡는 것을 목표로 삼아야 한다.

다른 차원에서 마케팅의 도전에 대한 이 같은 관점은 도전자에게 커다란 기회이다. 이것이 기성 브랜드에게는 잠재적으로 불리한 몇 안 되는 것 중 하나이기 때문이다(다른 한두 가지는 브랜드로서 개별화하는 능력이 없다는 것과 조직으로서 과거에 의존한다는 것이다). 리더 브랜드는 이미 가진 것을 지키고 다수 고객들과의 마찰을 피하려 하기 때문에 대담한 광고나 홍보 활동을 하지 않는다. 대부분의 리더 브랜드들은 변화를 원치 않고, 안정적인 문화와 안정적인 광고를 지향한다. 따라서 도전자에게 있어 광고와 홍보에서의 창의성은 기성 브랜드에 대한 경쟁 우위의 원천으로서 과감히 추구하고 사용해야 하는 비즈니스 수단이다.

이러한 맥락에서 볼 때, 광고는 단순히 마케팅 믹스의 일부가 아니라 하이 레버리지(high-leverage) 자산이라고 할 수 있다. 더 나아가 광고와 홍보의 일관되고 전략적인 추구는 도전자가 가질 수 있는 가장 강력한 비즈니스 수단이 될 수 있다.

에너자이저는 미국인들의 예상을 깨는 공격적인 광고와 불손한 이미지의 아이콘을 내세워 관여도가 낮은 업종의 2등 브랜드에서 대중 문화의 일부로 우뚝 올라섰다. 그러자 듀라셀도 마케팅 방식을 확 바꾸지 않으면 안 되었다. 에너자이저와 듀라셀이 건전지 회사라는 점을 기억하라. 건전지는 사람들이 그것에 관해 생각하기를 원하지 않고, 생각해봤자 건전지가 모두 닳아버린 성가신 경우뿐이다. 에너자이저 이야기가 보여주는 것은 관여도가 낮은 업종이란 없으며, 관여도가 낮은 마케팅만 있다는 사실이다.

하지만 이 장의 목적은 광고의 힘을 나열하는 것이 아니다. 광고 사례들을 깊이 있게 연구한 많은 책들이 있다. 대부분의 독자들은 이미 앱솔루트 같은 브랜드의 성공적인 광고에 대해 잘 알고 있을 것이다. 여기에서는 지배적인 리더 브랜드가 있는 정적인 시장에서 도전자를 위한 지렛대 역할을 하는 광고의 잠재적 힘에 대한 설명에 국한하고자 한다.

5장에서 우리는 패스트푸드 브랜드인 잭인더박스가 기울어가던 회사의 운명을 바꾸어놓은 새로운 마케팅 활동에 대해 살펴보았다. 그 같은 활동은 잭을 등장시킨 새로운 광고 캠페인에 의해 주도되었다. 플라스틱 어릿광대 머리를 한 설립자 잭은 자신의 이름을 딴 회사에 어떤 새로운 느낌을 불어넣기 위해 돌아왔다(이는 대표 버거인 점보잭Jumbo Jack을 새로운 가격으로 재출시한 것에 의해 상징화된다). 새로운 광고와 마케팅을 시작한 이후 잭인더박스의 매출은 급속히 증가했고, 이는 회사의 주가를 여섯 배로 끌어올렸다. 그리고 이러한 성과는 점포 차원에서 제품 변화가 거의 없었다는 점에서, 전적으로 '잭'이 광고와 매장 판촉에서 성공의 지렛대 역할을 한 덕분이었다.

도전자를 위한 광고와 홍보의 잠재력과 그것이 갖고 있는 특별한 힘을 인정한다면 다음과 같은 질문을 던질 수 있다. 우리가 도전자 기업으로서 사고하고 행동하는 데 있어 광고와 홍보를 하이 레버리지 자산으로 간주한다는 것은 무슨 의미일까?

그것은 변화를 의미한다. 광고와 홍보가 하이 레버리지 자산이 되려면 기업은 이 같은 마케팅 수단의 새로운 중요성에 입각해 그것의 개발 및 승인 정책을 획기적으로 변화시켜야 한다. 하지만 내부적인 프로세스 측면에서 우리는 그것을 여전히 마케팅 믹스의 일부로서 다루고 있다. 즉 도전자 브랜드에 있어 광고와 홍보가 중요하다는 점에 동의하면서도 조직이 그 프로세스를 어떻게 재구성해야 하는 가에 대한 함의를 이해하지 못하고 있는 것이다. 따라서 전략적 접근 방식에 있어 근본적인 변화가 요구된다.

소비자, 청중, 카테고리에 대해 우리가 지녔던 가정들은 대부분은 시대에 뒤떨어진 것이 되었다. 커뮤니케이션도 마찬가지다. 이제는 아이디어 비즈니스를 해야 한다. 이러한 점들로부터 두 가지 주요한 함의를 얻을 수 있다.

첫째, 창조적 혁신은 전략의 필수품이다. 우리는 도전자로서 표적 고객의 상상력을 사로잡을 수 있는 아이디어가 필요하다. 아이디어 가 없다면, 시간과 자원이 한정된 상황에서 창의적인 면뿐 아니라 전략적인 면에서도 실패할 수밖에 없다.

둘째, 창조적 혁신이 전략의 필수품이라면, 전략의 질은 창조적 혁신이 만들어내는 아이디어의 질에 의해 결정된다.

■ 아이디어의 전략적 우위 인정하기

아이디어의 전략적 우위를 인정한다고 해서, 흥미롭고 창의적이 면 모든 아이디어가 브랜드에 적합하다거나, 혹은 (광고, 디자인에서 부터 홍보, 다이렉트 메일까지) 아이디어가 먼저이고 나중에 전략을 개선하는 것이 옳다고는 말하는 것은 아니다.

요점은 표적 고객의 상상력을 사로잡는 것은 메시지를 전달하는 것과 별개의 문제이며, 상상력을 사로잡고 싶다면 "충분히 좋은 것 은 충분하지 않다."라는 제이 치아트Jay Chiat의 말을 되새겨볼 필요가 있다. 아이디어 중심의 비즈니스에서 전략은 적어도 한 가지 이상의 강력한 아이디어를 위한 비옥한 토양이 되어야만 한다. 그래야 좋은 전략이라 할 수 있다. 이 새로운 문화에서는 "전략은 훌륭한데, 크리에이티브 팀이 좋은 아이디어를 만들어내지 못했다."라는 말은 더 이상 온당치 않다. 기본적으로 역량 있는 인재들을 보유하고 있다고 가정할 때, 이는 그것이 결코 훌륭한 전략이 아니었음을 의미한다.

따라서 브랜드 전략은 그 표현에 있어 어느 정도 내재적인 유연성을 가질 필요가 있으며, 전략 개발 과정은 그러한 유연성이 가능하도록 변화되어야 한다. 만일 브랜드 전략의 표현이 표적 고객의 상상력을 사로잡을 수 있는 획기적인 아이디어로 연결되지 못한다면, 전략의 또 다른 표현을 찾아보아야 한다. 전략 개발은 선형적이기보다 유기적일 필요가 있다. 즉 전략과 아이디어가 동시에 개발되지 않는 한, 전략은 새로운 좋은 아이디어를 포용할 수 있을 만큼 충분히 유연해야 한다.

일부 사람들은 이러한 개념을 받아들이기 어려울 것이다. 분석과 조사를 통해 올바른 전략을 수립했다면, 전략은 아이디어가 따라가야 하는 궤도가 되어야 한다고 생각한다. 그러나 그 같은 전제에는 결함이 있다. 오직 한 가지 전략적 해결책만 있는 문제들이 존재하긴 하지만 그것은 점차 줄고 있다. 오히려 새로운 비즈니스 세계에서 대부분의 문제들은 전략적 단계에서조차 엄밀한 분석 이상으로 상상력을 요구한다.

■ 새로운 종류의 개발팀, 새로운 종류의 전략 개발 과정

이는 전략 개발 과정에 있어 어떤 변화가 필요하다는 것을 제안한다. 우리는 흔히 이것을 조직의 각 팀들이 각자의 분리된 업무를 최종 제품으로 가는 경로를 따라 수행하는 것으로 생각해 왔다. 예를 들면, 먼저 전략 팀이 광고 기획안의 타당성을 분석하고 나면 크리에이티브 팀이 그것을 넘겨받아 흠잡을 데 없는 몇 개의 단어로 다듬는 것이다.

하지만 우리가 아이디어의 전략적 우위를 인정한다면, 처음부터 전략적 과정에 모든 분야, 특히 크리에이티브 분야를 포함시켜야 한다. 전략과 창의적 아이디어는 함께 개발되어야 하는 것이기 때문이다. 따라서 이 새로운 모델 아래에서 개발팀은 처음부터 여러 분야 간 협력 체제가 되어야 하며, 각 단계에 모든 분야가 적극적으로 참여해야 한다. 이는 더 이상 한 분야에서 다른 분야로의 낡은 형태의 '바통 전달하기'가 아니다. 즉 모든 분야가 동시에 문제에 관여해야 한다.

그리고 우리는 브랜드와 아이디어를 위한 신선한 출발점을 제공할 소비자 문제에 관한 통찰을 다른 곳에서 찾아야 할 필요가 있다. 만일 지금까지 해온 것이 시장에 대한 포커스 그룹 인터뷰와 정량 조사였다면, 다시 말해 해당 업종의 다른 이들과 똑같은 질문을 똑같은 방식으로 물었다면, 우리는 출발하기 전에 이미 약점을 지니고 있다. 새로운 전략적 접근의 핵심은 관행적 조사의 한계를 깨닫는 것이다. 이는 주로 포커스 그룹 중심의 관행적 방식이 새롭게 등장하는 아이디어를 평가하는 데 쓸모가 없기 때문이 아니라, 그것이 출발하기에 전략적으로 가장 좋은 지점이 아니기 때문이다. 그 대신 다양한 측면에서 해당 업종과 소비자의 현재적, 잠재적 관계를 동시에 탐색하면서 문제를 살펴보아야 한다.

1950년대의 일본 영화 〈라쇼몽〉에는 네 명의 인물이 중세 일본의 마을 외곽에서 일어난 살인 사건에 대해 법정 진술을 하는 장면이 나온다. 사건에 연루된 네 인물은 각각의 시각으로 살인 사건에 대해 진술한다. 각각의 이야기는 앞서 진술한 사람의 이야기와 어느 정도 관련성이 있지만, 몇 가지 핵심에서는 많이 다르다. 그들은 자신에게 유리하게 자신만의 시각으로 진실을 왜곡한다.[2]

이 영화가 지적하고 있는 점은 인간의 이야기 속에는 절대적 진실이 존재하지 않는다는 것이다. 우리는 진실의 어떤 측면을 의도적으로 감추거나 우연히 잊는다. 그리고 우리는 종종 어떤 사람 혹은 제품과 관련하여 갖고 있는 편견이나 관계의 비합리적 여과 장치에 대해 알지 못한다.

이와 마찬가지로, 소비자들은 브랜드와 명확한 관계를 맺지 않는다. 만일 그들에게 다른 종류의 질문을 다른 방식으로 묻는다면, 우리는 자신의 브랜드나 경쟁 브랜드와 그들의 관계에 대한 다른 종류의 그림을 얻게 될 것이다. 예를 들어 젊은 남성 8명의 포커스 그룹에게 그들과 자동차 스테레오와의 관계를 물어본다고 가정하자. 그들은 독립성에 대해 말할 것이다. 즉 자동차는 하고 싶은 것을 마음껏 할 수 있는 자유로움의 첫 번째 경험이며, 그들이 소유하는 첫 번째 영역이다. 그들은 차 안에서 담배를 피우거나 데이트를 즐기거나 노래를 부르면서 하고 싶은 대로 행동할 수 있다. 그리고 그들은 자동차의 중요한 요소로서 음악과의 관계를 말할 것이다. 즉 좋아하는 음악을 최대한 크게 틀어놓을 수도 있다. 그들은 온몸으로 만끽하는 음악의 감동적 전율에 대해 말할 것이다. 그것은 차 안에서의 본능적인 경험이다. 그리고 이 모든 것은 사실이다. 그것은 자신과 카 스테레오의 관계에 대한 하나의 견해이다.[3]

그렇다면 이제 그들 중 몇 명과 함께 하루 종일 자동차를 타고 돌아다닌다고 상상해보자. 당신은 흥미로운 현상을 목격한다. 빨간 신호등에 걸려 자동차를 세울 때, 예쁜 여성이 맞은편 도로에 서 있으면, 그들은 차창을 내리고 스테레오의 볼륨을 한껏 높인다. 이것은 자동차 안에서의 경험이나 음악과는 무관하며, 과시욕, 이성에 대한 관심, 파워와 관련이 있다. 자동차 바깥에 있는 모든 사람들에게 자신의 스테레오를 과시하려는 것뿐이다.

카 스테레오와 그들의 관계에 관한 위의 두 가지 이야기는 모두 틀리지 않다. 그들이 포커스 그룹에서 음악과 관련된 본능적인 경험에 대해 말한 것은 거짓이 아니었다. 또한 이성에게 강한 인상을 주려는 욕구가 있다고 해서 음악에 관심이 없다고 말할 수는 없다. 하지만 그것들은 카 스테레오 브랜드를 포지셔닝하는 두 가지 전혀 다른 방법을 제시한다. 그리고 잠재적 아이디어를 위한 두 가지 전혀 다른 원천을 제공한다. 소비자는 자신과 특정 업종과의 관계를 말로 풀어내는 데 익숙지 않다. 그러므로 조사실에서 벗어나 일상에 가까이 다가갈수록 동일한 문제에 대해 보다 다양한 시각을 얻을 수 있고, 강력한 아이디어를 위한 전략적 발판을 다질 가능성도 커진다.

물론 이것은 소비자와 브랜드의 관계를 말해주는 두 가지 방식일 뿐이다. 만일 경쟁사의 광고를 기호론적으로 분석한다면 시장에서의 기회에 대한 세 번째 관점을 얻을 수 있다. 사회학자는 네 번째 관점을 제시할 것이다. 크리에이티브 담당자라면 과거에 광고나 디자인에서 어떤 표현들이 사용되었고 어떤 다른 표현이 남아 있는지의 측면에서 그 업종에 대한 다섯 번째 관점을 생각할 것이다.

이러한 개념을 좀더 확장해보는 것도 흥미롭다. 우리는 주변 세상을 관찰할 때 제1감각에 의존하게 된다. 즉 정보를 받아들이고 의사 결정을 내릴 때 유독 하나의 감각에만 의지하는데, 그것은 바로 시각이다. 세상에 대해 다른 관점을 갖거나 사물을 다르게 바라보기 원한다면, 눈을 가리고 제1감각의 사용을 잠시 중단해보라. 그렇게 하면 시각 외의 다른 감각들이 세상에 대해 전혀 다른 방식의 이야기를 들려준다는 사실에 놀라게 될 것이다. 다른 감각이 들려주는 이야기 또한 진실이고 통찰력이 있지만, 평상시에는 제1감각에 의해 그것에 의한 입력이 차단되어 왔다. 하지만 잠시나마 시각에 의존하는 것을 멈춘다면, 시각을 다시 사용하게 될 때 다른 감각들에 대한 더 나은 인식과 함께 사용되기 때문에 이전에 없었던 새로운 가치를 얻게 된다.

마케터로서 조사를 할 때도 마찬가지다. 우리는 한 종류의 렌즈 (포커스 그룹, 추적 조사, 이용 실태 및 만족도 조사)를 통해서 소비자를 바라본다. 다른 종류의 조사 방법들은 다른 방식으로 이야기를 들려주고, 브랜드가 활동하는 세상과 그것이 제공하는 기회에 대해 더욱 신선한 방식을 일깨워준다. 브랜드 가치를 높이고 경쟁 우위를 가져다줄 새로운 아이디어의 원천을 끊임없이 찾고 있는 도전자의 경우, '다감각적' 조사 방법이 매년 시장의 탐색과 재탐색 과정에서 체계적으로 활용되어야 한다.

■ 광고와 홍보: 파문과 리스크

어떤 도전자들에게 뉴스 보도는 돈을 들인 광고보다 출시 모멘텀을 얻는 데 훨씬 중요하다는 것이 밝혀졌다. 버진애틀랜틱이 항공업계에 진출한 후 브랜슨과 회사를 크게 부각시킨 것은 광고나 마케팅이 아니었다. 브랜슨과 버진애틀랜틱이라는 브랜드를 유명하게 만든 것은 도전자라는 이름에 걸맞게 대서양 횡단 기록을 깨려고 한 브랜슨의 시도였다(사우스웨스트 사장 역시 자신을 홍보하는 데 그에 못지않은 재능을 가지고 있다. 도전자 항공사 창립자의 DNA에는 어떤 공통점이 있는지도 모른다).

심지어 신생 방송사들은 사회적 논란을 통해 막대한 이득을 얻었다. 가정주부인 테리 라콜타는 폭스의 초창기 프로그램인 〈못 말리는 번디 가족〉에 대한 반대 캠페인을 벌였다. 그녀는 45곳이나 되는 광고주에게 일일이 편지를 썼고, 〈나이트라인〉, 〈엔터테인먼트 투나잇〉, 〈굿모닝〉, 〈아메리카〉에 초대받았으며, 〈뉴욕 타임스〉 1면에 실리기도 했다. 라콜타 부인은 폭스 프로그램의 저속하고 상업적인 속성과 불필요한 성적 표현에 대해 우려와 불만을 토로했다. 방송사들은 이것을 방송에 내보냈고, 새로운 방송사인 폭스를 알지 못하는 시청자를 위해 폭스의 과거를 조명했다. 라콜타 부인에게는 안 된 일이지만, 이 같은 소동은 〈못 말리는 번디 가족〉과 폭스에 대해 엄청난 관심을 불러일으켰고, 폭스는 어떠한 마케팅 활동으로도 거둘 수 없는 큰 수확을 얻었다. 폭스의 홍보 책임자였던 브래드 튜렐은 그 사건이 약 1억 달러의 광고 효과가 있었다고 추정했다. 장기적인 관점에서 라콜타 부인은 부지불식간에 미래 성장을 위한 성공의 기회를 폭스에 제공했고, 이후 폭스는 순풍을 타게 되었다.

폭스가 우연히 논란에 휘말려 성공을 거두었다면, 1982년 영국에서 네 번째 채널로 출범한 채널 4는 좀더 의도적으로 그것을 이용했다. 새로운 방송사 채널 4는 출범 다음날 아침에 중요한 뉴스가 되었다. 그 이유는 채널 4 프로그램 중 하나인 〈브룩사이드〉에 욕설과 엉덩이 노출이 있었기 때문이었다. 프로그램 제작자는 일반적인 연속극이 아니라 '사회적 드라마'로서의 특성을 유지하려면 선정적일 수밖에 없다고 생각했지만, 그것은 또한 채널 출범일 저녁을 노린 교묘한 마케팅 카드이기도 했다. 폭스와 마찬가지로, 대담하고 논쟁적인 내용으로 뉴스의 첫머리를 장식함으로써 초반에 성과를 거두자, 그들의 행동은 점차 대담해졌다. 채널 4는 노골적인 언어와 성적인 내용으로 방송계에서 공공연한 논란을 불러일으켰다. 그리고 기자들이 방송사 홍보 부서가 논쟁의 소지가 있는 주제로 관심을 끌 것이라고 밝힌 프로그램의 사전 자료 화면을 요구하는 정도까지 되었다.

영국의 보수적인 신문사인 〈데일리 메일〉은 라콜타 부인과 같은 역할을 맡았고, 채널 4와 오랫동안 원수지간이 되면서 특히 도움이 되었다. 채널 4는 화면 한쪽 구석에 빨간 삼각형을 띠워 시청자들이 채널 4의 자극적인 내용에 기분이 상할지 모른다는 경고 제도를 도입했다. 작고 빨간 삼각형이 화면에 뜨는 동안 시청률은 수직 상승했다.

어느 회사든 일정 규모를 넘어서면 홍보 부서를 따로 두기 마련이다. 도전자의 특이점은 PR을 유리하게 활용한다는 데 있는 것이 아니라, PR에 굶주린 나머지(전통적인 마케팅 자원이 부족한 상황에서 남들보다 두드러지거나 정체성을 부각시킬 필요가 있기 때문에) 그것을 과감하고 일관되게 만들어낸다는 점이다. 이것은 홍보 제작이 기성 브랜드와 비교할 때 마케팅 과정에서 훨씬 더 중심적인 역할을 맡고 있음을 의미한다. 작은 회사들도 처음부터 악명을 떨쳐서 유명해지는 것을 꺼리지 않는다. 데스 시거렛Death cigarette의 경우, 모든 브

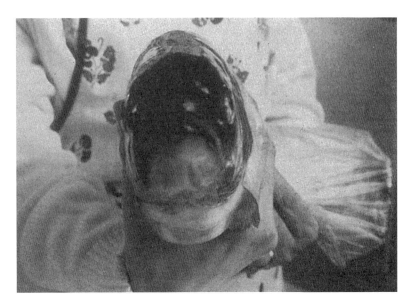

테스코: "무뚝뚝한 송어는 반품해드립니다."

랜드를 그런 뉴스와 입소문을 이용해 구축했다. 여성 구두 브랜드인 캔디Candie는 제니 매카시가 속옷을 발목까지 내린 채 화장실 변기에 앉아 있는 장면의 광고를 만들었다. 〈타임〉지는 광고 게재를 거부했고, 그 즉시 원하는 브랜드 이미지를 얻을 수 있었다. 물론 자녀를 둔 어머니라면 그런 사진을 결코 달가워하지 않을 것이다.

하지만 이 같은 홍보 활동이 악명을 무분별하게 유발한다는 인상을 준다면, 분명 잘못된 것이다. 도전이 무례한 공격을 의미하지 않듯이, 도전자의 PR은 반드시 충격적인 요소나 논란을 요구하지는 않는다. 어떤 도전자들은 홍보의 파문을 유발하는 광고 제작에 초점을 맞춘다. 파문이 생기는 것은 그 광고가 재미있거나 논란을 유발해서만이 아니라 뉴스거리가 되기 때문이다. 영국의 잡화 소매업체인 테스코Tesco는 식품을 구매한 손님이 어떤 이유로든 불만을 제기할 경우 환불해주는 정책을 도입했다. 광고를 맡은 로 하워드 스핑크Lowe Howard-Spink는 송어를 구입한 여성이 품질이 아닌 생김새가 마음에 들지 않아 반품을 요구했다는 내용의 광고를 제작했다. 이 여성은 송어가 너무 "무뚝뚝해 보인다"며 불만을 표시했다. 그리고 생선 판매원이 그녀에게 '잘생기고 쾌활한 놈'을 골라주자 만족스런 표정을 지으며 돌아갔다.

타블로이드판 신문들에게 그 광고는 거부하기 힘든 유혹이었다. 곧 영국 전역에서 기자들은 '침울해 보이는' 생선을 점포로 다시 가져가서 담당자에게 '좀더 행복해 보이는' 녀석으로 골라 달라고 요청하기 시작했다. 테스코의 생선 매장 직원들은 이에 적절히 응대했고, 곧 새로운 뉴스거리가 탄생했다.

앱솔루트 성공의 많은 부분은 광고를 이용해 PR이라는 파문을 일으킨 덕분이었다. 예술가들에게 앱솔루트 병에 대한 사진 작업을 의뢰한 것을 살펴보라. 헬무트 뉴턴은 7명의 세계적인 패션 디자이너가 디자인한 앱솔루트의 사진 촬영을 의뢰받았다. 세계 곳곳에서 전시된 그 사진은 여러 잡지 기사에 오르내렸고 예술 갤러리에 전시되었으며, 텔레비전에서 다루어지기도 했다. 비록 각각의 사진들은 잡지 광고로는 단 한 번밖에 쓰이지 않았지만, 나중에 앱솔루트는 헬무트 뉴턴의 사진 작품들이 본래 광고 효과의 10배 이상의 '사후 파동'을 일으켰다고 평가했다.

사람들이 위험을 겁내기보다 손실을 더 두려워한다는 개념은 가장 대담하게 홍보를 시도하는 기업이 어째서 잃을 것이 별로 없는 작은 규모의 도전자들인지를 설명해준다. 베를린의 사무용 빌딩인 쾨니히스타트 테라센Konigstadt-Terrassen의 예를 들어보자. 현대적이고 값비싼 미테 지역에서 약 150미터 정도 떨어진 이 빌딩은 적은

쾌니히스타트 테라센: "사무실 임대료를 내지 못해 뛰어내렸음."

마케팅 예산으로 잠재 임차인들에게 기성 브랜드를 버리고 도로를 조금만 걸어 내려오면 보다 저렴한 가격에 사무실을 구할 수 있다는 점을 설득해야 했다.

해결책은 세 가지 새로운 매체를 만들어내는 것이었다. 첫째는 쓰레기통이었다. 미테 지역 근방의 쓰레기통에는 하룻밤 사이에 스티커가 붙여졌는데, 거기에는 "미테 지역에 사무실을 임대하느니 차라리 이 쓰레기통에 돈을 버리세요."라는 문구가 적혀 있었다. 그리고 그 밑에는 새로운 사무실이 있는 곳의 전화 번호와 함께 마지막에 "미테에 침을 뱉으시오."라고 쓰여 있었다(임대료가 턱없이 높고 그 근방에 대안이 있음을 동시에 나타낸다).

두 번째 매체는 콘돔이었다. 콘돔 겉봉에 "아이를 낳을 돈이 없다고요? 아마도 사무실 공간에 너무 낭비를 하시나 보군요."라는 문구를 써 넣고 전화 번호를 적어 두었다. 그런 다음 콘돔을 인근 식당과 술집에 배포했다.

처음 두 가지는 입소문을 타고 퍼진 반면, 세 번째 매체는 신문 보도로까지 이어졌다. 어느 날 새벽, 미테 근방의 도보에는 경찰이 사망 사건이 발생했을 때 하던 방식대로 분필로 그린 여섯 개의 윤곽선이 남아 있었다. 그 옆에는 "사무실 임대료를 내지 못해 뛰어내렸음."이라는 문구와 함께 전화 번호가 적혀 있었다. 130만 제곱미터 면적의 빈 사무실이 있는 도시에서 그들은 불과 넉 달 만에 임대 수입을 52퍼센트나 증가시켰다.

이 사례는 이목을 끌기만 하는 홍보와 지능적인 도전자 마케팅의 차이를 일러준다. 쾌니히스타트 테라센이 시도한 모든 일들의 1차적 목적은 입소문과 대중적 관심을 유발하는 것이었지만, 그것은 또한 매우 교묘하고 효과적인 커뮤니케이션이기도 했다. 그들은 지역의 표적 시장 내에서 주목성을 창출했고 상품의 장점을 확실하게 알렸으며, 기존 업체에 대한 뿌리 깊은 편견(지배적인 소비자 자기만족)에 대해 재평가를 이끌어냈다. 그리고 그들만의 개성을 창출하기 시작했다. 아울러 이미 사무실을 옮기기로 결심한 사람들에게 은연중에 아부를 한 셈이었다. 사무실 임대업이 그다지 관여도가 높지 않은 업종이란 점에서 그 같은 시도는 대단한 것이었다.

■ 홍보와 이야깃거리

앞에서 우리는 광고와 홍보를 교묘하게 결합하여 대중 문화 속으로 진입한 도전자들에 대해 살펴보았다. 이들은 전통적인 매체들에서 상대적으로 낮은 광고 점유율을 상쇄하기 위한 방어적 조치로서, 그리고 리더 브랜드가 가지지 못한 방식으로 문화적 구성의 한 부분이 되기 위한 경쟁 우위의 원천으로서 그것을 이용했다. 하지만 어떤 도전자들은 광고와 홍보를 함께 사용하는 방식이 아니라, 전통적인 광고로부터 아예 등을 돌리고 대신 가용한 모든 마케팅 예산을 홍보의 직접 혹은 간접 생산에 쏟아부음으로써 장단기적으로 성공을 거두었다.

예를 들어 법적 소송은 도전자 항공사들에게 매우 유용한 홍보 수단이다. 서유럽 항로에서 경쟁하는 소규모 저가 항공사 이지젯Easyjet은 네덜란드로 취항하는 새 항공 노선을 취득한 후 자신이 익숙한 마케팅 상황에 있음을 깨달았다. 즉 새로운 항로를 얻었다는 기쁨은 잠재적 표적 시장에서 인지도와 가격의 이점을 신속히 구축해야 할 필요성에 의해 재빨리 대체되었다. 동시에 전통적인 매체를 통해서 거대하고 더욱 굳건한 경쟁사들에 맞서기에는 상대적으로 아주 적은 돈밖에 없었다.

그래서 이지젯은 매체에 광고를 게재하는 데 예산의 3분의 1만 쓰는 대신 나머지 예산은 변호사들에게 지출했다. KLM(네덜란드 국적 항공사)이 불공정 경쟁 행위를 한다며 유럽 법원에 법률 소송을 제기한 이지젯은, 자신들을 새롭게 시장에 진입한 신생 항공사라기보다 대중의 편에 서 있는 항공사로 포지셔닝했다. 법원의 판결이 나던 날, 이지젯은 각종 매체에 등장했다. 그들은 이 날 라디오 광고를 내보냈는데, '대형 항공사'의 기장이 이륙하면서 승객들에게 그들이 식사를 위해 지불한 돈에 대해 감사한다고 말하는 내용이었다. 그 광고는 불에 기름을 부은 격이었고, 이지젯 소송에 관한 시사 프로그램이 진행되는 동안 내보내졌다.

그로부터 한 달 뒤, 이지젯을 찾는 고객이 두 배로 늘어났고, 두 달 뒤에는 세 배로 증가했다. 저가 항공사 사업에서 수익성의 척도인 좌석 점유율은 같은 기간 35퍼센트에서 70퍼센트로 상승했다.

이것은 홍보를 이용해 단기적 성과를 얻은 사례인 반면(이지젯은 소송이 해결되자 네덜란드에서 다시 광고로 되돌아갔다) 소수의 도전자들, 예를 들어 바디샵과 스타벅스는 입소문과 거기에서 파생되는 이야깃거리를 이용해 광고를 전혀 하지 않으면서도 최근까지 성공적으로 사업을 이끌어오고 있다. 비록 이들 두 기업은 자신의 소매 매장을 보유하고 있다는 점에서 매우 특이하지만, 비소매 기반의 도전자에게 흥미로운 교훈을 준다. 이런 점에서 그들의 사례를 좀더 자세히 논의해볼 만하다.

스타벅스는 '경험의 브랜드'이며 동시에 한 잔의 커피가 종착지이다. 그리고 그것이 제공하는 경험은 열망을 불러일으킨다. 스타벅스에는 재즈, 커피 전문가가 된 듯한 느낌을 갖게 하는 커피 원두에 관한 정보, 유사 이탈리아어들이 있다. 이 모든 것은 사람들에게 줄을 서서 기다리는 동안 '커피에 대해 잘 알고 있는' 듯한 느낌이 들게 하고, 사무실 동료들 앞에 컵을 내려놓을 때는 인생에서 중요한 것을 얻기 위해 노력하는 사람처럼 보이게 한다. 그런 식으로 스타벅스는 얼리어답터들에게 자신을 자랑할 수 있는 권리를 주었다. 그다음엔 제품에 대한 열광과 열망적 일체화의 기회를 통해 더 많은 사람들을 끌어들였다. 스타벅스는 이벤트를 통해 대중적 관심을 유발하지는 않았지만, 성공적으로 개발해낸 브랜드와 사용자 관계의 숭배적 성격은 원더브라와 에너자이저 버니가 광고를 통해 이루어낸 아이콘 차원은 아닐지라도, 일반 대중들 사이에서 확실한 입소문 효과를 만들어냈다.

Some companies test on animals.   We don't.

바디샵: "우리는 동물 실험을 하지 않습니다."

반면에 바디샵은 '이슈 브랜드'(issue brand)이다. 바디샵은 특별한 사회적 이슈에 대한 입장을 표명함으로써 의식적으로 홍보와 뉴스거리를 만들어내기 시작했다. 바디샵의 경우, 살아 있는 설립자가 전면에 나서고 회사는 그 뒤에 있다. 아니타 로딕은 허황된 행동이나 브랜슨처럼 기성 체제에 대한 반발을 통해 대중적 관심을 유발한 것이 아니라, 동물의 권리, 여성의 신체 학대, 아프리카 문화 같은 다양한 문제에 대해 강력한 개인적 입장을 표명함으로써 성공적으로 신문의 기삿거리에 올랐다. 도전자로서 사업 수완이 뛰어난 바디샵은 다른 거대 화장품 업체들과의 핵심적 차별성으로서 사회적 윤리 문제를 활용했지만, 소비자에게는 브랜드에 공감을 표시하는 어떠한 희생적 행동도 요구하지 않았다.

오히려 바디샵 제품은 육체적 쾌락주의를 정신적 고상함과 특이하게 결합시켰다. 밖에서 활동하는 것만큼이나 거품이 가득 찬 욕조에 앉아서도 내적으로 고상한 느낌을 가질 수 있다는 식이었다. 고전적으로 이 두 가지는 정반대되는 것이었다. 즉 쏟아지는 비를 맞으며 외국 영사관 앞에서 플래카드를 흔들며 더 좋은 세상을 만들든지, 아니면 향기로운 거품 욕조에 앉아 몸을 가꾸든지 둘 중 하나만 가능했다. 아니타 로딕의 뛰어난 점은 이 두 가지를 조화시켜 미덕을 사치스럽게 만들면서, 소비자에게는 제품 구매와 그 효과를 즐기는 일 외의 어떤 사회적 노력도 요구하지 않는 '이슈 브랜드'를 창출했다는 점이다.

스타벅스와 바디샵은 자신만의 매장을 가지고 있고 최근까지도 광고 없이 성공을 거둔 점 외에도 많은 공통점이 있다. 첫째, 두 브랜드는 기쁨을 제공함으로써 성공을 거두었다. 즉 일상 생활에서 맛보는 짧은 순간의 즐거움을 제공했다. 둘째, 이 즐거움은 각각의 경우보다 강렬한 제품에 그 뿌리를 두고 있다. 바디샵은 과일과 허브 성분의 매력, 스타벅스는 커피 원두와 구매 과정의 매력이 있었다. 셋째, 두 브랜드는 나름의 방식으로 안목이나 사회적 계몽 측면에서 자신들이 누구인지에 대한 소비자의 인식을 확장했다. 즉 감성적, 기능적으로 소비자들에게 독특한 경험을 제공했고, 매장을 이용해 그 경험과 일체감의 감성적이고 기능적인 기초를 확산시켰다. 넷째, 성장의 주요 시기에 브랜드와 자신을 동일시하고 그것에 관해 이야기하는 소비자층을 창출했다. 그들은 특별한 사용자 그룹이라기보다는 일종의 동호회에 가까웠다.

이제는 입소문이 광고만 하는 것보다 소비자에게 훨씬 강력한 영향을 미친다. 더구나 입소문은 스스로 퍼져 나간다는 점에서 훨씬 더 효과적이다. 전통적인 마케팅 자원이 부족한 상황이라면 입소문은 필수적이다. 사람들은 성공적인 이야깃거리를 자신의 경험인 것처럼 생각하고 평가한다. 포커스 그룹의 모든 사람들은 브랜드와 관련해 놀라운 일을 겪은 누군가를 알고 있다고 할 것이다. 그들은 자신들이 그 놀라운 경험으로부터 분리되어 있다고 느끼지 않는다.

영국의 소매 체인점인 막스앤스펜서Marks and Spencer의 품질 관리는 그러한 이야깃거리에 속한다. 당시 영국 소매점의 이미지는 고품질과 혁신적인 식료품 정책을 통해 1980년대와 1990년대 초반에 좋아지고 있었다. 포커스 그룹에 참석한 한 응답자는 자신의 친구가 경험한 것을 이야기했다.

집에서 파티를 준비하던 그의 친구는 막스앤스펜서 점포가 문을 닫기 전에 서둘러 식품을 사고 있었다. 하지만 막스앤스펜서의 계산원은 마지막으로 남은 고기 팩이 유통 기한이 한 시간 넘었다는 이유로 판매할 수 없다고 했다. 친구는 통사정을 하며 책임자를 불렀지만, 그 직원은 품질 기준을 지켜야 한다면서 끝내 고집을 꺾지 않았다. 다른 조사 참석자들은 이 이야기에 감명을 받고 고개를 끄떡일 것이다. 그들은 모두 비슷한 경험을 한 누군가를 알고 있었다. 그리고 다음 사람도 자기 친구에게 일어났던 이야기를 들려줄 것이다.4

이처럼 브랜드는 자신을 둘러싼 이야깃거리나 신화를 만들어내는 것이 매우 중요하다. 그 이야깃거리는 브랜드 자산 이상의 것이다. 브랜드 자산은 조사 과정에서 소비자가 브랜드에 대해 떠올리는 인식이나 사실들로 정의되지만, 신화는 소비자가 자발적으로 브랜드에 대해 적극적으로 전달하는 인식이나 사실들로 정의되기 때문이다. 따라서 브랜드 자산은 수동적이고 개인적이며 잔류하는 것(개인의 머릿속에서 인식의 집합으로 자리잡고 있다가 구매 과정이 다시 시작될 때 촉발된다)인 반면, 이야깃거리는 적극적이고 사회적이며 스스로 퍼져 나간다. 그것은 기존 사용자층과 잠재 사용자층 사이에 퍼지는 바이러스성 자산과 같다. 가장 강력한 모멘텀의 시기에 도전자는 리더 브랜드보다 한 단계 위에 있게 된다. 리더 브랜드는 강력한 자산을 향유하지만, 도전자는 강력한 이야깃거리를 향유하기 때문이다. 즉 도전자는 브랜드 광고와 마케팅을 통해 아이콘 차원에서 그것을 대중 문화의 기준점으로 만들면서 입소문을 통해 그것을 향유한다.

야심찬 도전자 브랜드가 어떻게 그러한 이야깃거리를 창출하고 이용하는지 이해하기 위해, 먼저 이야깃거리가 어떻게 해서 생기는지 살펴보자. 이야깃거리가 생겨나는 것은 대체로 소비자가 아래의 네 가지 상황 중 하나에 있기 때문이다.

1. 자랑거리. 소비자가 가치 있는 어떤 것을 발견한 경우이다. 예를 들어 새로 나온 최고급 맥주나 새로운 음악 그룹을 처음 발견했다고 느낄 때이다. 어제 라디오에서 새로운 밴드의 노래를 들었어. 시애틀 출신이라는데, 너도 한번 들어봐. 크게 히트할 것 같아. 이 재킷은? 응, 그건 나파피리라는 작은 이탈리아 회사 제품이야. 이 회사 제품이 맘에 들어. 하지만 이탈리아 밖에서는 살 수 없어. 작년에 거기에 스키 타러 갔다가 발견했지."

2. 제품 열광. 소비자가 제품의 성능이 놀라우리 만큼 인상적이라는 점을 우연히 알았을 때 하나의 이야깃거리가 생겨난다. 예를 들어 랜드로버가 4000마일의 비포장 도로를 쉬지 않고 달릴 수 있도록 설계되었다는 사실을 알았을 때, 오늘 탑승한 비행기에서 잠에서

깨자마자 안마사가 목 마사지를 해주었을 때, 어젯밤 아이스크림 가게에서 초콜릿 퍼지를 엄청나게 많이 얹어줬을 때 등이다.

3. 열망적 일체감. 소비자가 강한 정체성을 가진 브랜드를 발견하고 감탄하거나 일체감을 느끼는 경우이다. 오스트레일리아의 서핑 브랜드인 립컬Ripcurl의 이사들이 매주 토요일 아침에 파도타기를 한다는 사실을 알게 된다면, 그것은 나에게 아직까지 매각되지 않은 고지식한 의류 회사가 있음을 전달한다. 야외용 의류 회사인 파타고니아가 세전 이익의 10퍼센트를 환경 단체에 기부하는 것을 알게 된다면, 그 제품을 구매할 때 사회적 양심만이 아닌 등산이나 멋진 야외 활동에 관한 어떤 철학에 동조하는 것이다. 그것은 자연을 훼손하지 않고 보존하는 것, 받지 않고 주는 것 등에 관한 철학이다.

4. 뉴스 가치. 소비자가 동료들과 대화거리로 삼고 싶을 만큼 놀랍고 흥미로우며 충격적인 마케팅 활동을 접하는 경우이다. 벤앤제리스가 재미삼아 버몬트의 한 도시에서 2만 파운드의 선디 아이스크림을 만든 것이나, 그 아이스크림을 마차에 싣고 다니면서 사람들에게 공짜로 나눠주는 것을 들 수 있다.

이것들은 브랜드가 스스로 화젯거리가 되고 이른바 '자판기 앞 대화'를 만들어내는 네 가지 핵심적인 방법이다. 그리고 화젯거리가 되기 위해서는 소비자 자신에게만 효과가 있다고 느껴서는 충분하지 않으며, 청중에게도 놀라움을 줄 것이라고 느껴야 한다.

광고를 이용하지 않고 공격적인 성장을 바라는 도전자라면 이 모든 것을 적극적으로 이용하려 할 것이다. 도전자는 확신을 가질 만한 탁월한 제품을 가지고 있을 것이다. 초기 단계에서 자랑거리는 열혈 지지자를 만들어내는 데 중요한 역할을 하지만, 브랜드가 일단 시장에 진출해 어느 정도 성장을 이룬 후에는 그것에만 의존해서는 안 된다.

따라서 도전자는 열망적 일체감을 불러일으킬 수 있는 어떤 특성들을 브랜드의 정체성으로 구축하고, 새로운 가치를 지속적으로 창출할 수 있는 인력과 아이디어에 마케팅 예산을 투입해야 한다.

때때로 도전자는 광고를 통해 그러한 이야깃거리를 더 많은 청중들에게 퍼뜨리기도 한다. 자동차 리콜 기간 동안, 새턴은 자동차를 가져오지 못하는 알래스카의 고객을 위해 멀리까지 날아갔다. 새턴의 직원은 비행기를 임대해 알래스카에 도착했고, 고객의 차고에서 정비를 마친 후 같은 날 되돌아왔다. 이 사건은 물론 언론 보도가 뒤따랐지만, 새턴의 광고대행사(할리니앤파트너)는 그 아름다운 신화를 TV 광고로 제작해 확산시켰다.

이처럼 브랜드의 이야깃거리는 정체성, 헌신, 경험들이 서로 어우러져 발생한다. 과도한 헌신 혹은 제품의 과도한 성능은 고객 감동을 이끌어낸다. 브랜드와 소비자와의 관계에서 고객 감동이 지속적으로 일어난다는 것은 그 경험이 요행이 아닌 브랜드 정체성의 반영으로 볼 수 있다는 것을 의미한다. 특히 브랜드로부터 강력하게 투영된 정체성의 인식이 그것에 동반하는 경우에는 더욱 그렇다. 소비자는 다음날 친구들에게 그 이야기를 들려준다. 그러면 도전자는 수동적이고 개인적인 자산뿐 아니라 스스로 퍼져 나가는 사회적인 이야깃거리를 갖게 된다. 이것이야말로 리더 브랜드에 대한 경쟁 우위의 원천이다.

09 소비자 중심이 아니라
아이디어 중심이 되라

"우리의 최대 경쟁자는 바로 우리 자신이다."

— 마누엘 J. 코른데즈

19

88년에 광고대행사 치아트데이는 벨딩상Beldings Awards의 모든 부문을 휩쓸었다. 로스앤젤레스 지역을 기반으로 하는 벨딩상은 웨스트우드 동부 지역에서는 권위가 없었지만, 로스앤젤레스 광고인들 사이에서 자부심의 원천이었다. 치아트데이의 한 작품이 그 시상식을 지배했고, 작은 분홍색 버니(에너자이저)가 혼자 받은 은접시가 작은 산을 이루었다.

당시 치아트데이의 크리에이티브 디렉터인 밥 쿠퍼먼은 제이 치아트와 시상대에 나란히 올라서서 행복해하는 크리에이티브 팀원들을 내려다보았다. 그들은 재능과 술에 흠뻑 취해 있었고 테이블에는 벨딩 은접시들이 가득했다. 쿠퍼먼은 치아트에게 소곤거렸다. "광고대행사를 망하게 하기에 딱 맞는 것들이군."

쿠퍼먼의 예상은 적중했다. 동부 연안의 유명 광고 회사들에 맞서는 서부 연안의 도전자 치아트데이는 창조적 재능이 서서히 고갈되기 시작했고, 이러한 추세는 1990년대 초반까지 계속되었다. 한때 '80년대 광고사'로 불렸던 이 회사는 이제는 그 말이 부정적인 의미로 들리기 시작했다. 하지만 치아트데이는 조직을 재정비하고 초점을 새롭게 맞춤으로써 역경에서 벗어날 수 있었다. 그들은 10년 만에 비로소 로스앤젤레스에서 열리는 시상식들을 다시 휩쓸었고, 한층 폭넓은 차원에서 명성을 재구축했다.

위 이야기는 도전자가 되기 위한 최대 위협이 성공이라는 것을 보여준다. 성공은 물론 매우 위험한 것이다. 업계에 성공적으로 진입혹은 재진입하는 것이 하나의 문제라면, 자기만족이나 과도한 확장에 의해 망가지지 않고 계속해서 성공을 유지하는 것은 별개의 문제이다. 애플에서부터 모시모Mossimo에 이르기까지, 서부 지역의 마케팅 전장에는 기세 좋게 출발했지만, 모멘텀을 유지하지 못한 부상당한 도전자들이 곳곳에 널부러져 있다.

따라서 모멘텀을 상실하기 전에 이러한 문제에 어떻게 대처해야 하는지, 즉 어떻게 역경에서 모멘텀을 회복할 것인가가 아니라 어떻게 모멘텀을 계속 유지해야 하는지를 고려하지 않는다면, 성공적인 도전자를 위한 전략 프로그램은 불완전할 수밖에 없다.

■ 모멘텀

도전자에게 모멘텀은 두 가지 이유에서 매우 중요하다. 첫째, 실제적 모멘텀은 투자 수익률의 원천이며, 매출과 수익에서 성장의 척도이다. 둘째, 인지된(perceived) 모멘텀은 이 브랜드가 업종을 주도하고 있고 주목할 가치가 있다는 소비자의 인식이며, 이는 미래 자산의 기초이자 현재 수익을 능가할 미래 투자 수익의 씨앗이다.

대부분의 도전자들이 모멘텀을 상실하는 이유는 그들이 동일한 위치에 머무르기 위해서 변화해야 한다는 사실을 깨닫지 못하기 때문이다. 즉 그들은 핵심 정체성이 아니라, 소비자가 정체성을 경험하고 자극받는 방식을 변화시켜야 한다. 성숙한 시장에서 도전자 브랜드의 초기 성공 기반은 그들이 리더 브랜드와 다른 방식으로 사용자와의 관계를 개발한 것이었다. 참신하고 색다른 이러한 관계는 업계에서 소비자들에게 익숙했던 틀을 깨는 브랜드(팀버랜드와 새턴처럼)의 등장에 대한 소비자 반응에서 비롯되었다.

하지만 한 브랜드가 성공하면 업계의 나머지들도 그 성공의 기초를 자신의 것으로 흡수하려고 한다. 아이스 맥주가 처음 세상에 나오자 곧이어 다른 아이스 맥주가 등장했고, 여러 아이스 맥주들이 줄지어 쏟아졌다. 결국 아이스 맥주, 즐거움을 주는 비행기 혹은 사용자 친화적인 컴퓨터만으로는 성공을 장담할 수가 없게 되었다. 혁신과 마찬가지로 아이디어도 복제가 되므로(흔히 더욱 약화된 형태이지만), 결국 처음의 관계를 지탱하는 최초 아이디어의 위력은 줄어들고 만다. 따라서 처음의 제품 제안에 의존하는 도전자는 신선함을 잃고 만다.

물론 소비자로서 우리는 쉽게 싫증을 낸다. 어제 우리를 흥분시키던 것이 오늘은 지긋지긋하게 느껴진다. 그것은 단지 지루함의 문턱이 낮아져서만이 아니라, 편안함의 영역(comfort zone)이 확장되어 예전의 놀랍고 신선한 것들까지 포함하게 되었기 때문이다. 하지만 편안함의 영역은 리더 브랜드에게만 유리하다. 만일 도전자가 편안함의 영역 바깥에 머물지 못한다면, 즉 다소 자극적으로 차별성을 보이지 못한다면 점차 유통 영역에서 보이지 않게 될 것이고, 소비자의 무관심 속에서 서서히 죽음을 맞이하게 될 것이다. 왕성한 식욕으로 늘 새로운 것에 굶주려 있는 소비자는 해당 업종에서 더욱 새롭고 맛있는 먹이를 찾아 움직인다.

이는 곧 도전자가 시장에 진입할 때 제시한 아이디어의 효력이 필연적으로 지속될 수 없음을 뜻한다. 도전자는 더욱 자주 소비자와의 관계에 양분을 공급하고 재충전해야 하며, 이는 소비자를 자극하고 선동하는 아이디어를 끊임없이 만들어야 한다는 것을 의미한다. 한두 번이 아니라 줄기차게 말이다. 소비자와의 관계는 늘 신선하게 유지해야 하며, 그 관계가 처음 이루어졌을 때만큼이나 신선해야 한다. 우리는 도전자를 위한 기본적인 동력이 모멘텀(우리 브랜드가 업계를 주도하고 있다는 느낌)이라는 점을 결코 놓쳐서는 안 된다. 따라서 성공적인 도전자 브랜드는 결코 가만히 있을 여유가 없다. 그들은 끊임없이 소비자와의 관계에서 시장을 앞서가도록 노력해야 하며, 그런 움직임의 연료가 바로 아이디어이다.

실제적 모멘텀을 유지하지 못할 경우, 규모라도 키우려는 유혹에 빠져 라인 확장이나 유통망 확장 같은 독이 들어 있는 술잔을 받는다. 이로 인해 브랜드의 핵심 자산이 훼손되고 핵심 사용자들을 잃으며 사용자층의 형성이 잠식되어 더욱 급격한 쇠락으로 이어진다. 이미 보았듯이 도전자가 신뢰성과 핵심 사용자들을 잃어버린다면, 그것은 태평양에서 길을 잃은 것과 같다. 한편 인지된 모멘텀을 유지하지 못할 경우, 브랜드는 '냉동 건조' 상태에 빠지게 되며, 일정 기간 소비자의 의식 속에 꼼짝없이 갇혀 있거나, 혹시라도 기억에 떠오르더라도 이미 과거의 것이 되어버리기 일쑤다. 따라서 모멘텀을 가진 브랜드라고 보기 어렵게 된다.

크게 성공한 브랜드일수록 이러한 위험은 더욱 커진다. 미국에서 스와치는 1980년대 후반에 엄청난 성공을 거둔 이후 냉동 건조 상태가 되었으며, 1980년대의 한 시기를 특징지었던 경박함의 느낌, 그리고 비합리적 낙관주의와 영원히 결부되어버렸다. 에비앙Evian도 미국에 진출한 지 얼마 되지 않아 일어난 에어로빅 붐을 성공적으로 활용했지만, 그로 인해 만들어진 '에어로빅 액세서리'의 이미지를 없애는 데 한동안 모진 애를 써야 했다. 1979년 영국의 신발 브랜드인 킥커스Kickers는 자존심이 강한 15~25세의 여성들이 갖고 싶어하는 유일한 부츠였지만, 1980년에는 진화하지 못한 채 화석됨으로써 결국 감성적인 역사가 되고 말았다. 성공이 클수록, 생존하기 위해서는 더 높이 뛰어야 한다.

■ 모멘텀 유지하기 1: 지속적인 아이디어의 생산

아이디어를 이용해 소비자와 관계를 강화해야 한다는 것은 기술 혁신이나 제품 뉴스를 활용해 관계를 강화해야 한다는 것과 전혀 의미가 다르다. 소비자와의 관계를 발전시키거나 새롭게 하기 위해 전적으로 혁신에 의존하는 업종들이 분명히 있다(예를 들어 3M은 최근 5년 내에 출시한 제품들에서 전체 수익의 30퍼센트를 거둬들인다). 대형 브랜드가 광고 효과를 높이기 위해 최첨단 제품도 아니면서 일정한 간격으로 제품 뉴스를 만들어내는 것은 마케팅의 일부이다. 그러한 뉴스는 대개 미미한 제품 혁신이며 대체로 대중과의 관계를 유지해야 하는 리더 브랜드에게 효과적이다. 기성 브랜드로서 그들의 위치는 제품 갱신에 의해 손쉽게 확고해지고, 기능적 신뢰성 면에서 자신이 최고라는 사실을 소비자에게 인식시킨다.

하지만 도전자들을 살펴보면, 그들이 내세우는 아이디어는 제품 뉴스와는 전혀 다르다는 사실을 알 수 있다. 혁신과 아이디어의 차이는 아우디의 신제품 개발을 통해 분명하게 설명된다. 차량을 완전히 알루미늄으로만 제작하는 것은 혁신이며, 그것이 순수한 알루미늄으로 만든 최초의 자동차라는 것을 보여주기 위해 도색을 하지 않고 내버려두기로 한 것은 아이디어에 속한다. 원거리 통신 화상 회의는 혁신이지만, MCI의 '친구와 가족'(친구나 가족 간 장거리 통화 요금 할인)은 아이디어이다. 항공 사업에서 전자 매표 시스템은 혁신이지만, 위층 좌석에 바를 설치하는 것은 아이디어이다. 도전자의 아이디어는 연구개발 부서에서 나오기보다 핵심 마케팅 팀이나 열성적인 소비자 혹은 회사 설립자의 사무실을 우연히 방문한 누군가로부터 나오는 경향이 있으며, 그것들은 제품에 대한 아이디어라기보다 마케팅에 관한 아이디어인 것이 보통이다. 이러한 마케팅 아이디어는 매우 야심찬 것들이다. 그것은 프랑크푸르트에 있는 코메르츠방크 건물에 오렌지색 대형 시계를 매단다든지, 발전소에 브래지어 영상을 투사하는 식이다. 이들은 소비자의 상상력을 불러일으키고 자극한다.

가장 단순한 차원에서, 도전자는 상투적인 마케팅 관행(광고, 프로모션, 후원 등)을 뛰어넘는 커뮤니케이션 아이디어를 활용하는 것처럼 보인다. 업계에서 기존 업체들의 자리를 빼앗으려면, 이미 리더 브랜드에 의해 욕구가 충족되었다고 생각하는 소비자들의 상상력과 감성을 사로잡아야 하기 때문이다.

소니의 플레이스테이션은 출시 전부터 전통적인 광고로는 리더 브랜드의 차원을 넘어 대표 상품이 되려는 목표를 달성하기에도 부족하다고 생각했다. 그들은 미국에서 공식적으로 제품을 출시하기 4개월 전에 하마리도 맥스Hamarido Max라는 캐릭터를 이용해 게임의 여론 주도층을 대상으로 '바이러스' 마케팅을 실시했다. 아이콘과 용어들은 나이트클럽의 손도장(입장 허가 표시) 같은 뜻밖의 형태로 자신을 드러냈으며, 록 콘서트의 마지막에 관중들을 향해 던지는 드럼스틱이나 도심에 뿌려진 출처 불명의 전단에도 새겨졌다.

이러한 활동들은 플레이스테이션에 대한 기대 심리를 높이는 데 기여했으며, 일본에서 실어 보낸 게임기의 첫 선적분을 구입하기 위해 25달러의 예치금을 낸 사람들이 25,000명이나 되었다. 그리고 해커들은 플레이스테이션의 공식 웹사이트가 문을 열기 이틀 전에 그 내용에 관한 정보를 캐내려고 침입하기도 했다(이 모든 것은 텔레비전이나 인쇄 광고를 내보내기 전에 이루어졌다는 사실을 주목하라). 이후 크리스마스 성수기를 맞아 플레이스테이션은 불과 두 달 전에 출시된 리더 브랜드 게임기(세가의 세턴)보다 많이 팔렸고, 그 후 2년이 채 지나기 전에 모든 게임기들을 제치고 리더 브랜드의 자리에 우뚝 섰다.

소니 플레이스테이션의 마케팅 그룹은 표적 고객의 상상력을 사로잡고 유지하기 위해 단순한 커뮤니케이션보다는 아이디어의 전략적 활용에 치중했다. 크래시라는 이름의 반디쿠트가 등장하는 '아이콘 캐릭터' 게임을 출시할 당시, 마케팅 도전은 배관공 마리오(닌텐도)와 소닉더헤지호그(세가)처럼 널리 알려지고 사랑스러운 캐릭터의 자리를 어떻게 빼앗느냐였다.

그것을 실행하는 해법은 나라에 따라 달랐지만, 기본적인 접근방법은 어디서나 동일했다. 미국에서는 약 170센티미터의 붉은 오렌지색 털의 반디쿠트 인형이 미국 닌텐도의 본사로 향했다. 반디쿠트는 닌텐도 정문 바깥에서 확성기로 배관공 마리오를 부르며 도전자답게 싸움을 한판 벌이려고 들었다. 그리고 닌텐도의 보안 요원 제복 차림의 배우가 우리의 털북숭이 영웅을 강제로 내쫓는 장면(실제 사건이 아니라 짜여진 연기였지만)을 담은 다큐멘터리 형식의 영화는 30초짜리 광고로 편집되어 새 게임을 출시할 때 사용되었다.

영국에서도 그러한 광고만으로는 소닉과 마리오 같은 기성 캐릭터들을 무너뜨리기에는 역부족이라는 판단이 섰다. 그래서 소니는 반디쿠트가 영국에서는 희귀종에 속하므로 각별한 관심이 필요하다는 생각을 전개하는 컨셉을 만들어냈다. 그들은 일차적으로 반디쿠트를 보호하려는 많은 활동을 전개했고, 실제로 "반디쿠트가 지나다니고 있음."이라고 쓰인 도로 표지판을 곳곳에 배치했다. 그리고 "반디쿠트는 크리스마스 때만이 아니라 언제나 소중합니다."라는 내용의 차량용 스티커를 제작했으며, 무선 통신으로 잉글랜드 북

난도스: "죽은 닭들입니다."

부 지역에서 야생 서식하는 소규모 반디쿠트 무리가 발견되었다는 식의 장난을 치기도 했다.

그뿐만이 아니다. 프랑스에서 플레이스테이션은 포뮬러원 레이싱 게임을 출시할 당시 타겟 소비자들이 보는 잡지에 비행기의 위생 봉투를 끼워뒀는데, 게임의 사실성이 워낙 뛰어나서 멀미를 느낄지 모른다는 것을 나타내려는 의도였다. 소니 플레이스테이션은 경쟁자들에 대한 우위를 확보하기 위해 종래의 광고나 홍보를 훨씬 뛰어넘는 아이디어를 전 세계에 걸쳐 체계적으로 활용했다. 마케팅 차원에서도 그러한 아이디어의 반복된 사용은 차별화의 원천으로서 유지하는 데 도움이 될 수 있다.

난도스Nando's는 페리페리 치킨을 주요 품목으로 하는 남아프리카의 패스트푸드 체인으로서, 상상력이 넘치는 아이디어를 통해 자신의 불손한 개성에 활력을 불어넣으며 리더 브랜드인 KFC를 바짝 추격하고 있다. 소비자들은 '죽은 닭들'(X-Fowls)이라는 황당한 글귀가 적힌 난도스의 배송 트럭과 황홀한 맛을 내기 위해 한 쌍의 교미하는 닭으로 치킨을 만든다고 밝히는 과장된 광고에 익숙해 있다. 사람들은 뒷범퍼에 깡통을 매달고 주요 도시들을 돌아다니는 배송 트럭들을 통해 마리네이드로 절인 치킨이 새로 출시된 것을 처음으로 알았다. 트럭 뒤편에는 "방금 마리네이드에 절였음."이라는 문구가 손글씨로 쓰여져 있었다.

이러한 점에서 볼 때 난도스의 성공은 일관성에서 나온다. 단 한 번만 하는 것은 재미는 있지만 그다지 의미가 없다. KFC를 구식으로 보이게 하고 난도스가 더 매력적이라고 느끼게 만드는 것은 일관되게 과장되고 활기찬 실행이며, 그것이 모멘텀을 유지시킨다.

우리가 이미 논의했던 두 브랜드는 반복된 혁신과 아이디어의 점증적 사용 간의 차이를 더욱 잘 보여준다. 그 중 하나인 새턴은 그다지 혁신적인 자동차는 아니다. 새턴은 매우 이성적이고 차분한 세단이다. 하지만 새턴의 초창기 성공은 대중의 상상력을 사로잡은 여러 가지 아이디어들에서 비롯되었다. 즉 디트로이트가 아닌 미국의 소도시에 공장을 세운 것, 가격 흥정을 없앤 것, 60초짜리 광고의 차분함을 이용한 것, 자동차 전시장에 반으로 절단된 자동차를 놓아둔 것(새턴 자동차의 단순한 미덕들을 드러내기 위해), 홈커밍 모임을 생각해낸 것 등은 정체성의 샘에서 나온 아이디어들이며, 자동차 시장의 주요 흐름과는 모든 면에서 반대라는 점에서 대중의 상상력을 사로잡았다.

두 번째 예는 테스코이다. 4장에서 살펴보았듯이 테스코는 업계의 리더 브랜드인 세인스버리가 선택한 영역에서는 그들을 능가할 수 없음을 깨달았다. 하지만 분명히 식품의 차원(신선함의 인식과 구색)에서 경쟁할 수 있어야 했지만, 테스코는 자신들이 싸워 이길 수 있는 또 다른 영역을 개척할 필요가 있었다. 그래서 식품 부문에서 한 걸음 물러나 식품을 둘러싼 전반적인 쇼핑 경험을 살펴보았을 때 반격의 단서를 찾았다. 테스코는 최상의 쇼핑 경험이라는 기반 위에서 스스로를 마케팅하면서, "아무리 작은 일이라도 도움이 된다." (Every little helps)라는 광고 문구를 만들었다. 그것은 거창하지는 않지만 현실적인 약속이었고, 소비자의 심금을 울릴 수 있는 약속이었다.

그러나 이 전략의 핵심은 단순히 '소비자 편'에 선 것처럼 보이는 것이 아니었다. 그것은 "누구보다도 우리가 당신을 더 잘 이해합니다."라는 말 외에는 아무것도 하지 않는 브랜드들의 공통된 피난처일 뿐이었다. 테스코의 전략은 소비자 편에 선 것처럼 보이려는 것이 아니라, 소비자들에 대한 이해를 행동으로 옮기는 최초의 소매업체가 되는 것이었다. 그 전략을 실천한 증거, 즉 실제로 총체적인 쇼핑 경험을 개선했음을 보여주는 예는 많다. 테스코는 먼저 자신들의 약속을 알리고, 그 다음엔 그것을 실천하였으며, 어느 것에서든 최초가 되려고 했다. 그러면서도 테스코는 늘 고객을 위한 자신들의 노력이 충분하지 않다고 생각했다.

아래는 테스코가 3년 동안 도입하고 촉진한 아이디어 사례들이며, 대개 이들 각각에 대해 구체적인 광고를 실시했다.

- 원 인 프론트(One in front): 줄서서 기다리는 고객이 두 명 이상이면 다른 계산대를 추가로 개방한다.
- 아기 기저귀 갈아주는 시설.

- 아기를 동반한 어머니를 위해 우유를 데워주는 서비스.
- 자녀를 동반한 고객에게 출구에서 가까운 주차 구역 배정.
- 계산대에서 물건 담아주기.
- 포인트 카드.
- 캘빈 클라인 속옷, 리바이스 청바지 등을 반값에 판매.
- 구매 전 시식: 조리 식품을 시식해본 후에 구매하는 방식.
- 정확한 계산 약속: 고객에게 내준 거스름돈이 틀렸을 때, 차액의 두 배를 돌려주는 제도.

이러한 사례는 모두 각기 나름대로 영국의 식료품 소비자들에게 새로운 아이디어였다. 그리고 이들 각각은 "아무리 작은 일라도 도움이 된다."라는 공통의 주제로 연결되었다.

테스코가 한 약속의 힘은 소비자에게 내놓은 아이디어의 다양성과 일관성에 있음을 알 수 있다. 숫자 3의 개념이 없는 아메리카의 토착 부족이 있는데, 그들은 수를 '하나, 둘, 여럿'으로 센다. 마찬가지로 수많은 약속들을 접하는 냉소적인 소비자들은 어떤 브랜드가 한 아이디어를 한 번 실천하는 것을 볼 경우, 그것을 단지 우연으로 여기는 경향이 있다. 그리고 그와 같은 실천을 두 번째 본 뒤에는 그 브랜드가 확실히 노력한다고 생각하지만 판단은 유보한다. 그리고 그것을 세 번째 보게 되면 더는 그 아이디어에 대해 왈가왈부하지 않게 된다. 그렇게 테스코는 새로운 아이디어를 연속해서 내놓고, 그 약속을 끊임없이 실천하는 모습을 보여줌으로써 고객들의 마음을 사로잡았다.

마켓 리더십의 차원에서는 공격적인 신규 점포 개발과 함께 새로운 마케팅 정책의 결과, 테스코는 세인스버리의 매장 면적당 매출을 따라잡았고, 처음으로 시장 점유율에서도 앞서게 되었다. 사고의 리더십 차원에서 테스코가 내놓은 연속적인 혁신 방안들은 점차 매체의 관심을 끌었다. 예를 들어 테스코가 가정 배달을 계획하기 시작했을 때, 영국의 일요판 신문들은 그 내용을 하나같이 경제면 머릿기사로 실었다.

'하나, 둘, 여럿'에 대한 예를 하나만 더 들어보자. 1998년 4월, 비가 내리는 어느 날 저녁에 나는 비행기를 타고 프랑크푸르트 공항에 내렸다. 로스앤젤레스에서 생활하며 4년 만의 유럽 방문이었기 때문에, 나는 독일의 수많은 새로운 회사들과 역동적인 브랜드들을 보며 무척 새로운 느낌을 받았다. 밤 11시경에 홀리데이인 호텔에 도착했다. 택시에서 내려 호텔 문을 밀고 들어서자, 호텔 접수 데스크 앞의 로비 한가운데에 오렌지색 메르세데스 SLK가 자리잡고 있었다. 누가 자동차를 그곳에 두었든지 간에, 내 주의를 끄는 것은 화려한 색상과 메르세데스 측면에 검정색으로 적힌 '식스트'Sixt라는 단어였다. 10분 뒤 객실에 들어가서 나는 주머니에 든 것들을 꺼내 침대 옆 탁자 위에 모두 올려놓았는데, 이때 또다시 그 단어를 발견했다. 착륙 전에 루프트한자 항공이 제공한 물 티슈의 포장에도 같은 단어가 적혀 있었던 것이다. 그래서 나는 그 단어를 기억하게 되었다.

다음날 나는 궁금증을 참지 못하고 독일인 동료에게 한번도 들어본 적이 없는 식스트라는 회사에 대해 물었다. 동료는 내게 좀더 많은 사실을 알려주었고, 그 회사가 포르쉐 911을 하루에 99마르크(약 55달러)에 빌려준다는 말도 덧붙였다. 나는 깜짝 놀랐다. 식스트라는 회사가 포르쉐를 겨우 55달러에 빌려주면서 어떻게 사업을 운영한다는 것일까? 동료는 꼭 그렇지는 않다고 설명했다. 식스트가

식스트: 관행을 뒤집어 주목을 끌다

싼 가격에 빌려주는 포르쉐는 단 한 대뿐이라는 것이었다. 하지만 식스트가 우리의 주목을 끈 것은 틀림없었다.

모든 일정을 마친 뒤 나는 택시를 타고 공항으로 향했다. 평소 공항에서 렌터카 회사의 광고를 발견하는 것은 흔한 일이며, 식스트의 리무진을 그곳에서 또 발견했다는 것은 그리 놀랄 만한 일도 아니었다. 하지만 나는 자동차의 위치에 기겁하고 말았다. 리무진은 약 15미터 높이의 공중에 매달린 채 아래로 향해 있었다. 텔레비전 광고나 인쇄 광고를 보진 않았지만, 나는 24시간 동안 식스트의 네 가지 아이디어를 모두 접한 셈이었다.

식스트가 깨뜨린 것은 표현의 관행(오렌지색 메르세데스), 매체의 관행(항공사에서 제공한 물 티슈, 15미터 공중에 매달린 자동차), 그리고 경험의 관행(적어도 원칙적으로는 나도 사용할 수 있을 만큼 저렴한 가격으로 포르쉐를 빌려줌)이었다. 이 네 가지 아이디어는 식스트 브랜드의 포지션과 사업에 임하는 태도를 매우 선명하게 정의하고 있었다. 식스트에 대해 나는 무척 깊은 인상을 받았다. 독일 렌터카 업계에 비록 마켓 리더는 아니지만 새로운 사고의 리더가 등장한 것이고, 당장은 아니더라도 몇 년 후에는 식스트가 도전자의 위치에 설 것임을 알 수 있었다. 더욱이 이러한 상호 작용 중 어느 것도 기술 혁신이나 광고와는 전혀 관련이 없었다.

그래서 리더 브랜드는 역사적으로 제품 개선을 통해 소비자의 합리적 욕구를 충족시키면서 신뢰를 유지해온 반면, 도전자의 목표는 실질적이고 지각된 모멘텀을 유지하는 것이다. 그리고 이는 표적 고객과의 관계를 강화하고 끊임없이 재자극하는 아이디어의 지속적 활용을 통해 이루어진다. 이러한 아이디어에는 표적 고객을 자극하고 놀라게 하며, 그들로 하여금 이미 친숙하고 편안하게 느껴지는 것들에서 벗어나게 만드는 힘이 있다. 그 아이디어들은 소비자의 감성적 욕망을 단순히 반영하기보다 그것을 예측하는 능력으로부터 나온다.

간단하지 않은가? 그것은 결국 맨 처음 도전자가 어떻게 성공에 이르게 되었는가와 아무런 차이가 없다. 하지만 많은 도전자들은 어느 정도 성공을 거둔 뒤에는 자기만족에 빠지거나 방어적으로 변하고, 엄청난 가속이 붙던 시기와 같은 속도로 관계를 계속 강화하지 못한다. 내가 말하고자 하는 것은 계속해서 좋은 아이디어를 가지는 것이 중요하다는 피상적인 주장이 아니다. 성공을 거둔 다음에는 휴식을 취하는 자연적인 경향이 있다 하더라도(클로드 보낭제는 그것을 '전사의 휴식'이라고 불렀다), 도전자라면 반드시 모멘텀을 유지해야 한다. (이는 자극적인 아이디어를 통해 소비자와의 관계를 신선하게 유지함으로써만 가능하다.) 여기서 실질적인 문제는 체계적으로 그러한 아이디어의 생산이 마케팅 활동의 일부가 되도록 만드는 것이다.

우리는 아이디어의 쇠퇴라는 개념을 제품의 쇠퇴에 비유해서 생각해볼 수 있다. 어떤 아이디어가 경쟁자의 모방에 의해 가치가 떨어졌거나 소비자가 지겨워하기 때문에 그들에게 더 이상 자극을 줄 수 없을 땐 그 아이디어는 쇠퇴할 수밖에 없다. 한 발 더 나아가서 우리는 어떤 아이디어를 다른 경쟁자가 모방하기 전에 재빨리 더 나은 아이디어로 대체함으로써 본래의 아이디어를 스스로 쇠퇴시킬 수도 있다. 결국 자신이 만든 제품과 스스로 경쟁하는 것은 주요 카테고리 리더가 자신의 우위를 지켜 나가는 방법이며, 이는 단지 소프트웨어 산업에만 국한되는 것은 아니다. 질레트는 자신이 만든 기존 제품을 계속해서 쇠퇴시키는 것을 목표로 삼은 기업이다. 액셀은 센서로 대체되었고, 센서는 센서 2에 길을 양보했다.

여기에서 흥미로운 점을 발견할 수 있다. 질레트는 매번 새로운 면도기 세대를 시장에 진입시킬 때면, 뒤를 이을 후계자에 대한 연구에 이미 착수한 상태라는 점이다. 질레트의 회장은 "면도용품 업계에서 우리가 주요 신제품을 내놓을 때면 항상 그 뒤를 이을 제품 개발에 착수해 있다."고 말하면서 "시장을 선도해야 한다."고 강조했다.[1]

아이디어도 마찬가지다. 도전자는 어떤 아이디어를 내놓은 뒤 다른 경쟁자보다 앞서서 그 아이디어를 다른 새 아이디어로 대체해야 한다. 아이디어와 모멘텀의 공생 관계에 대한 증거는 〈인디펜던트〉의 초대 편집자 안드레아스 스미스의 회고록에 나오는 정곡을 찌르는 증언에서 찾아볼 수 있다. 〈인디펜던트〉는 〈가디언〉, 〈타임스〉와 맞서기 위해 1986년 10월 7일에 창간된 영국의 주요 신문이다.

내 업무의 핵심은 매주 월요일 우리가 무엇을 해야 하는지에 대한 10~15개의 아이디어를 가지고 편집 회의에 참석하는 것이었다. 편집 회의는 여러 아이디어들 중에서 좋지 않은 것을 빼버리고 좋은 것들을 남기는 작업이었다. 하지만 나는 그것에 대해 어떤 긍지도 느끼지 못했다.

수 년 동안 그 시스템은 잘 굴러갔지만, 임기를 마칠 즈음이 되자 아이디어의 샘이 마르기 시작했다. 회의 때 내놓는 아이디어 수가 줄어들고, 5~10가지 정도밖에는 떠오르지 않았다. 그러다가 5개도 어려워지기 시작했다. 나는 무척 걱정이 되었다.[2]

〈인디펜던트〉는 창간 후 처음 몇 년 동안 놀라운 성공을 거두었다. 영국에서 새로운 신문이 성공을 거둔 예는 수십 년 동안 찾기 어려웠는데, 〈인디펜던트〉는 어느 새 발행 부수에서 〈타임스〉와 맞먹을 정도가 되었다. 하지만 스미스가 회사를 떠난 즈음부터 아이디어가 줄기 시작하면서 〈타임스〉와는 다시 상당한 격차로 뒤떨어지게 되었다. 이후 〈인디펜던트〉는 시장에서의 재도약에 실패하고 소유주도 바뀌고 말았다. 이것은 아이디어가 풍부한 문화와 성장의 공생 관계를 보여주는 전형적인 예라고 할 수 있다.

■ 모멘텀 유지하기 2:
정체성/경험에 접근하는 다른 방식의 제공

우리는 도전자가 모멘텀을 유지하는(그래서 성공에 이르는) 조건이 아이디어라는 것을 살펴보았다. 어떤 도전자들은 오늘날의 새턴처럼 강력한 출발 뒤에 아이디어의 고갈을 겪거나, 1980년대 후반의 애플처럼 정상에 도달해 미끄럼을 타기도 한다. 테스코처럼 관계를 새롭게 하는 아이디어를 지속적으로 내놓는 도전자들은 계속해서 성장한다.

그렇지만 도전자가 성장하면서 직면하는 또 다른 종류의 도전이 있다. 그것은 소비자에게 있어 브랜드의 의미가 변화하는 것이다. 리더 브랜드는 소비자에게 소속감과 더 큰 공동체의 일부라는 느낌을 주는 데 반해, 도전자가 제공하는 것은 개인화(individualization) 혹은 앞서가는 어떤 것의 일부가 되게 하는 것이다. 그래서 도전자는 처음 출발 당시의 속도와 모멘텀을 유지하기가 어려운데, 그것은 소비자가 싫증을 내기 때문만이 아니라 브랜드가 소비자를 개인화하고 소비자에 관한 커뮤니케이션 수단이 되는 능력을 상실하기 때문이다. 브랜드의 의미가 근본적으로 변하기 시작하는 것이다. 다른 모든 사람들이 똑같이 사용하고 있다면, 어떻게 그것이 개별 소비자에게 가치가 있다고 말할 수 있겠는가?

그러므로 성공적인 도전자는 중반에 기로에 서게 된다. 핵심 지지층을 유지하기 위해 본래의 성공 공식을 계속 유지할 것인가, 아니면 성장을 지속하기 위해 자신의 호소력의 본질을 바꿀 것인가?

방안 1: 피터팬 전략

어떤 도전자들은 피터팬이 되려고 하며, 성장 없이 처음에 통했던 방식을 유지하면서 성공을 지속한다. 퀵실버Quiksilver는 브랜드의 진품성을 유지할 필요성에 대해 말한다. 그들 말대로 하면, 그들의 옷은 '바다에서'(in the water) 입어야 한다. 파도타기 애호가들은 그들의 옷이 시카고 매장에서 아이들에게 판매되는 것을 안다면, 더 이상 입으려 하지 않을 것이다. 오클리는 '발견할 수 있게' (discoverable) 할 필요성, 즉 유통망의 제한을 이야기한다.

두 브랜드 모두 장수를 위해 자연스럽게 매출과 실제적 모멘텀에 상한선을 두고 있다.

방안 2: 재창조 전략

마돈나에 대해 생각해보자. 마돈나는 대중 문화의 아이콘으로서 동시대의 많은 이들보다 더 오래 살아남았다. 그것은 그녀의 음악적 재능과 취향에 대한 소비자의 변함없는 관심 때문이 아니라, 끊임없이 자신과 스타로서의 마돈나와 음악가로서의 마돈나에 대한 접근점을 재창조해 왔기 때문이다. 처녀, 물질적 여성, 금발의 야망, 성적 대상, 에비타, 어머니 등 끊임없이 새로운 얼굴과 자신의 브랜드에 대한 새로운 접근점을 대중에게 제시하고 있다. 각각의 얼굴들은 다르지만 동일하다. 즉 그것은 자신의 개성과 감성을 갖고 있지만, 각각에 있어 그것은 여전히 우리를 초대하는 '마돈나의 게임' 이다 (도전자 마돈나와는 정반대로 문화적 기성 브랜드인 마사 스튜어트는 언제나 변함없는 모습만 보여준다).

우리의 도전자 가운데 서크드솔레도 그들의 모멘텀을 유지하기 위해 동일한 전략을 추구하고 있다. 그들의 순회 공연은 매번 새로운 작품들로 재창조되고, 같은 도시에서 같은 청중들을 대상으로 같은 쇼를 보여주는 경우는 절대로 없다. 브랜드 각각의 새로운 모습은 색다른 상품명(살탱방코, 알제리아 등), 색다른 주제, 색다른 분위기, 연극, 서커스, 춤의 색다른 혼합을 제공한다. 즉 고유의 정체성

마돈나: 천의 얼굴을 가진 여인

을 경험하는 새로운 방식을 제공한다. 그들은 같은 자리에 머물기 위해서 변화하는 것이다.

이러한 재창조 방안은 무형의 컨텐츠를 취급하는 엔터테인먼트 브랜드에게는 비교적 쉽다. 보다 전통적인 업종들은 셋째 방안, 즉 대량 맞춤에 의존하는 경향이 있다.

사인펠드: 모두가 좋아하지만 그 이유는 제각각이다

방안 3: 대량 맞춤 전략

피터팬 전략을 피하고 그 대신 리더 브랜드로 성장하려고 하는 도전자들은 다음과 같은 까다로운 질문에 우선 답해야 한다. 정체성의 브랜드에서 소속감의 브랜드로 어떻게 신속히 전환할 것인가. 다시 말해 리더 브랜드의 역할을 어떻게 모방할 것인가? 그리고 덩치를 키우면서 어떻게 배타적으로 남아 있을 것인가?

위 두 질문에 대한 해답은 대량 맞춤 혹은 '개인화된 소속감' (individualized belonging)에서 찾을 수 있다. 우리가 대중 엔터테인먼트 분야에 있다면, 아마도 우리의 모델은 시트콤 〈사인펠드〉일 것이다. 사람들은 〈사인펠드〉를 모두 좋아하기 때문에 이 브랜드의 소비자 모두는 공통된 어떤 것을 가지고 있다고 할 수 있다. 하지만 이

쇼는 성격이 아주 다른 네 명의 등장 인물과 그들 간에 균등하게 배분된 스토리 라인으로 짜여져 있다. 그래서 〈사인펠드〉를 브랜드를 소비하는 네 명의 서로 다른 사람들에게 가장 좋아하는 TV 프로그램을 말해보라고 한다면, 그들은 〈사인펠드〉를 꼽겠지만 그들이 좋아하는 인물은 모두 다른 인물들이고, 또 가장 마음에 들었던 이야기도 그들이 좋아하는 인물이 등장하는 장면일 것이다. 바꿔 말하면 〈사인펠드〉의 소비자들은 쇼에 대해 모두 다같이 열광하면서도, 제각각 〈사인펠드〉의 어떤 '개인화된 부분'을 소유할 수 있는 것이다. 즉 사람들이 〈사인펠드〉에 대해 소속감을 느끼는데, 그것은 개인화된 소속감이다.

이것이 대중적 인기를 유지하는 도전자의 방법과 리더 브랜드 방법 간의 가장 큰 차이일 것이다. 즉 모든 사람들은 동일한 이유로 리더 브랜드를 구매하지만, 대중 시장의 도전자는 여러 가지 다양한 측면에서 브랜드에 접근할 수 있게 함으로써 성공한다.

대중 문화의 차원에서 이것은 텔레비전 프로그램에만 국한되는 것은 아니다. 스파이스 걸스Spice Girls는 음악에서 이것을 시도한 한 예이다. 스파이스 걸스의 다섯 여가수(스캐어리, 진저, 베이비, 스포티, 포시)는 단일한 메시지('여성의 힘')를 전달하며, 차별화된 특성으로 아홉 살짜리 여자아이부터 여든 살의 노파, 축구를 좋아하는 스무 살의 청년까지 끌어들인다. 사람들은 누구나 스파이스 걸스의 팬이 될 수 있지만, 스파이스 걸스에 접근하는 방식은 제각각 다를 수 있다.

브랜드 차원에서는 스타벅스에서 그와 비슷하게 작동되는 어떤 것을 발견할 수 있다. 스타벅스는 처음에는 소비자에게 '발견하는 기쁨'을 주었다. 하지만 하워드 슐츠가 점포망을 확장한 이후 그 발견의 기쁨은 줄어들었는데, 그래도 스타벅스를 찾는 소비자들은 스타벅스에 대해서가 아닌 '자신만의 스타벅스'에 대해 이야기하기 시작했다. 즉 그들은 자신의 입맛에 맞는 커피, 자신이 즐겨 찾는 점포('나는 주로 맨해튼 해변로와 하이랜드 모퉁이에 있는 스타벅스를 찾는다'는 식으로)에 대해 이야기하게 되었다. 즉 모든 이들이 개인적이지만 소속감을 느끼는 것이다.

한편, 재창조 전략과 대량 맞춤 전략은 도전자 브랜드를 위한 성장의 원천을 제공하는 데 있어 어떤 장점을 가지고 있지만, 어느 것도 그 자체만으로는 충분하지 않다. 재창조 전략은 관계를 지속적으로 새롭게 해야 하는데, 브랜드 전체를 2~3년마다 재창조하는 것은 패션 분야가 아니라면 제대로 실천하기 어렵고 바람직하지도 않다. 반면에 대량 맞춤 전략은 대중적 호소를 위한 기반을 제공하지만, 일단 성공을 달성하면 그것을 지탱하는 수단이 없다.

도전자의 모멘텀을 유지하는 가장 강력한 해결책은 이 두 전략을 섞는 것이다. 우리는 그것을 라인 리뉴얼(Line Renewal) 전략이라고 부르겠다.

방안 4: 라인 리뉴얼 전략

다양한 접근점을 갖추지 않고 시작한 일부 브랜드들은 성장해 가면서 그것들을 만든다. 어떤 면에서 그것은 앱솔루트처럼 무척 단순할 수 있다. 앱솔루트는 여러 가지 맛의 제품들을 출시했는데, 그것들의 미묘한 차이는 개별적인 광고(예를 들어 앱솔루트 큐란의 여성 속옷 광고, 혹은 앱솔루트 페퍼의 그을은 종이 광고)에 반영되어 있다. 반

면 다른 도전자들은 훨씬 더 명시적으로 브랜드에 대한 다양한 접근
점을 추구해 왔는데, 그 각각은 분명하게 정의된 호소력과 개성을
갖고 있었다.

탱고Tango의 예를 살펴보자. 탱고는 오렌지 탱고 캠페인의 개발
에서 창조적 혁신을 이루어내는 한편, 다양한 맛을 통한 브랜드에
대한 폭넓은 접근점을 개발함으로써 개념적으로도 혁신을 이루어
냈다. 각각의 접근점들은 단순히 다양한 맛으로서만이 아니라, 그
맛이 불러일으키는 서로 다른 환기를 통해 독특하고 잘 개발된 개성
으로서 제공되었다.

오렌지는 향기로운 맛을 제공하고, 사과는 섹스와 유혹을, 까막까
치밥나무는 열정과 호전성을, 그리고 레몬은 또 다른 개성을 제공한
다. 만약 탱고가 오렌지만을 계속 고집했다면 아마도 그들의 광고와
브랜드는 지금쯤 시들해졌을 것이다. 하지만 각각의 라인 확장을 브
랜드의 분신으로 만듦으로써 탱고는 브랜드와 소비자의 관계를 다
차원적이고 신선하게 유지할 수 있었다.

이처럼 그것들은 단순히 제품 개선 또는 라인 확장이 아니라 거의
새로운 경험이었다. 그리고 이러한 접근점들을 창출하면서, 탱고는
그것들을 이용해 처음에 자신을 세간의 화제가 되게 만들었던 '비
예측성의 느낌'을 유지했다.

우리는 이것을 라인 확장보다는 라인 리뉴얼로 부를 수 있을 것이
다. 라인 확장은 다른 형태의 제품을 내놓음으로써 소비자와 동일한
관계를 맺으려 하지만, 라인 리뉴얼은 '동일하지만 다른' 제품을 제
공해 관계를 새롭게 하려고 한다. 탱고의 경우, 만일 소비자가 본래
의 맛 이외의 다른 것에 관심이 없다면, 새로운 맛들은 처음 소비자
가 그것을 접했을 때만큼이나 브랜드가 계속해서 놀랍고 불손하리

라는 것을 안심시키는 역할을 한다. 하지만 다양한 맛에 관심이 있는 사람들에게 있어, 이 브랜드는 좀더 발전하고 개별화할 수 있는 능력을 제공한다. 그렇게 함으로써 탱고는 재창조와 대량 맞춤의 결합을 보여준다.

라스베가스는 또 다른 예일 수 있다. 라스베가스 도시 전체에 대한 관심을 다시 불러일으킨 것은 새로운 테마 호텔들이었다. 그들은 세계 최대의 도시(뉴욕)에 이어 유럽의 가장 낭만적인 도시(파리)를 사막 한가운데에 축소해 옮겨 놓았다. 그리고 지금도 이탈리아의 호숫가 마을을 건설하는 일이 한창이다(물이 아주 부족한 곳에서 벨라지오를 만들고 있다). 이러한 각각의 테마 호텔들은 새롭고 다채로운 경험을 제공하면서, 그 자체로도 많은 수익을 올릴 뿐만 아니라, 전체로서 도시와 소비자의 관계를 위한 새로운 접근점을 제공한다. 환상적인 유흥의 목적지로서 라스베가스의 정체성은 동일하지만, 소비자는 그러한 브랜드 경험에 접근하는 환상을 선택하고 개별화할 수 있다.

라스베가스를 찾은 두 쌍의 부부가 있다고 가정하자. 한 쌍은 카이사르의 궁전을, 다른 한 쌍은 파리 호텔을 좋아하지만, 두 쌍 모두 거기서 얼마나 도박을 즐길지에 대해 이야기한다. 그리고 다음에 다시 왔을 때, 한 쌍은 또다시 카이사르 궁전에, 다른 한 쌍은 새로 문을 연 벨라지오 호텔에 묵을 것이다. 즉 한 쌍은 같은 곳에서 머무르기를 좋아하고, 다른 한 쌍은 새로운 경험을 좋아한다(브랜드에 대한 새로운 접근점의 부가적인 가치는 여러 가지 중에서 가장 선호하는 것을 고를 수 있게 하는 것이다. 라스베가스가 환상적 경험에 접근하는 새롭고 다양한 방식을 계속적으로 창출하는 것은 어떤 의미에서는 그것을 발견하는 즐거움을 주라는 오클리의 철학과 유사하다. 다만 오클리는 유통의 요소로서 그것에 관해 말하고 있을 뿐이다).

따라서 라인 리뉴얼 방식은 도전자가 계속해서 모멘텀을 유지하도록 하는 가장 흥미로운 잠재력을 제공한다. 요약해보면, 라인 리뉴얼 전략에는 다음 네 가지 요소가 있다.

1. 단순한 커뮤니케이션보다는 아이디어를 지속적으로 활용한다.
2. 그와 같은 아이디어의 신선한 출발 토대를 제공하면서, 동시에 차별화된 접근점을 제공하는 브랜드의 새로운 면이나 구체적 대상을 만든다.
3. 이러한 각각의 새로운 접근점들에서 브랜드의 정체성에 관한 신선한 사고 방식을 이끌어낸다.
4. 그리고 이것을 체계적이고 일관되게 실행에 옮긴다.

성장과 정체성

그렇다면 우리의 핵심 정체성을 변화시키지 않으면서 라인 리뉴얼 전략을 실행하는 방법은 무엇일까? 우리는 할리데이비슨의 끔찍한 사례를 떠올리지 않을 수 없다. 한때 할리데이비슨은 시대를 따라 움직이려 했고 자신이 정말로 누구였는지를 잃어버린 브랜드가 되고 말았다.

앞서 우리가 논의한 두 브랜드의 핵심 정체성은 변하지 않았다. 탱고는 핵심에 있어 여전히 놀랍고 불손하다. 탱고의 과일들은 사람들의 감정이나 기분을 자극해 변화된 감정의 세계로 데려간다. 즉 사람들로 하여금 외국인 혐오(까막까치밥나무)에서 종교적 광신(레몬), 폭발 직전 노부인과 방귀 뀌기(오렌지)에 이르기까지 사회적 금기들을 꺼리낌없이 이야기하게 만든다. 라스베가스 역시 지속적으로 다양한 종류의 변화된 모습을 제공한다. 그것은 글래머의 환상을 제공하고, 그 환상들에 둘러싸여 평생을 살 수 있는 능력을 지닌 부자가 되는 환상을 제공한다.

라인 리뉴얼 전략은 강력하게 정의된 핵심 정체성이 없으면 제대로 작동하지 않는다. 속이 텅 빈 브랜드의 라인 리뉴얼은 단순히 제품과 브랜드의 발산에 그칠 뿐이다(그러한 브랜드의 발산은 팀버랜드와 폴로 셔츠처럼 어떤 브랜드가 자신의 존재 이유가 없는 영역에 침범할 때에도 일어난다).

■ 연금술

기성 브랜드와 기성의 사고를 가진 기업들은 도전자를 폄하하는데 열성이다. 그들은 장기적으로 보라고 말한다. 도전자 사례가 단기적 성장의 흥미로운 모델일지 몰라도, 종종 지속적이고 장기적인 성장 측면에서는 형편 없는 사례라고 지적한다. 물론 그런 말들이 틀리지는 않다. 도전자가 처음의 약속 후에 비틀거리거나 활력을 잃거나, 정체에 빠지는 수도 있다. 처음의 약속 때문에 집중적인 조명을 받아 오히려 약점이 더 잘 부각되는 수도 있다.

나는 이에 대해 두 가지 답변을 주고자 한다. 첫째, 도전자가 지속적으로 성장을 유지하지 못하는 데 대한 비난은 전혀 문제가 아니다. 모든 브랜드가 흥하고 망하기 때문이다. 도전자가 직면하는 실패는 그들이 쇠퇴하기 시작할 때 스스로를 재창조하지 못하는 것이다. 다시 말해, 같은 자리에 머물기 위해서는 변화해야 한다는 사실을 이해하지 못하는 것이다.

둘째, 우리가 모든 면에서 도전자를 완벽한 모범으로 떠받들지는 않는다는 점이다. 도전자가 시장에서 급속한 성장을 구축하는 데 성공을 거두는 것에서 교훈을 얻기는 하지만, 그렇다고 해서 우리가 그 후에 있을 수 있는 도전자의 기복마저 무조건 따라야 하는 것은 아니다. 그리고 우리는 항상 장기적인 시각으로만 바라볼 수는 없다. 물론, 일부 도전자들은 장기적인 성공을 보장하기 위해 조치를 취해두는 경우도 있지만 말이다.

그리고 8번째 원칙을 논의하면서, 우리는 가장 불확실하고 투기적인 지대 위에 서 있다. 이것은 극히 어렵고 야심에 찬 영역이다. 즉 우리는 연금술사의 돌, 혹은 영생의 비법에 맞먹는 마케팅 방법을 찾고 있는 것이다. 하지만 우리가 모험을 감행할 준비가 되었다면, 모멘텀의 유지는 앞에서 제시한 마케팅 태도, 전략, 행동의 준수뿐만 아니라 근본적인 문화적 변화를 요구한다는 사실을 알 수 있을 것이다. 도전자가 소비자의 상상력을 사로잡는 아이디어를 계속해서 창출하는 것이 중요하다고 말하는 것과 실제로 그것을 실행하는 것은 별개의 문제이다. 아이디어는 즉석 파이처럼 필요한 시간에 맞춰 틀림없이 제공되는 것이 아니다. 아이디어는 불규칙하고, 필요할 때 떠오르는 일이 드물며, 심지어 아이디어가 떠오르더라도 쉽게 무시되거나 사라져버리기 일쑤다.

그러므로 우리는 브랜드 지원과 조직 구성에 대한 우리의 전반적인 사고 방식을 재고해볼 필요가 있다. 다시 말해, 우리는 소비자 중심의 문화에서 아이디어 중심의 문화로 옮겨가야 한다.

10

도전자 문화의
구축

불안정하게 비행하기

"위계의 한 형태가 여기 존재한다. 하지만
그것을 쉽게 찾을 수는 없을 것이다."

— 윌버트 다스

군용기 설계와 제작에서 F16 전투기의 탄생은 혁명과도 같은 일대 사건이었다. 당시까지 모든 전투기는 안정되게 비행하도록 제작되었다. 말하자면 전투기 조종사가 어떤 이유로 조종간을 놓치더라도 비행기가 계속해서 안정되게 날 수 있도록 제작했다는 것이다. 하지만 비행기 제작 기술자들은 안정된 항로의 유지에 의해서가 아니라 전투기의 기동 능력에 의해 방어와 공격이 극대화된다는 점을 깨달았다. 기동 능력이란 경로에서 가능한 한 재빨리 벗어나 다른 경로로 끼어드는 것을 말한다. 그래서 비행의 안정성을 강화하는 기체 설계 방식은 그러한 기동 능력을 높이는 데는 걸림돌이 되었다.

혁신은 비행기의 기체를 본질적으로 불안정하게 설계하는 것이었다. 즉 전투기 기수에 있는 컴퓨터 장치가 조종사의 통제하에 보정되지 않으면, 전투기 날개와 수평 안정판이 저절로 본래의 항로를 이탈하게 하는 것이었다. 그로 인해 전투기는 안정적으로 날 필요가 있을 때는 그렇게 비행하지만 그것의 내재적인 불안정성은 지상의 어떤 비행기보다도 빠르게 적의 후방으로 이동하거나 적의 공격 경로에서 벗어날 수 있게 한다. 사실상 F16 전투기의 가장 큰 위험은 컴퓨터에 총알을 맞는 것이며, 이때 기체는 통제 불능의 상태로 회전하며 곤두박질치게 된다.

우리가 불안정하게 요동치는 미래의 시장을 향해 나아가면서, 한 조직과 다른 조직의 가장 중요하고 인상적인 차이는 그것이 얼마나 안정하게 혹은 불안정하게 비행하는지 정도라고 말하고 싶다. 우리가 살펴보는 대부분의 조직들은 초창기의 폭격기나 전투기처럼 안정된 비행을 한다. 그들의 기체에는 면밀한 절차들, 평가 위원회, 숙련된 기술자들, 전수받은 지혜 등을 통해 내재적인 안정성이 구축된다. 이 모든 것들은 그들이 항상 다니던 경로를 늘 똑같이 비행하게 끔 한다. 그들은 직원을 채용할 때에도 그들 자신의 이미지를 가진 사람을 뽑는다. 물론 그들은 그 이미지가 본질적으로 좋은 것이라고 믿고 있다. 그러한 안정성은 꾸준한 발전을 가능하게 하지만, 한편 으로는 활발하게 변화하는 영역에서는 회사의 반응과 적응 속도를 느리게 한다.

이와는 다르게, 도전자 조직은 아이디어를 더 신속하게 내놓고 보 완하며 반응해야 하기 때문에 불안한 비행을 하도록 만들어지곤 한 다. 그들은 소규모 인원으로 조직을 꾸리고, 서로 덜 감시하며, 일을 진행해 가는 도중에 절차를 보완하고, 힘 빠지는 시장 조사에 오래 매달리지도 않고 정보에 입각한 본능에 더욱 많이 의지한다. 그들은 다양한 분야에 소질이 있으며, 팀플레이어로서의 자질뿐 아니라 재 능과 태도에 의해 선발된다. 따라서 대화를 하거나 회의를 할 때도 열정을 뿜어내며 서로 마찰을 일으키거나 감정적이 되기도 한다.

물론, 기수에 부착된 컴퓨터의 통제에 많은 부분 의존하는 것이 사실이다. 단순히 빠르기만 하고 무작위로 움직이는 불안한 비행이 아니라, 월등한 기동성을 확보하는 것은 바로 그러한 컴퓨터 덕분이 다. 도전자 조직의 경우, 컴퓨터에 해당하는 것은 많으면 다섯 명, 이상적으로는 두세 명으로 이루어진 소규모 집단이다. 이들은 각각 의 조직 내부에서 일어나는 모든 일들과 밀접한 관련을 맺는다. 아 이디어는 모두 이들을 거치고, 의사 결정 역시 이들의 몫이다. 조직 내에서 이들을 모르는 사람은 없으며, 이들은 조직의 모든 인원들과 밀접한 쌍방향 커뮤니케이션을 한다.

이 기민하고 유능한 소규모 집단은 많은 미국 기업들의 출발점이 었던 차고의 유산과 관련이 깊다. 헨리 포드는 이웃집 창고를, 휴렛과 팩커드는 팔로알토에 있는 차고를 썼다. 잡스와 워즈니악은 함께 일했고, 모시모와 웨스트코스트 패션 브랜드도 마찬가지다. 즉 두 사람이 아이디어와 공간을 공유하면서 성공이나 실패를 모두 책임지는 식이다. 차고는 재량의 공간으로서 어떤 제약이나 서열이 없다. 차고에서는 마음을 고쳐먹거나 아이디어를 바꾼다든지, 주장을 하고 고함을 지를 수 있다. 정말로 중요한 것은 다른 사람의 감정이 아니라 차고를 벗어날 수 있는 아이디어인지 아닌지 여부다. 차고는 정장을 입은 사람들로 가득 찰 일이 없고, 개인적이고 직업적으로 서로 잘 아는 사람들이 공유하는 장소다. 차고에서는 오로지 성공이면 충분하고, 모두가 함께 책임을 진다. 빈둥거리면 성공할 수 없다. 차고는 아이디어를 떠올리고 그 아이디어를 가능한 한 끝까지 밀고 나가서 최종 결정을 내리는 곳이다. 야망은 크고 시간은 제한되어 있기 때문이다. 요컨대, 차고는 그들이 종종 성취하게 될 거대 기업의 문화와는 완전히 상반된 요소를 지닌 곳이다.

이 장에서 이제 우리는 도전자 문화를 형성하는 또 다른 기본 요소들을 살펴볼 것이다. 모든 것의 근저에는 세심한 의사 결정자에 의해 관리되는 불안정성의 구축에 관한 이러한 인식이 깔려 있다.

■ 문화를 브리프(brief)에 맞추기

불안정하게 비행하는 것은 도전자가 자신의 조직을 유연하고 혁신적이 되도록 구조화하는 방법이다. 이때 도전자 조직의 문화는 자신이 비행하고자 하는 방향에서 전체적으로 정의되어야 한다. 즉 아이디어 중심의 성장이라는 과제에 적합한 용어와 방식을 통해 새로운 의제 설정이 이루어져야 한다.

게리 거시Gary Gersh가 캐피톨 레코드에 혁명을 일으키러 갔을 때, 그는 조직의 사고 방식이 1960년대에 선셋 거리 근방에 위치한 기념비적인 캐피톨 타워에서 비틀즈, 시나트라, 비치 보이즈의 음반을 제작했던 역사적인 회사와 별반 다른 게 없음을 알아차렸다. 소닉 유스와 너바나밴드를 메이저 음반사(게펜)와 계약시켜 그런지 록 분야를 개척한 업계의 신동인 거시는 이제 캐피톨 레코드를 조금 뒤흔들어 놓아야 한다는 사실을 깨달았다. 캐피톨은 상당한 음악가들을 보유하고 있었지만 거대한 예술가 무리를 지나치게 많이 끌어들였고, 실제로 그들 중 많은 이들은 엠씨 해머처럼 최전성기를 조금씩 지난 이들이었다. 그래서 거시가 제일 먼저 한 일 중 하나는 힙합 부서를 설립하는 것이었다. 그 일을 성사시키기 위해 그는 관행적인 규칙들을 무시하기로 했고, 부서 내에서 마케팅 업무 담당자에게 부서명과 직책명, 그리고 업무 기능도 스스로 정하라고 요구했다.

일주일 후 그는 일의 진척 상황을 확인하기 위해 들렀다. 그들은 거시에게 부서 이름을 '과일 진열대'(Fruit Stand)로 정하기로 했다고 말했다. 그들의 음악이 거리에서 울려 퍼질 것이고 다채로운 색상과 신선함으로 가득할 것이라는 것이 그 이유였다. 그럼 자네들 자신은 뭐라고 부를 예정인가? 거시가 물었다. 마케팅 디렉터는 잠시 생각하더니, 자신들이 모든 세부적 사항들을 정하지는 못했지만 자신은 "즐거움을 파는 디렉터"로 할 것이라고 대답했다.

이러한 비관행적 접근은 그룹의 마케팅 사고로 퍼져 나갔다. 예를 들어 새로운 밴드를 띄우는 방법으로 그들은 밴드의 곡을 값싼 테이프에 녹음해 파티가 열리는 장소들에 뿌렸다. 그 음악 테이프가 불법적으로 유통되는 해적판처럼 보이도록 만든 것이다. 이처럼 그들

얀 칼슨: 목표 달성을 위해 담당자에게 전권을 부여하다

은 실제 앨범을 출시하기 전에 여론을 주도하는 핵심 집단에게 자신들의 음악가를 먼저 알리는 방법을 썼다. 거시가 장려한 문화의 독창성은 결과의 독창성으로 고스란히 나타났다.

　새로운 종류의 업무를 완수하기 위해서는 이처럼 새로운 직책과 문화를 창출할 필요가 있다. 하지만 이러한 인식에는 비관행적인 조직 구조와 업무 위임이 동반되어야 한다. 1981년 SAS(스칸디나비아항공)를 회생시키려는 얀 칼슨Jan Carlzon 사장의 초기 야망에 있어 가장 중심적인 것은 항공사의 기본적인 업무 수행 개선이었다. 그것 없이는 어떠한 서비스 개선도 의미가 없었다. 그는 자신의 항공사에 단지 시간을 더 잘 지키는 항공사가 아니라, 일 년 내에 유럽에서 시간을 가장 잘 지키는 항공사가 되어야 하는 과제를 부여했다. 그는 격려 연설이나 변화 컨설턴트를 고용하기보다 조직 내에서 한 사람을 골라 그에게 목표 달성에 대한 절대적인 책임을 맡겼다. 절대적인 권한을 준 것 외에는 따로 예산을 늘려주지도 않았다. SAS는 4개월 만에 목표를 달성했다.

도전자 기업에서 문화적 방향의 변경은 기준점을 바꾸거나 과제의 표현 방식에 변화를 줌으로써 더 효과적으로 이루어질 수 있다. 예를 들어 초창기의 폭스에서 배리 딜러Barry Diller는 내부적으로 새로운 방송이라는 말을 쓰지 못하게 했다. 대신에 항상 '아이디어' 라는 말을 썼다. 성장기에 있던 마이크로소프트의 직원들은 "다음 마케팅 과제를 파악하자." 라는 말을 쓰지 않았다. 그들은 "다음 지하드(성전)는 어디에서 일어나지?" 라고 물었다. 이 두 표현에서 단어의 차이는 무엇을 의미하는가? 하나는 업무에 대한 합리적 진술인 반면, 다른 하나는 자신들의 가까운 미래를 성전으로 정의한 것이다. 두 가지 사고 방식 가운데 어느 쪽이 사업에 더 큰 영향을 미칠 거라고 생각하는가? 어느 쪽이 더 큰 열정과 헌신을 갖고 있을까? 어느 것이 소비자에게 더 큰 영향을 미치게 될까?

다른 예로서 스티브 잡스가 존 스컬리를 끌어들이기 위해 한 유명한 말을 생각해보자. "당신은 평생 설탕물만 팔면서 남은 인생을 보내고 싶소, 아니면 세상을 바꾸고 싶소?" 이것을 미국의 대형 항공사에서 승무 책임자가 비행 전 브리핑의 마지막에 20여 명의 승무원들에게 하는 말과 비교해보라. "승객들에게 자주 물 주는 것을 잊지 마세요." 기성 브랜드는 그 사소한 업무 특성 때문에 소홀해질 수도 있는 비인격적 업무로서 가장 중요한 고객 서비스(승객들에게 음료와 먹을거리를 제공하는 것)에 대해 언급하고 있지만, 도전자 CEO는 자신의 회사에서 함께 일하자는 제안을 하면서 그것을 역사의 진로를 바꿀 중대한 일로 표현했다.

아주 간단한 업무 수행의 변화도 기업 문화를 변화시키는 역할을
할 수 있다. 마룻바닥재인 페르고 브랜드를 갖고 있는 스웨덴의 화
학 회사 퍼스토프Perstorp의 한 고위 관리자는 모든 이메일에 대해 2
시간 이내에 답신을 하라는 규칙을 세웠다. 이는 어떤 회의도 2시간
을 넘지 않아야 한다는 것을 의미한다. 이메일을 통해 들어온 새로
운 아이디어나 질문들을 신속하게 체크하고 응답해야 하기 때문이
다. 이 관리자의 부하 직원들은 그가 아이디어, 의사 소통, 혹은 속
도에 부여하는 중요성에 대해 추호도 의심하지 않는다. 그리고 그것
이 요구하는 전부는 하나의 단순한 규칙이다.

■ 문화가 행동에 선행한다

도전자를 위한 방향을 제시하는 이러한 요소들의 목표는 도전자
조직이 단순히 학습된 행동의 결과가 아니라 살아 있는 문화를 갖게
하는 것이다. 행동은 훈련에 의존하고 시간이 지나면서 시들해지지
만, 문화는 자기 스스로 전파되고 신선함을 유지하는 새로운 방법을
찾는다. 대부분의 문화적 변화 모델들에는 일정한 순서가 있다. 즉
그것은 활동(action), 행동(behavior), 문화(culture)의 순으로 이어
진다. 직원에게 특정한 활동을 수행하게 함으로써 변화 프로그램이
시작되고, 이러한 활동이 반복되면 행동이 되며, 공유된 행동은 장
차 문화가 된다. 그렇지만 도전자 기업에서 흥미로운 점은 많은 경
우 그들이 문화를 먼저 창출하고, 그 다음 행동을 가르친다는 사실
이다. 말하자면 그들은 가르칠 수 없는 특정한 성격을 가진 사람을
뽑은 다음에 나머지를 가르친다는 것이다.

그래서 허브 켈러허Herb Kellerher는 사우스웨스트에서의 직원 채용 정책에 대해 유머 감각과 올바른 자세를 가장 중요하게 살핀다고 말한다. 그의 분명한 전제는 사우스웨스트가 나중에 신입 사원에게 필요한 모든 것을 가르칠 수 있지만, 사람들의 선천적인 태도는 절대로 변화시킬 수 없다는 것이다.[1]

오클리는 솔직히 기술적인 능력을 중요시하지만 그 이상의 것, 즉 자신의 제품과 관련된 야외 스포츠에 참여하고 그것을 좋아하는지를 살펴본다. 그로 인해 오클리의 직원들은 젊고 매우 경쟁적이며, 그들이 만드는 제품에 대해 개인적으로 의욕을 느낀다. 오클리는 또한 팀의 가치에 대한 기본적인 의식을 강조하는데, 그래서 매일 점심 시간에 하는 자전거 경주, 사무실 한가운데에 있는 농구 경기장, 겨울철의 스키 여행 등을 통해 그러한 의식을 고양시킨다.

디젤의 설립자 렌조 로소Renzo Rosso는 다음과 같이 말했다.

> "당신은 올바른 사람들을 어떻게 찾는가? 나는 손쉬운 확실한 공식은 없다고 생각한다. 그렇지만 내가 사용하지 않는 방식을 말해줄 수는 있는데, 그것은 직무에 가장 적합한 지원자를 찾으려고 수천 장의 이력서와 경력 증명서를 꼼꼼히 살펴보는 일이다. 디젤은 엄청난 활력과 열정을 지닌 사람들에 의해 만들어져 왔지만, 그들은 인상적인 증명서나 과거 경험과는 거의 관계가 없었다. 나는 매번 새 직원들을 굳게 믿었는데, 그것은 오로지 그들이 뛰어난 개성을 가지고 있다고 생각했기 때문이다. 대부분의 경우 그들은 자신들의 기회를 잘 활용해 크게 성장했다."[2]

기성 브랜드는 훈련를 신뢰한다. 즉 그들은 사람들을 가르칠 수 있다고 보는 것이다. 도전자들은 많은 경우 개인적 특성을 신뢰한다. 그것은 사람들에게 가르쳐줄 수 없는 것으로, 먼저 불꽃이 켜져 있지 않다면 열정을 부채질할 수 없다고 본다. 따라서 도전자 기업은 직원 선택의 기준으로서 비관행적 특성을 중시하며, 훈련을 통해 습득하기 어려운 그러한 특성들을 가진 직원들을 가장 중요한 자산으로 여긴다.

아무것도 없는 상태에서 기업이 도전자 문화를 창출하고자 하는 경우, 그 첫 단계는 안정된 직무 수행에 대해서가 아니라 혁신적 활동에 대해 인센티브와 보상을 주고 개인들에게 새롭게 동기부여하는 것이다. 직원들에게 완벽하게 동기부여를 하는 방법은 이 책의 범위를 넘어서는 것이지만, 그 핵심은 회사가 직원들에게 기대하는 바를 재정의하고 그것을 기준으로 업무 성과를 평가하는 데 있다. 매년 성과 평가에서 직원들에게 질문 하나를 추가해, 이를테면 "올해 당신이 고안했거나 성취한 아이디어 두 가지가 무엇인가?"라고 질문한 후 그 답변 내용에 따라 승진이나 보너스를 엄청난 비율로 조정한다면, 곧장 문화에서 변화가 일어나는 것을 보기 시작할 것이다. 많은 경우 브리프(brief)를 변화시키는 것은 곧 개인을 변화시키는 것이다.

오클리는 회사 건물을 일종의 브리프로 만들었다. 짐 재너드는 개인적으로 남부 캘리포니아의 신축 본사 건물, 특히 건물 입구와 중앙 홀을 공동 설계했다. 내가 그에게 왜 건물을 그런 식으로 설계했는지 묻자, 그는 이렇게 대답했다.

"직원들이 건물에 들어서면 너무 좋아서 가만히 서 있지 못할 정도로 만들고 싶었어요. 내일 다시 돌아오고 싶어서 안달이 나게

오클리: 회사 건물을 일종의 브리프로 만들다

하고 싶었어요. 각자 재능을 살려 회사에 기여할 수 있는 곳을 필사적으로 찾도록 하고 싶었습니다."

일단 누군가가 개인들을 위한 브리프를 정의하면, 다음 단계는 가장 창조적인 결과를 생산하도록 어떻게 그 개인들을 결합시킬 것인가, 특히 어떻게 촉매를 심고 양성할 것인가이다.

■ 촉매 양성

도전자 기업은 재능 이상의 것을 찾는다. 열정과 추진력도 물론 중요해 보이지만, 어떤 도전자들은 그러한 기질 이상의 것을 찾는다. 그들은 과도한 집착이나 심지어 기이한 특성을 원하기도 한다. 조나선 워버턴Jonathan Warburton은 보수적인 랭커셔 빵 가문에 새로운 활력을 불어넣은 세 사촌 가운데 한 사람으로 도전자 기업은 "고용될 수 없는 사람, 제품 광신자, 거대한 기성 기업에서 추방된 사람"을 고용해야 한다고 믿는다. 조나선 워버턴은 데이비드 핸더슨의 이야기, 즉 회사의 제품 책임자가 시장에서 구할 수 있는 최상급 밀을 독점적으로 계약하기 위해 캐나다 밀 생산자 협회 500명의 모든 회원들과 개별적으로 로비를 벌인 것과 관련하여, 그러한 노력은 "워버턴스의 방식이 아니라 괴짜의 행동"이라고 지적했다. 다시 말해 그것은 워버턴스의 문화에서 나온 것이 아니라 핸더슨의 개인적인 문화, 즉 핸더슨의 제품 품질에 대한 강박관념과도 같은 집착에서 비롯되었다는 것이다. 바로 자기 나름의 원칙에 따라 행동하는 누군가로 인해 워버턴스는 차별성을 얻게 되었다는 것이다.

스컹크워크스Skunkworks는 인사관리 부서를 아예 없애버리는 것을 검토한 적이 있는데, 그 부서가 재능과 열정, 차이를 만드는 능력보다는 잘못된 특성들(안정성, 관리 능력, 문화적 적합성)을 중시한다고 보았기 때문이었다.

물론 전적으로 독불장군과 괴짜들로 이루어진 회사를 가질 수는 없으며, 그런 회사가 똑바로 나아가기를 기대하는 것도 무리이다. 사실 그런 특이한 인물들은 원칙이라기보다는 예외에 속한다. (브라질 축구 대표팀 코치의 말을 빌리자면, "누군가는 피아노를 날라야 한다.") 그러나 조직에서 그들의 중요성은 개인적인 성과 이상의 것이다. 그것은 바로 팀의 촉매로서 그들이 미치는 영향에 있다. 다시 말해 아이디어나 접근 방식의 유별남이 팀의 나머지 사람들에게 다소의 불편함과 불균형, 심지어 불안정한 느낌을 줄 수 있기 때문에 중요한 것이다. 이처럼 도전자 조직에서 그들의 존재는 단순히 개인적인 성과 때문만이 아니라 의도적으로 구성된 팀으로서 이룰 수 있는 성과 때문에 중요하다. 즉 차이를 만드는 것은 특이한 개인의 채용만큼이나 조직이 직원들을 결합하는 방식에 달려 있다. 그 핵심은 구성원들 중에 촉매를 심는 것이며, 그것은 자신의 아이디어를 통해서 뿐만 아니라 다른 사람들과 충돌을 일으킴으로써 팀에 기여하는 사람이다.

존 클리즈John Cleese는 서로 다른 두 가지가 만나 새로운 생명을 탄생시킨다는 것이 생물학의 기본 원리라고 지적했다. 즉 두 남성이나 두 여성이 섹스는 할 수 있지만, 오로지 남성과 여성이 만나야만 새로운 생명체가 나온다는 것이다. MIT의 니콜라스 네그로폰테Nicholas Negroponte는 좀더 학문적으로 이렇게 말했다.

> "새로운 아이디어가 반드시 기존의 지적 영역 경계 안에 자리잡고 있는 것은 아니다. 그것들은 종종 가장자리나 기묘한 교차점에 있다."[3]

혁신 가능성을 높이기 위해 어떤 프로젝트 팀에 여러 분야 사람들을 함께 집어넣는 MIT의 정책 — '기묘한 교차점'을 만드는 정책 — 은 닛산의 디자인 연구소에서 게리 허슈버그Gerry Hirschberg에 의해 이른바 '창조적 마찰'의 체계적 활용으로 이어졌다. 그는 확연히 다른 방식으로 세상을 보는 두 사람을 한데 집어넣었다. 안경 디자이너를 포드처럼 다소 틀에 박힌 곳에서 배우고 자란 사람과 짝지은 것이다.

이러한 다양한 짝짓기 개념을 일종의 새로운 경영 기법이라고 생각하는 사람들은 백화점 브랜드인 몽고메리 워드Montgomery Ward의 초창기를 되돌아보는 것이 흥미로운 일일 것이다. 1871년 우편 주문 점포를 처음 설립한 애론 몽고메리 워드는 제품을 보지 않고 구매하는 방식을 제안함으로써 소매업의 관행적인 규칙에 도전했는데, 얼마 후 사업 파트너로 조지 트론George R. Throne을 영입했다. 이 두 사람의 관계에 대해서는 다음과 같은 이야기가 전해진다.

> "워드 씨는 사냥개 같은 성격의 소유자였다. 말하자면 그는 이곳 저곳 모든 곳에서 모든 것을 살펴보며, 눈에 띄는 모든 것을 사려고 들었다. 트론 씨의 성격은 정반대였다. 그는 어떤 것도 찾아내려고 하지 않았지만, 일단 그것을 얻게 되면 그것을 가지고 무엇을 해야 하는지 알고 있었다. 둘 중 한 명이 혼자서 사업을 성공적으로 운영할 수 있었을지는 의문이지만, 둘이 합쳐서 이루어낸 성공은 놀라웠다."[4]

따라서 그러한 차이의 결과는 평온한 상호 의존과 조용한 이해라는 의미에서의 팀워크가 아니다. 그것은 아이디어의 충돌이다(네그로폰테가 고상하게 '교차점'이라고 부른 것은 사실 고함의 대결이었을 가능성이 더 크다). 도전자 경영진의 임무는 그 교차점을 정기적으로 창출하는 것이다.

■ 아이디어를 위한 세 가지 풍토

우리는 아이디어 중심의 문화로 움직이는 첫 단계가 개인들에 대한 새로운 방향 설정과 동기 부여라는 점을 살펴보았다. 두 번째 단계는 그러한 개인들을 촉매와 결합시키는 방식이다. 그리고 아이디어 중심의 문화를 창출하는 데 있어 세 번째 단계는 아이디어가 번성할 수 있는 올바른 풍토를 창출하는 것이다. "크리에이티브는 어떤 부서가 아니다."라는 빌 번바크Bill Bernbach의 유명한 언명은 확실히 두 가지를 의미하고 있다. 첫째 좋은 아이디어는 어디에서든 나올 수 있으며, 둘째 그 아이디어는 깨지기 쉽다는 사실이다. 조직에서 아이디어를 내놓는 것뿐만 아니라 좋은 아이디어가 꽃을 피우도록 돕는 것도 모두의 임무이다.

물론 그런 환경은 저절로 조성되지 않는다. 이것이 일어나게끔 하려면 세 가지 풍토가 중요하다. 인식의 풍토, 성장의 풍토, 결정의 풍토가 그것이다.

인식의 풍토

나중에 살펴보겠지만, 소비자를 예측하는 능력은 매우 중요하다. 그 예측으로 도전자가 시장에 더욱 빠르게 대처할 수 있을 뿐 아니라, 표적 고객이 생각하고 행동하는 방식에 대해 강력한 감각을 갖는다는 것은 훌륭한 아이디어 혹은 훌륭한 아이디어의 씨앗이 나타날 때 그것을 확실하게 인식하는 데 기본이 되기 때문이다.

건전한 인식의 풍토에 필수적인 두 번째는 모든 핵심 팀원들이 같은 방식으로 아이디어들을 인식하게끔 해야 한다는 점이다. 즉 성공적인 결과물의 기준이 무엇일지에 대해 동일한 기본적 예상을 가지고 일을 시작해야 한다는 것이다. 치명적인 것은, 전략을 실행하게 되었을 때 팀원들 간에 근본적인 인식의 차이가 발견되는 것이다.

예를 들어 당신이 혁신적인 포장 개발에 참여했다고 하자. 브리프가 준비되고, 포장 디자인 회사가 그것을 가져간다. 그리고 6주 후에 그들은 스스로 훌륭한 아이디어라고 생각하는 것을 제시한다. 당신의 그룹 가운데 두 명이 크게 흥분한 채 그것을 받아들고는 대단한 아이디어라고 소리친다. 업계의 어떤 것과도 완전히 다르다면서 말이다.

하지만 잠깐. 이게 뭐야? 테이블에는 두 번째 그룹이 있는데, 그들은 이 동일한 포장을 끔찍한 것으로 보는 것 같다. 그들은 그것이 업계의 어떤 것들과도 비슷하지 않다는 데는 동의하지만, 바로 그것이 끔찍한 이유라고 말한다. 그들은 그로 인해 업계의 어떤 소비자도 그것을 보고 제품으로 인식하지 않을 것이라고 반박한다. 하지만 첫 번째 그룹은 주장을 굽히지 않는다. 그것이 정말로 눈에 띈다는 것이다. 그러면 다른 집단이 고개를 젓는다. 오히려 첫 번째 그룹이 한쪽으로 치우쳤다는 것이다. 그들은 그것이 이야기의 절반만 말하고 있다고 지적한다. 즉 포지셔닝에 핵심적인 두 가지 메시지가 있는데, 모두 배제되었다는 것이다.

실행에 관한 이러한 논의는 아무도 브리프의 진정한 함의를 논의하지 않았다는 점을 보여줄 뿐이다. 시간이 낭비되고, 의욕은 저하되며, 가능성 있는 아이디어 하나를 잃게 된다. 결국 도전자 조직의 모두가 공범이 된다. 이를 방지하기 위해서는 각각의 프로젝트가 시작될 때 각 팀원의 기본적인 가정에 대한 공통의 이해가 마련되어야 한다. 즉 무엇이 브리프에 맞는 성공적인 결과물을 구성하는지, 그렇지 않은지에 대한 틀을 잡아야 한다. 이 과정에서 개방적 태도가 요구되는데, 이는 프로젝트를 시작하는 첫날에 특히 유용하다.

성장의 풍토

우리는 강력한 아이디어의 진귀함을 인식해야 한다. 그리고 강력한 아이디어의 생존은 그것의 발생이 진귀한만큼이나 취약하다. 통찰력과 아이디어는 그것을 만들고, 그것에 의해 위협받는 사람들의 자아만큼이나 깨지기 쉽다.

따라서 핵심 의사 결정권자는 아주 중요하다. 의사 결정권자는 아이디어 중심의 문화를 구축하고 첫눈에 훌륭한 아이디어의 씨앗을 알아볼 수 있도록 소비자에 대해 강력한 감각을 갖는 것 외에, 성장하는 아이디어를 지키고 보호하는 과정에도 밀접하게 관여해야 한다. 스컹크워크스는 현장 순회 경영(Management by Walking Around)을 통해 아이디어의 성장을 촉진했는데, 그 이유는 직원들이 현장 순회 경영을 통해 경영진의 관심을 받거나 연결되어 있다고 느끼기 때문이 아니라, 훌륭한 아이디어를 살리고 키우기 위해서는 '조짐이 있을 때' 경영진이 거기에 있어야 한다고 믿기 때문이었다.

그들은 적자생존이라는 다윈의 관점을 채택하기보다, 아이디어의 죽음은 정당한 원인(아이디어의 허약함)이 아니라 종종 그릇된 원인 때문에(예를 들어, 아이디어 창안자가 진정한 응용 방법을 인식하지 못해서) 일어나므로, 상급 관리자는 아이디어의 창안자들과 지속적이며 무작위적으로 만나면서 아이디어의 씨앗이 처음 발견되었을 때 그것을 확인하고 보호해야 한다는 견해를 갖고 있다.

만일 조짐이 일어날 때 그들이 세 블록 떨어진 사무실에 앉아 있다면, 그 조짐은 오랫동안 이어지지 못할 것이다. 결국 얼마 후 그것이 완전히 멈춰버린다면 아이디어의 문화는 갑자기 상실되고 마는 것이다. 물론 아이디어의 성장을 위해 보호만이 아니라 더 많이 요구하고, 뒤에서 밀어주는 것도 필요하다. 즉 직원들이 '아이디어를 끝까지 밀고 나갈 수 있도록' 힘을 실어주고 격려해야 한다.

결정의 풍토

대부분의 기업들에서 아이디어들은 조직의 각 계층의 사람들이 참여하고 기여하도록 하는 차원에서 대체로 여러 계층을 거쳐 조직의 상부로 전달된다. 그리고 각 개인들은 아이디어에 가치를 더하는 것을 자신의 직무라고 여기며, 그것을 수정하는 것을 의미 있는 것으로 생각한다. 그래서 아이디어가 핵심 의사 결정권자에게 도달할 즈음이면, 크게 변형된 상태가 된다.

이것은 도전자에겐 미친 짓이다. 이와 같은 상황에서 이끌어낼 수 있는 유일한 결론은 회사가 아이디어들을 자신이 사용할 수 있는 가장 중요한 도구 중 하나로 여기지 않는다는 사실이다. 기업들이 2~3년마다 내리는 2~3개의 주요한 결정을 살펴볼 때 매우 다른 규칙들이 적용된다. 과연 이런 과정이 예를 들어, 재무 계획에 일어날 수 있을까? CEO의 선택에 일어날 수 있을까?

나는 그렇게 생각하지 않는다. 이것들은 모두 매우 중요한 사안들로서 변덕스럽거나 경험이 모자란 하급자에게 맡겨둘 수 없다. 아이디어가 누구에 의해 생산되든 그것은 동일하게 존중되어야 하지만 그 생산의 모든 단계에서 최상급 관리자의 기술이 개입되어야 한다.

핵심 의사 결정권자가 자연적으로 우연히 발견할 수 있는 경우가 아니라면, 아이디어는 너무 일찍 노출되거나 희석되지 않도록 해야 한다. 젊은 도전자 기업에서는 어떤 조짐이 있을 때 의사 결정권자가 자연히 알게 되는데, 이는 기업 구조가 수평적이기 때문이다. 즉 회사 설립자는 아이디어 창출 과정에 깊숙이 관여하기 때문에 아이디어를 쉽게 인식할 수 있다. 여러 계층과 위계가 있는 대기업의 경우, 아이디어가 한 번의 결정으로 즉시 꼭대기로 보내져야 한다.

■ 도전자 기업에서 소비자의 역할

그런데 아이디어와 아이디어의 생산을 기업의 구조에 어떻게 결합시킬 것인가를 살피기에 앞서, 잠시 외견상 멀어져 왔던 문제를 좀더 면밀히 살펴보자. 우리는 오랫동안 소비자 중심적이 될 필요가 있다고 들어왔기 때문에 일부 독자는 이 장의 모든 개념이 다소 혼란스러울 것이다. 만일 우리가 아이디어 중심의 회사로 옮기는 것에 대해 말하고 있다면, 결국 소비자의 역할은 정확히 무엇인가?

우리는 소비자 이해를 중요하지 않은 것으로 배제하는 것은 아니다. 그 대신 소비자 이해가 그 자체로서 기업 내부에서 혹은 브랜드를 위해 거의 활력을 창출하지 못한다는 점을 인식하고 있는 것이다. 다음에서 다루어지는 것처럼 여기에는 가끔씩 예외가 있지만, 일반적으로 말해 소비자는 도전자 기업을 전진시키는 원동력이 될 수 없다. 그보다 소비자 이해는 활력을 창출하는 원동력을 위한 도약대가 되어야 하며, 원동력은 바로 아이디어 중심의 문화이다.

소비자 이해에 관해 이야기하는 것은 독자들의 의견을 다음과 같은 식으로 갈리게 만들 것이다. 일부 독자들은 과거에 소비자나 경쟁자 분석에 얼마나 많은 비중을 두었는지 떠올리고 온전히 수용하기가 어렵다고 생각할 것이다. 이 독자들은 테스코, 새턴 같은 기업들이 다시 스스로 순수해짐으로써, 즉 단지 소비자가 진정으로 무엇을 원하는지에 대해 더욱 귀 기울임으로써 향유하게 된 엄청난 이득을 지적할 것이다. 따라서 모든 시장의 미래를 형성하는 데 소비자가 아무 역할도 못한다고 물리치는 것은 이러한 독자의 눈으로는 다소 성급한 결론이다.

반대로 다른 독자들은 나보다 훨씬 더 강하게 소비자들이 원하거나 필요하다고 말하는 것들을 알 필요가 없다고 주장할 것이다. 강력한 기업들은 더 이상 소비자에 의해 인도되지 않으며, 오히려 소비자를 인도하고 있다고 말하는 게 유행이 되었다는 것이다. 그것이 마치 모든 업종과 모든 사업 기회에 대해 전적으로 진실인 것처럼 말이다. 그들은 첨단 업종을 보라고 말할 것이다. 소비자는 누군가가 제품을 만들고 시장에 내놓을 때까지 그 필요성에 대해 상상조차 해본 적이 없었을 것이다. 제품을 만들면 소비자가 올 것이다.

확실히 이 두 번째 사고 방식의 매력을 이해할 수 있을 것이다. 특히 그것은 기업 사명 선언문에 명시한 대로 소비자 주도의 개념을 아직까지 실천하지 못하고 있는 모든 기업들에게 약간의 안도감으로 다가올 것이다. 이러한 사고의 추종자들에게 고객은 더 이상 왕이 아니라 어린 통치자일 뿐이다. 그는 너무 어린 나이에 권좌를 물려받았기 때문에 자신이 진정으로 무엇을 바라는지 알지 못한다. 그래서 소비자는 그들 대신 섭정이 되어 자상한 마음으로 그들이 무엇이 필요한지를 가르쳐 달라고 요구한다는 것이다.

그러나 이러한 생각 역시 지나치게 단순화된 것이며, 일부 브랜드와 사업체들에게는 명백히 들어맞지만, 다른 쪽에서는 명백히 적용되지 않는다. 그 대신 우리는 우리가 종사하는 업종을 세 가지 유형 — 병에 걸린 업종, 동시대 업종, 상상이 안 되는 업종 —으로 나누어볼 필요가 있다.

병에 걸린 업종에서는 단순히 소비자에게 귀를 기울이기만 해도 여전히 얻을 수 있는 이득이 있다. 자동차 판매 분야는 병에 걸린 업종의 가장 대표적인 예일 것이다. 미국의 자동차 제조사들은 판매상들에 대한 영향력이 거의 없으며 구매 과정에 대해 소비자들이 원하는 것을 실행하지 못하고 있다. 그렇지만 질병이 반드시 구식이거나 시대에 뒤떨어진 산업에만 있는 것은 아니다. 가장 최신 산업들 가운데 일부도 이러한 유형에 속할 수 있다. 예를 들어 규제하에 있는 이동통신 업체들은 시장의 성장에 따라 높은 수익을 올리고 있지만, 최근까지도 소비자의 진정한 바람에 맞춰 브랜드를 변화시킬 필요성을 거의 느끼지 못하고 있다.

병에 걸린 업종에서는 소비자에게 올바른 질문을 할 자세가 되어 있다면 누구나 그 질병이 무엇인지 알 수 있다. 이익은 소비자를 위해 가장 먼저 달려들어 질병을 치료하는 기업이 차지하게 될 것이고 나머지 기업들은 사태를 지켜보다가 마지못해 따라가게 된다. 예를 들어 이동통신 업종에서 기업들은 소비자가 실제로 통화한 시간이 아니라 가장 근접한 분 단위로 과금하는 방식에 대해 불만이 있음을 알았다. 그래서 가장 먼저 그것을 바꾸었다고 마케팅한 기업(예를 들어 영국에서는 오렌지)이 경쟁 우위를 얻었다. 버진 다이렉트Virgin Direct는 사람들이 금융 기관으로부터 바보나 어린애 취급 당하는 것을 원하지 않으며, 솔직한 대화를 원한다는 사실을 이해하고 있음을 마케팅하고 있다.

따라서 이러한 업종에서 도전자를 위한 기회는 소비자에게 익숙한 것을 바람직하게 바꾸는 것이다. 가장 적게는 질병의 고통을 덜어주고, 더욱 좋게는 치료를 제공하는 것이다. 이 업종에서 소비자와의 긴밀한 협력 관계는 그러한 이해가 행동이 뒷받침되는 아이디어로 전환된다면 여전히 경쟁 우위의 원천이 될 수 있다. 소비자들이 공감만으로 이끌리는 때는 오래 전에 지났다.

동시대 업종의 경우, 소비자는 겉으로는 해당 업종의 발전에 만족해하거나 혹은 지겨워한다. (예를 들어 타이어 표면의 디자인에서 새로운 혁신을 기다리고 있는 소비자는 없다.) 그들은 업계의 혁신에 대해 다음번 도약을 상상하고 싶어하지도 않고, 그럴 수도 없다. 소비자의 제안으로 당장 이득을 보는 경우가 있을 수는 있지만, 대부분의 경우 그것은 이미 남획된 상태이다. 기존 업계의 틀에서 대부분의 기회는 이미 고갈되었고, 소비자들 자신이 업종에 너무 가까이 있기 때문에 자발적으로 어떤 획기적인 것을 떠올릴 수 없다. 이러한 상황의 예는 주전자 시장이다.

포커스 그룹 조사에서 참가자에게 어떤 주전자를 좋아하는지 묻는다면, 그들은 재빨리 스테인레스 주전자라고 말할 것이다. 이것은 주방 위생에 관한 20세기 초의 인식에 근거한 것이다. 당시에 주전자는 무엇보다도 효율적이고 소박한 도구여야 했다. 그렇지만 오늘날처럼 주방이 가정의 즐거움에서 보다 중심이 되고, 음식의 즐거움이 더욱 장려하고 찬미되는 감각적 시대에는 주전자의 감성적 역할 또한 우리가 모르는 사이에 바뀌었을 수 있다. 예를 들어 주전자는 커피만큼이나 감각을 유혹하는 데 사용된다. 따라서 알레시Alessi 주전자의 디자이너들은 주전자에 대한 빅토리아 시대의 기능성 개념에 도전하고 있다. 다양한 색상의 몸체와 장식적인 주둥이를 통해 할머니 시대의 깨끗함보다는 현대적 주방의 감각적 즐거움을 찬미하고 있는 것이다.

따라서 동시대 업종의 경우, 소비자 대중에 대해 직접적인 질문을 던지는 것은 위험을 무릅쓰는 일일 뿐이다. 이것은 리더 브랜드에게

알레시 주전자

는 문제가 되지 않을 것이다. 만일 P&G의 근육을 가지고 있다면, 어떤 것을 개발해 그 중요성을 소비자의 마음에 심어줄 수 있기 때문이다. 그러나 도전자로서 우리는 그러한 근육이나 힘이 없다. 우리는 소비자를 끌어들일 새로운 기반을 찾아야 하지만, 그것은 그들의 흥미를 즉각적으로 자극할 수 있는 기반이어야 한다. 이것은 예를 들어, 다른 업종과의 아이디어 교류를 통해 나올 수 있다. 말하자면 다른 업종의 혁신적 아이디어를 빌려다 우리 자신의 업종에 적용하는 것이다. 동시대 업종에서 리더십은 다른 업종으로부터의 학습을 토대로 자신의 업종을 스스로에게 유리하게 재정의하는 데서 나올 것이다. 소비자는 다른 업종들에서 좋았던 부분을 말해줄 수 있겠지만, 그것들을 직접적으로 우리 업종을 위한 아이디어로 전환하지는 못할 것이다.

따라서 소비자와의 대화는 매우 진단적이고 탐색적이며 해석적이 될 것이다. 소비자들은 업계의 발전이 어떤 형태일지에 대해 자발적으로 답할 수는 없겠지만, 그들의 반응과 응답은 중요한 방향을 제시해줄 수 있다. 그리고 소비자가 신선한 근거를 제시할지도 모른다는 희망을 갖고서 브랜드와 소비자 관계를 새로운 방식으로 탐색한다면, 정말로 중요한 아이디어를 얻을 수도 있다. 또한 시장을 잘 이해하고 있는 소규모 응답자 패널들을 활용하는 것도 이러한 상황에서 소비자의 피드백을 얻는 또 다른 유용한 방법이 될 수 있다.

따라서 동시대 업종의 도전자를 위한 승부수는 익숙한 것을 새롭고 신선하고 자극인 것으로 만드는 아이디어를 창출하고, 그렇게 해서 업계에서 사고의 리더십을 장악하는 것이다.

세 번째 업종, 즉 상상이 안 되는 업종은 소비자들이 자신이 원하는 것을 상상할 수 있는 위치에 있지 않거나 혁신적인 아이디어에 반응조차 하지 않은 경우이다. 제품의 매력을 가늠할 수 있으려면 소비자들은 그것들을 경험하거나 함께 생활해보아야 한다. 이러한 업종의 예에는 첨단 업종, 콘텐츠 주도형 오락 업종, 혹은 새로운 경험 지향적 소매 업종 등이 있다.

예를 들어 하워드 슐츠는 스타벅스를 성장시킨 아이디어를 여러 차례의 포커스 그룹 조사를 통해서 개발하지 않았다. 그것은 그가 베로나의 거리를 걷는 도중에 떠올랐다. 거기에서 그는 시애틀의 스타벅스에서 발견한 고품질 커피와 이탈리아 커피 하우스의 세련된 분위기를 결합하는 아이디어를 생각해냈다. 그리고 나서 점포를 열었고, 그 결합은 전적으로 새로운 업종을 창출했다. 재즈, 이국적인 언어, 바리스타의 개념은 소비자가 아닌 슐츠의 머리에서 나왔는데, 이는 이탈리아의 거리와 미국의 생활 양식이라는 명백히 다른 문화들을 결합시킨 결과였다.

상상이 안 되는 업종에 진입하기 어려운 것은 이러한 도약이 필요하기 때문이다. 소비자의 보증이 전혀 없는 상태에서 의사 결정을 해야 하고, 그에 따른 위험을 감수할 수 있는 감성적 비전과 완고한 신념이 요구된다. 이러한 업종에서 중요한 마케팅 과제는 소비자가 필요하다고 생각하지 못하는 제품을 소비자들이 수용하게 하는 일이다. 즉 낯선 것을 친숙하게 만들어야 하는 것이다. 상상이 안 되는 업종을 새로 구축하거나 그 안에서 경쟁하려고 하는 경우 새로운 아이디어를 시도하고 지켜보는 것 외에 다른 대안이 없다. 단, 예측하는 힘을 키울 수는 있다.

■ 불안정한 조직 이끌기

그렇다면 우리는 이 모든 것을 통해 리더십에 대해 무엇을 배울 수 있을까? 기업을 운영하기 위한 도전자 프로그램의 필요성을 이해하고 8가지 원칙을 개념적으로 이해하는 것과 기업을 이끄는 것, 즉 실제로 "비행기 앞머리의 컴퓨터"가 되는 것은 별개이다. 지금까지 우리가 살펴본 증거들은 도전자 기업의 강력한 리더십과 도전자 문화가 다음 사항들에 달려 있음을 제시한다.

- 정체성에 대한 명확한 인식을 갖고, 그것을 향해 나아가면서 모든 활동의 초점을 거기에 맞춘다.
- 직원을 선발할 때 직접 관여한다. 특히 가르칠 수 없는 특성, 즉 열정과 가공되지 않은 재능, 촉매로서의 능력을 가진 인재를 찾는다.
- 그러한 인재들이 지속적으로 신선한 발상과 아이디어를 생산

해낼 수 있게 팀을 구성한다.

- 그에 따른 불안정성을 '컴퓨터'나 '차고' 같은 핵심 그룹을 통해 관리한다.
- 아이디어들이 신속하고 빈번하게 수면 위로 떠오르도록 수직적 층계를 제거한다.
- 지속적이고 무작위적으로 돌아다니며, 그러한 아이디어를 초기에 알아본다.
- 아이디어의 풍토를 조성한다.
- 소비자를 예측하는 능력을 키워서 강력한 아이디어와 마주쳤을 때 그것을 알아보며, 그것이 찾아왔을 때 확신을 갖고 재빨리 대응한다.
- 도전자 프로그램을 실행한다.

끝으로, 도전자 기업에서 리더십의 역할은 극적인 감각을 주입하는 것이다. 1983년과 1984년 애플의 복도에 울려 퍼진 스티브 잡스의 함성을 기억하라. 매킨토시는 제품으로 나오기까지 고작 100일 밖에 걸리지 않았다. 그는 변화를 독려했고, 내부의 로켓이 지상에서 이륙할 수 있게 했다.

■ 변화와 도전

조직 내에서 도전자 프로그램이 실패할 확률은 아무리 낮게 잡아도 50퍼센트에 이른다. 그리고 이것은 확실히 매우 낮은 수치이며, 개인적 경험에서 볼 때 실패 확률은 훨씬 더 높다. 한 기업에서 5년 넘게 다닌 사람이라면 3~5차례 '최고 경영자의 연설'을 듣게 되는데, 그는 언제나 변화와 혁신을 강조한다. 하지만 그러한 연설이 청중에게 미치는 긍정적 효과는 겨우 오후까지만 지속될 뿐이다. 반대로, 그러한 실패의 누적 비용은 무형적이고 엄청나다. 그것은 리더에 대한 신뢰 상실을 가져올 뿐만 아니라 장래 조직의 변화에 대한 신랄한 냉소와 저항이 자라나게 한다. 심지어 회사 내부에서 변화의 필요성이 필수적인 것으로 인식되는 경우에조차 그러한 반응들이 나타난다.

나는 이러한 실패 원인은 변화 자체의 개념에 있다고 생각한다. 변화는 근본적으로 결함이 있는데, 바로 절대적인 방향이 없다는 점이다. 변화는 수단이지 목적이 아니다. 〈하버드 비즈니스 리뷰〉에 '변화 그리고 변화에 당황하는 관리자'라는 글이 실린 적이 있는데, 그러한 당황은 정확히 말해서 변화 자체가 좋은 것이 아니기 때문에 일어난다. 변화는 우리를 놀라게 하는데, 그것은 변화에는 정해진 목표 지점이 없기 때문이다. 변화 자체는 우리가 추구하거나 우리 자신을 평가할 수 있는 목표 지점을 제공하지 않는다. 그러한 변화의 여정을 시작할 때, 우리는 상세한 지도를 기대하기 어렵다. 하지만 모든 이들을 위한 나침반은 최소한 있어야 할 것이다.

그래서 도전은 외부적인 소비자 마케팅뿐만 아니라, 내부적인 여정을 위한 강력한 개념적 틀이기도 하다. 우리는 외적으로는 물론 내적으로도 '변화'를 '도전'이라는 아이디어로 대체해야 한다. 도전의 개념은 우리가 필요로 하는 나침반을 제공하기 때문이다. 변화와는 달리, 도전은 초점을 맞추고 방향을 제시한다. 그것은 동기를 부여하는 중심 목표, 즉 잡아야 할 큰 물고기라는 확실한 목표를 가지고 있기 때문이다. 그렇지 않으면 그것은 도전이 아니다.

따라서 도전은 그 수단들을 비교적 단순하게 만들고, 심지어 자명하게까지 만든다. 중심적 도전을 이해하는 것은 설사 경영진이 일일이 지시를 하지 않더라도, 어떤 주어진 과제에 따르는 행동을 알려준다. 바꿔 말해서, 설사 내가 무엇을 해야 할지 구체적 지시를 받지 못한 경우라도, 공통된 도전에 대한 이해를 바탕으로 필요한 행동을 취할 수 있다.

변화와 도전의 차이는 다음과 같이 요약할 수 있다.

변화	도전
과정	과제
수단 지향적	목표 지향적
초점 없음	초점 있음
설명이 필요함	자명함
많은 의견	단일한 생각
이성적	감성적
혼란스럽고 겁이 남	활력이 넘침
복잡한 수단	한 가지 수단

바클레이스 은행Barclays Bank의 마틴 테일러는 강력한 모든 사업은 다섯 살배기 아이도 이해할 수 있을 만큼 단순하다고 말했다. 이는 유동적이거나 전환 과정에 있는 사업에 훨씬 더 유효하다. 즉 도전과 기업이 어떻게 그 도전에 맞설 것인지는 아주 간단하게 정의되어야 한다.

■ 아이디어 중심 기업으로의 전환의 의미: 마지막 사고

브랜드가 모멘텀을 유지하는 것은 어려운 일이다. 도전자들도 예외가 아니다. 오랫동안 그러한 모멘텀을 유지하는 도전자들을 살펴보면, 모멘텀의 유지는 소비자 중심의 문화에서 아이디어 중심의 문화로 전환하는 데 달려 있다. 비록 소비자가 현재의 제품에 소리 높여 불만을 표시하는 '병에 걸린 업종'들이 여전히 있기는 하지만, 테스코 같은 브랜드는 이러한 업종에서 성공의 지속은 단순히 소비자를 이해하거나 소비자를 이해하고 있음을 보여주는 것에서 오는 것이 아님을 입증한다. 그러한 성공은 브랜드와 소비자관계를 항상 새롭게 하는 아이디어의 지속적 활용에서 오는 것이다. 따라서 관건은 혁신이 아니라 아이디어이다. 이 책의 마지막 사례에서는 이것이 어느 정도의 마음가짐의 변화를 요구하는지 보여줄 것이다.

마케팅 측면에서 브랜드 '지원'에 관한 많은 이야기가 있다. 이것은 대체로 일정한 기간 동안 브랜드를 위해 소비자에게 들이는 광고나 판촉성 지출 수준을 의미한다. 이러한 지원이 중단되거나 급격하게 줄어들었을 때 브랜드에 미치는 영향을 살펴보는 연구가 이루어졌는데, 브랜드가 단기적으로는 유지되지만 일 년 정도 지나면 가속적으로 쇠퇴한다는 결과가 나왔다.

그렇지만 폴 로머Paul Romer 교수의 신경제 이론을 마케팅에 적용한다면, 우리는 도전자 브랜드를 위한 '지원'을 돈이 아니라 아이디어 측면에서 재정의할 필요가 있다. 물론 아이디어에도 자금이 필요하겠지만, 브랜드 지원은 단순히 재무적 지원만을 의미하는 것이 아니다. 그것은 브랜드를 활기차고 생명력이 넘치게 만드는 아이디어 자체에 대한 투자를 의미한다. 즉 자금의 투자뿐만 아니라 시간, 작업 문화, 개인적 습관, 그리고 인력의 투자가 필요한 것이다.

따라서 도전자 브랜드를 위한 '지원'은 단지 도전자가 리더 브랜드가 신제품을 개발할 때와 마찬가지 방식으로 아이디어 부서나 아이디어 부사장이라는 새로운 직책을 만드는 문제가 아니다. 그러한 작업은 최소한 기업이 아이디어의 중요성을 인식하고 체계적으로 다루기로 했음을 의미하는 흥미로운 출발점일 수 있겠지만, 충분하지는 않다.

아이디어가 도전자의 성장을 위한 연료이고 기업이 아이디어와 창의적인 사고를 우선시해야 한다면, 기업의 무게 중심을 소비자에서 아이디어로 전환해야 한다. 이는 단순히 새로운 직책이나 부서를 만드는 것이 아니라, 아이디어의 생산과 활용이 그 동안 기업의 중심에 있던 소비자와 그로부터 연유한 모든 구조와 과정, 규칙들을 대체하는 것을 의미한다. 소비자는 여전히 미래를 예측하는 데 있어 중요한 요소로 남겠지만, 그 자체가 동력이 될 수는 없다.

도전자 기업의 동력은 아이디어이다. 왜냐하면 아이디어의 고갈은 곧 모멘텀의 상실로 이어지기 때문이다. 브랜드가 마케팅 지원이 사라지면 일 년 정도는 버틸 수 있지만 그 다음부터 쇠퇴하기 시작한다는 연구 결과처럼, 도전자의 모멘텀과 아이디어도 마찬가지이다. 따라서 모멘텀이 약화된다는 것을 느끼기 시작할 때는 모멘텀을 되찾기에 너무 늦어버린다. 해결책은 지속적인 모멘텀을 창출하는 것, 즉 아이디어 중심의 문화를 구축하는 것이다. 이것이야말로 도전자 기업이 전과 동일하거나 더 적은 투자로 더 큰 수익을 지속적으로 창출하는 유일한 방법이다.

11 마음가짐으로서의 도전자

1등에 머무르려면 2등처럼 생각해야 한다

"뭔가 이루었다고 생각한 바로 그날,
우리는 실패에 대한 걱정을 시작해야 한다."
― 리치 티어링크

■ 보다 넓은 관련성

지금까지의 전제는, 도전자는 전략과 행동에 있어서 자신만의 모델이 필요하다는 것이었다. 즉 도전자는 시장에서의 위치와 가용한 자원에 있어 리더 브랜드와는 완전히 다르고, 따라서 완전히 다른 일련의 교전 규칙들이 필요하다는 것이다.

그렇지만 도전자 모델은 다른 상황에 있는 다른 종류의 브랜드에게도 유용할 수 있다. 이 책의 초점은 당연히 도전자들에게 맞춰져 있지만, 이 장에서는 도전자 사고의 두 가지 다른 적용에 관해 간략히 살펴볼 것이다. 그것은 더 큰 경쟁자 이외의 일종의 '큰 물고기'에 직면해 있는 브랜드들과 리더 브랜드들이다.

■ 큰 물고기란 무엇인가?

8가지 원칙의 전제는 큰 물고기가 리더 브랜드라는 것이었다. 하지만 10장에서 지적한 것처럼, 큰 물고기는 어떤 브랜드의 성장, 변화 또는 생존을 위해 극복해야 하는 중심적 문제이다. 즉 그것은 어떤 유용한 전략적 대화가 이루어지기 위해 분명히 파악될 필요가 있는 결정적 초점이다. 기업이 직면하는 6가지 기본적인 마케팅 도전이 있으며, 자신보다 더 큰 경쟁 상대는 대개 도전자 브랜드에게 가장 위협적인 것이기는 하지만, 여러 위협 가운데 하나일 뿐이다.

6가지 기본적인 마케팅 도전은 모두 다음과 같다.

1. 우월한 경쟁적 위치에 있는, 더 큰 경쟁자의 노골적인 공격에

위협을 받고 있는 브랜드(예를 들어 펩시 또는 버진애틀랜틱).

2. 자신에게 불리한 사회적 상황이나 여론에 직면한 기성 브랜드 (사회적 상황이 불리하게 움직이는 예로는 증류주 세계에서 위스키, 저지방 세계에서 치즈 같은 고지방 제품, 또는 모피 등이다).

3. 시장의 규칙이 끊임없이 변화하거나, 곧 급속히 변화하려고 하는 업계의 브랜드(IT시장, 젊은 취향의 패션 산업, 혹은 비디오 게임과 같은 오락 분야. 침체에 빠져들고 있는 업계의 브랜드도 포함된다).

4. 새로운 종류의 경쟁에 의해 위협받는 브랜드(예를 들어 아날로그 기업들은 디지털 기술로부터 도전을 받고 있다).

5. 업종의 범용 상품화나 소매점의 공격적인 개별 상표 전략 때문에 전통적 소매점의 역할이 줄어들고 있는 브랜드.

6. 명백한 지배적 위치로 인해 느슨해진 브랜드.

이러한 브랜드들은 엄밀히 말해서 도전자 브랜드가 아니라, 그들 삶의 중요한 전환기적 순간에 도전에 직면해 있는 브랜드이다. 그렇기 때문에 공격적인 이유에서 뿐만 아니라 방어적인 이유에서 그들은 도전자와 연관된 사고와 행동의 일부 또는 전부를 고려해야 할 필요가 있다(예를 들어 사고의 리더십 장악 혹은 재평가의 상징 창출). 다시 말해, 당장의 목표는 급속한 성장을 이루어내는 것만큼이나 지배적인 위협을 중립화시키면서 경기장에 계속 남아 있는 것일 수 있다. 새로운 마케팅 시대에는 도전자 브랜드와 그것의 기본적인 전략적 접근이 리더 브랜드의 역사적인 모델보다 훨씬 더 강력하고 광범위한 모델이라는 게 입증될지 모른다.

■ 리더 브랜드와 큰 물고기

마치 다른 브랜드는 안중에도 없는 듯 시장을 어슬렁거리는 리더 브랜드의 확신과 거만은 더 이상 용납되지 않는다. 오늘날 1등에 머무르려면 2등처럼 행동해야 한다. 리더 브랜드에게 요구되는 것을 다루는 것이 이 책의 주요한 목적은 아니지만, 이 장에서는 간략하게나마 세 브랜드(나이키, 마이크로소프트, 인텔)가 21세기에 리더 브랜드가 된다는 것의 의미를 어떻게 그리고 왜 재정의했는지에 대해 살펴본다. 무엇보다도 그들은 여러 해 동안 계속해서 도전자처럼 생각하고 행동해 왔기 때문이다.

우리가 만일 리더 브랜드라면, 우리를 집어삼키려고 위협하는 큰 물고기는 우리 자신, 바로 우리의 성공이다. 시장에서 1등이 된 덕분에 주어진 확실한 안전과 수익성 때문에 우리는 손해를 싫어하고 방어적이 되었다. 무엇보다 먼저 우리를 성공으로 이끌고 우리 브랜드를 최고로 만든 행동 방식을 그만둔다. 의기양양하게 걸으며, 브랜드 리더십의 낡은 규칙을 따른다. 결코 2등 브랜드를 인정하지 않는다. 자신감이 넘치는 것이다.

하지만 최근까지 나이키가 계속 신발 시장을 지배한 이유는 한 발짝 앞서 나가기 위해 해마다 광고 이미지를 새로 만들었기 때문이었다. 그리고 그것은 항상 놀라웠다. 브랜드 점유율이라는 측면에서 볼 때 이제 나이키는 기성 브랜드이지만, 최근까지도 계속 신발 시장에서 가장 배고프고 가장 파괴적인 브랜드인 것처럼 행동했다. 지금까지 나이키가 리복부터 아디다스까지 모든 기업들의 격렬한 공격을 막아낸 것도 바로 이 도전자의 마음가짐을 가진 덕분이었다.

한 가지 사례로서 1996년 올림픽을 생각해보자. 리복이 스포츠 정신에 대한 찬미에 있어 드디어 나이키와 겨뤄볼 만한 광고를 제작하면서 올림픽에 혼신의 힘을 기울였을 때, 나이키는 이번에는 자신이 이루어낸 역사적 승리의 화려한 장면을 벗겨내는 광고 캠페인을 만들었다. 그들은 마라톤 주자가 경기 종반에 운동화에 토하는 장면을 보여주었다. 상징이 더럽혀진 것이었다. 헤로인 광고의 초췌한 주인공이 마약 복용자에게 주는 뒤틀어진 호소처럼, 이 이미지는 힘든 운동을 진정으로 이해한다는 게 무엇인지를 대중적으로 재창조해냈다. 그리고 운동 영웅주의의 횃불을 들어올렸던 브랜드인 나이키는 그것을 뒤집어버린 최초의 브랜드가 되었다.

■ 리더 브랜드가 된다는 것은 무엇을 의미하는가:
도전자 행동의 세 가지 장소

우리는 세 번째 원칙에서 리더 브랜드에는 두 종류(마켓 리더와 사고 리더)가 있다는 것에 대해 이야기했고, 이 두 가지는 흔히 같지 않음을 지적했다. 우리는 마켓 리더십과 브랜드 리더십 간의 한층 두드러지는 두 가지 차이점을 생각해볼 수 있다. 첫째는 어떤 마켓 리더들은 소비자 선호의 힘이 아니라 유통망의 힘을 통해 실제로 마켓 리더가 된다는 것이다. 시장에 있는 다른 브랜드들은 나란히 놓였을 때 더 강력하게 선호될 수 있지만, 유통 근육이 부족하다. 맥주 시장이 이것의 좋은 사례이다. 칼링 블랙 레이블Carling Black Label은 영국 남부 지역에서는 소비자들에게 조롱을 당하고 그곳의 시음 테스트에서도 상대적으로 안 좋은 성적을 보였지만, 오랫동안 영국에서 전국적인 리더 브랜드였다. 칼링의 시장 점유율, 인지도, 심지어 수익성을 보면 확실히 그렇다. 그렇지만 칼링의 리더십은 그 브랜드를 소유한 바스Bass의 유통 근육 덕분이었다. 따라서 마켓 리더십의 중요한 기준은 규모 그 자체가 아니라 점포당 판매율이다.[1]

두 번째 차이는 많은 마켓 리더들이 점점 더 마켓 리더인 동시에 도전자가 되고 있다는 것이다. 업종 구분의 모호성이 가속화되고 규제 완화와 수렴이 이루어지고 있는 요즘에는 잡화 소매점이 성공적으로 은행업과 석유 판매업에 진출하고 있고(세인스버리), 의상 디자이너가 화장품을 판매하고 있으며(랄프 로렌), 음악 브랜드가 자신의 이름을 보드카에 부착하고(버진) 있는 가운데, 많은 마켓 리더들이 점점 더 마켓 리더이면서 동시에 도전자가 되고 있다.

캘빈 클라인Calvin Klein은 다양한 하위 도전자 브랜드들을 출시한 거대한 마스터 브랜드 사례이다. 시케이원cKone도 그 하위 브랜드 중 하나이다. 소비자의 입장에서 업종은 의미가 없으며, 마켓 리더의 입장에서는 업종이 '없을수록' 더 낫다. 따라서 이 책의 서문에 있는 도전자의 첫 번째 정의는 진실과는 다소 거리가 있다. 정확히 말해서 카테고리가 없기 때문이다.

현재의 세계에서 대부분의 브랜드는 리더 브랜드인 동시에 도전자이다. 예를 들어 BMW는 스포츠카 쪽에서는 리더 브랜드이지만, 고급 승용차 쪽에서는 도전자이다. 이것이 제시하는 것은 무엇인가? 모두가 갑자기 도전자라는 것인가? 확실히 그것은 아니다. 그렇지만 이것은 네 가지 사항을 제시한다.

1. 도전자의 사고는 겉으로는 평안한 리더 브랜드처럼 보이는 기업들 내부에서도 중요한 역할을 할 수 있다.
2. 도전자의 주요 가치는 그것을 하나의 마음가짐으로서 생각하

는 데 있다. 이미 지적했듯이, 이는 단지 공격적이 되는 것을 의미하지 않는다. 그것은 현재 위치에 만족하지 않으면서 현재 보유하고 있는 자원을 초과하는 야망을 가지고, 그러한 간극의 마케팅적 함의를 받아들일 각오를 하는 것을 의미한다.

3. 이것이 또한 제시하는 것은, 브랜드를 정의하고 차별화하는 가장 유용한 방법은 아마도 시장에서의 위치라기보다는 감성적·정신적 상태라는 점이다. 그들은 본래 기성 브랜드인가, 도전자 브랜드인가?

4. 그리고 네 번째 함의는 다음과 같다. 오늘날 비즈니스와 마케팅 환경의 변덕과 속도는 리더 브랜드가 1등으로 남아 있기 위해서는 2등처럼 생각하고 심지어 행동할 것을 요구한다. 리더 브랜드들이 브랜드 리더십을 유지하는 방법에 관한 낡은 모델은 시장에서 자신의 위치에 관계없이 2등 브랜드, 즉 도전자 모델로 대체되어야 한다.

지난 20년 동안 가장 영향력 있는 브랜드 세 가지를 살펴보도록 하자. 각각은 자신들의 업계를 지배하고 정의해 왔지만, 그들은 끊임없이 변화를 시도해 왔다. 따라서 리더 브랜드로서 그들의 새로움은 곧 업종의 새로움을 의미했다. 그와 같이, 그들은 흥미롭고 다양한 교훈들을 제시한다. 그들의 운영자(마이크로소프트의 빌 게이츠, 인텔의 앤드류 그로브, 나이키의 필 나이트)들은 브랜드 리더십을 유지하려면 무엇이 필요한지를 재정의해 왔다. 그리고 그렇게 해온 이유는 그들 각각이 '도전자 장소'(Challenger location)라는 한 가지 중요한 측면에서 여전히 2등처럼 생각하고 행동하기 때문이다.

예를 들어 앤드류 그로브는 안절부절못한다. 그의 교훈은 내적인 마음가짐의 교훈이다. 도전자의 라이프 사이클을 보면, 편안함과 보호는 침체로 이어진다는 것을 경고하는 많은 증거들이 있다. 안절부절못하는 것은 성공적인 비즈니스의 친구이다. 그것은 이랬다저랬다하는 것과는 다르다. 그것은 창조적인 불안함이다. 팩맨Pacman 같은 리더들은 여기저기 돌아다니면서 아이디어들을 받아들이고, 아이디어들을 만들어낼 촉매 인재들을 양성했다. 그러나 그로브는 그것을 완전히 새로운 차원으로 가져갔다. 그로브의 유명한 경구가 우리에게 가르치는 것처럼, 실제로 편집증적이지는 않더라도, 리더 브랜드는 적어도 항상 주위를 경계하고 있어야 한다. 따라서 도전자 행동이 나타나는 첫 번째 장소는 우리의 머릿속이다.

나이트와 게이츠는 다른 교훈을 보여주고 있다. 그 교훈은 생각하고 행동하는 방식에 있어서 '무대 위'와 '무대 뒤'의 차이를 이해하는 게 중요하다는 것이다. 그리고 흥미있는 것은 그들이 서로 반대되는 방법으로 동일한 것을 보여주었다는 것이다. 이것은 도전자 행동의 두 번째와 세 번째 장소를 설명한다.

■ 밖에서보다 안에서 더 작아지기

게이츠의 교훈은 내부적 행동에 관한 교훈이다. 최근 몇 년 동안 마이크로소프트의 성공은 대부분 인지된 임계 규모에서 비롯된 것이다. 마이크로소프트는 거대하다. 즉 호환성, 편리함, 정보의 이동성이 중요한 시장에서 소비자들은 마이크로소프트 프로그램이 컴퓨터를 사용하는 '모든 이'가 가지고 있는 소프트웨어라고 인식한다. 따라서 이는 컴퓨터와 프린터 제조업자에 의한 표준화된 채택과 소비자들 사이에서의 선호를 의미한다.

그렇지만 밖에서는 크다는 것이 기업의 성공에 중요한 반면, 내부에서 마이크로소프트는 여전히 작게 생각하는 것에 엄청난 강조점을 두었다. 이것은 부분적으로 여전히 약자라는 느낌으로부터 비롯되었다(리더 브랜드가 된 이후에도 아주 오랫동안 자신을 그렇게 보는 것이다. 그리고 새로운 시장으로 확장해 나갈 때는 물론 도전자인 것이다).

하지만 그것은 마음가짐 이상의 것으로, 마이크로소프트는 조직을 구성하는 방식에서 한층 더 적극적으로 나아갔다. 조직은 여러 분야의 각각의 경쟁자들보다 더 작은 단위들로 쪼개졌다. 스스로 더 작은 물고기로 변한 것이다. 예를 들어 오라클을 죽이려는 팀은 오라클의 팀보다 의도적으로 더 작아지도록 설계되었다.

작아짐으로써 생기는 배고픔과 태도의 이점은 회사의 내부 구조에 의해 한층 더 강화되었다. 그들은 조직의 정체 현상을 막기 위해 12~14개월마다 개인들의 부서 이동을 단행하는 한편, 다른 IT 기업들이 분권화를 추진할 때 그들은 그와 반대로 조직을 집중화시켰다. 두 가지를 한꺼번에 취한 결과, 마이크로소프트는 불안정하게 비행할 수 있었고, 게이츠와 보먼은 비행기의 컴퓨터 역할을 하였다. 그들은 이메일을 통해 직원들과 실시간으로 의사소통을 할 수 있었다. 이는 대단히 실험적인 문화일 뿐만 아니라 조직이 방향을 급선회할 수 있는 능력을 낳았다.

가장 인상적인 사례는 1995년 12월에 있었던 일로, 마이크로소프트가 단 24시간 만에 전체 비즈니스 전략을 바꾸어 놓은 일이다. 그 유명한 결정적 전환의 순간에, 게이츠는 자신이 인터넷이 가진 미래의 힘에 관해 잘못 생각하고 있다는 사실을 깨달았다. 이튿날 그는 이메일을 통해 전 세계에 있는 24,000명의 직원들에게 실수의 본질에 대해 이야기했고, 어떻게 회사가 그것을 바로잡을지에 대해 지침을 제시했다. 게이츠는 단 하루 만에 체계와 방향을 재설정했다. 하지만 게이츠의 능력 못지않게 놀라웠던 점은 거기에 신속히 반응하는 조직의 능력이었다. 그 능력은 작은 조직 단위와 변화에 대한 익숙함에서 나왔다.

이제 일부 거대한 다국적 기업들은 극한 상황에서 스스로를 작게 생각하는 방식을 활용하고 있다. 우리는 유니레버Unilever의 회장이 전략적 난관에 봉착한 브랜드 팀으로 하여금 인력과 예산을 반으로 줄이고 문제를 여러 번 재검토해보도록 지시하는 것을 보았다. 그렇게 함으로써 그는 강제적으로 더 예리한 사고와 근본적인 전략적 재창조를 유도했다. 그러나 마이크로소프트의 사례는 리더 브랜드가 브랜드 리더십을 공격적으로 유지하거나 강화시키기 위해서는(게이츠는 언제나 방어가 아니라 공격에 주안점을 두었다) 이것을 내부 조직 속에 구조화시켜야 한다는 것을 보여준다. 따라서 내부적으로 작아지려고 하는 것이 도전자 행동의 두 번째 장소이다.

■ 안에서보다 밖에서 더 작아지기

필 나이츠의 교훈은 반대로 외부적 행동에 관한 교훈이다. 그것은 브랜드가 소비자에게 어떤 모습으로 보여져야 하는지와 핵심적 차원에서 안에서보다 밖에서 더 작아지는 것에 관한 교훈이다. 그는 항상 나이키가 업계의 골리앗이지만 다윗처럼 행동해야 한다고 말해 왔다. 이것은 나이키에게 중요하다. 왜냐하면 나이키는 내부와 외부 두 측면에서 임계 규모의 문제에 봉착해 있기 때문이다. 매년

스티브 프리폰테인: "I run best when I run free."

여러 차례의 패션 시즌을 치러야 하기 때문에 제품 개발과 출시, 판매 업무는 엄청나게 복잡한 활동이 되었다. 그 결과로 그들은 더욱더 프로세스 지향적이 되어야 했다. 그리고 이러한 업무 확장에 대처하기 위해 나이키는 미국 해병대와 같은 정교한 방식으로 내부 업무를 처리한다.

다른 한편 리복과 아디다스의 위협, 그리고 나이키 자신이 지배적인 기성 브랜드가 되고 있다는 점증하는 소비자의 인식에 대응하기 위해 나이키가 바깥 세상에 내보이려는 얼굴은 여전히 스티브 프리폰테인Steve Prefontaine의 얼굴이다. 즉 나이키는 관습을 거부하는 배고픈 인물이면서 사람들을 놀라게 하는 능력을 갖고 있고, 자신의 운동화에 토하는 스티브 프리폰테인 같은 이미지로 인식되길 원한다. 안에서보다 바깥에서 더 작아지는 것은 나이키로 하여금 자신의 주요한 청중들에게 자신의 외적 모습(persona)의 균형을 유지할 수 있게 한다.

- 소비자에게는 2등 브랜드로 보이지는 않더라도, 적어도 반 기성(anti-establishment) 브랜드로 보여질 필요가 있다.
- 소매상에게는 시장에서 주요한 브랜드, 선도자, 지배자, 반드시 구비해야 할 의류 품목으로 보여질 필요가 있다.
- 어떤 기업의 광고 모델을 할지 선택하는 운동 선수에게는 다른 운동화 업체보다 더욱 많은 스타 잠재력을 제공하는 기업으로 보여질 필요가 있다.

그렇지만 이러한 탁월한 노력에도 불구하고 나이키는 이제 너무나 지배적인 위치에 있어서, 아주 뛰어난 마케팅 환상으로도 기성 브랜드의 본질을 위장하기 힘든 위치에 다가서고 있다.

세 가지 브랜드 그리고 세 명의 운영자가 지난 20년 동안 브랜드 리더십의 의미를 재정의해 왔다. 우리는 리더 브랜드의 자신감에 대해 이야기하는 데 익숙하지만, 이 새로운 리더 브랜드들은 그와는 아주 다른 방식으로 행동한다. 그들은 편집증적이고, 스스로 약자라고 생각한다. 그들은 1등의 자리에 있기 위해 2등처럼 생각한다. 그리고 그들은 이러한 마음가짐을 자신의 정체성과 행동 방식의 물리적 구조로 전환한다. 안에서는 고릴라, 밖에서는 게릴라가 되어(혹은 그 반대로) 도전자 행동의 세 가지 장소 가운데 하나 또는 그 이상에서 (그들이 한때 그랬던 것처럼) 도전자로서 행동함으로써 자신의 지배력을 유지한다. 이를 위해 조직 구조를 인위적으로 재조정해야 한다면 그들은 기꺼이 그렇게 할 것이다.

12 도전자 프로그램의 설계

바깥에서의 이틀

"사람들은 다윗을 응원하지,
골리앗을 응원하지 않는다."

— 월트 챔벌레인

우리는 하드웨어 사회로부터 소프트웨어 사회로 나아가고 있다. 비즈니스 차원에서 본다면, 이것은 우리가 물리적 제품을 통해 성공하는 기업으로부터 소비자 경험을 통해 성공하는 기업으로 나아가고 있다는 의미이다. 중요한 것은 더 이상 박스의 크기가 아니라 박스의 내용인 것처럼, 사람들의 숫자나 직원들의 재능이 아니라 그들이 과제에 대해 어떻게 생각하고 행동하느냐가 바로 미래에는 중요한 결정 요인이 될 것이다. 그리고 이것은 조직상층부에 있는 핵심 그룹의 행동과 모범에서부터 시작되어야 한다. 회사의 핵심 인물들이 도전자 프로그램을 계속 운영하는 것이 필요하다. 우리는 군인을 원하는 게 아니라 전도사를 원한다.

도전자란 일련의 행동들이라기보다는 문제에 대한 기본적인 사고 방식을 의미하며, 중요한 것은 당신이나 내가 아니라 조직의 핵심 그룹이 그러한 사고 방식을 받아들이도록 만드는 것이다. 그리고 그들이 스스로를 프로그램하도록 만드는 것이다. 우리가 그들을 프로그램하는 것은 유쾌한 일이 아닐 뿐 아니라 비현실적인 생각이다. 그들은 스스로를 프로그램해야 한다. 즉 스스로를 도전자로 변화시켜야 한다.

'바깥에서의 이틀' 과정은 회사 내 핵심 그룹이 스스로를 프로그램함으로써 전사적으로 도전자 프로그램을 운영하도록 만들기 위한 것이다. 일종의 소프트웨어처럼 '바깥에서의 이틀' 과정(그리고 훨씬 더 장기적인 전략 과정)은 앞으로 계속 개선되고 업데이트될 것이다. 질레트 정신에서, 신제품을 대체할 아이디어의 개발은 그 제품이 출시되었을 때 이미 진행되고 있는 것처럼 말이다.

■ 준비

우리 자신

먼저 과도한 헌신이 있어야 한다. 그것은 분명해 보일지 모르지만, 이러한 프로젝트의 리더로서 우리는 '물에 발가락을 담그는' 식으로 연습을 할 수 없다. 연습은 우리 자신과 사람들에게 하나의 분기점, 즉 태도 변화를 위한 계기로 간주되어야 한다.

이러한 식으로 혼신을 다해 연습에 임해야 하는 실제적인 이유가 있다. 당신이 '바깥에서의 이틀' 과정에 참여하길 원하는 사람들은 언제나 다른 중요한 문제들을 갖고 있고, 따라서 우선 순위의 갈등이 일어날 수 있기 때문이다. 아마도 그 중 누군가는 거기에 참가할 수 없는 그럴싸한 변명을 늘어놓을 것이다. 그들 모두가 이틀 과정에 참여하도록 하기 위해, 집단적 사고 과정에 참여하도록 하기 위해 우리가 무엇을 요구할지 결정해야 한다. 이 이틀 과정의 중요성을 그들에게 전달하려면 어떤 종류의 본보기가 준비되어야 하는가?

둘째, 희생이 있어야 한다. 이틀 과정에 참여하는 그룹은 소규모일 필요가 있다. 처음에는 8명을 넘어서는 안 되고, 4명이나 5명이 가장 적당하다. 과정에 참가할 사람을 선별하는 것은 사람들에게 하나의 신호를 보낼 것이다. 따라서 우리는 이 과정에 대한 우리 자신의 인사 목표를 신중하게 결정할 필요가 있다. 이 모임에서 실제로 중요한 역할을 할 핵심 인물은 누가 될 것인가, 그리고 암묵적으로 그 이후에는 누가 될 것인가? 또 누구를 배제시킬 것이며, 이는 어떤 메시지를 그들과 다른 사람들에 전달할 것인가? 이러한 그룹에 관한 사실이 전하는 공개적 메시지는 무엇인가? 우리는 어떻게 그러한 메시지를 가능한 한 유익하게 만들 수 있을까?

그들

'바깥에서의 이틀' 과정에 참가하는 사람들은 적어도 이 책의 요약본을 읽어야 하며, 책 전체를 읽으면 더욱 좋다. 참가자들은 각자 과정에 참가하기 전에 자신의 업종 밖에 있는 사례들을 살펴보는 것의 이점에 대해 기본적인 지식을 갖출 필요가 있다.

이 외에 고려해야 할 선택적 준비 사항으로는 다음과 같은 것들이 있다. 기존의 VP(부사장) 그룹을 대체한다고 생각해보라. 사람이 아니라 그들의 직책과 직무 책임을 대체하는 것이다. 판매, 마케팅, 재무, 고객 서비스 VP 대신에 우리가 이야기해 온 아이디어들을 반영하는 직책을 선택해보라. 예를 들면 이런 것이다.

- 아이디어 VP
- 추진력 VP
- 소비자 신화 VP
- 큰 물고기 VP
- 정체성 VP

각 참가자에게 이 새로운 직책 중 하나를 주어라. 각자는 이러한 각각의 주제와 관련해서 지난 몇 년 간 회사의 수행 성과에 관해 준비하고 그룹에 보고해야 한다. 예를 들어 아이디어 VP는 회사의 아이디어 문화가 어느 정도인지, 지난해 나타난 가장 중요한 3~4가지 아이디어는 무엇이고 그것들이 어떻게 개발되었는지, 그런 아이디어의 내부적·외부적 영향은 무엇인지 등에 관해 보고할 수 있어야 한다.

큰 물고기 VP는 회사의 미래에 가장 큰 도전을 제기하는 한 가지 중심 문제를 회사가 올바르게 파악하고 그것을 극복하는 데 역점을 두도록 할 책임이 있다. 보고서는 이것이 지난 해의 문제였는지, 중심적 도전으로서 큰 물고기의 본질에 대해 명시적인 합의가 있었는지, 그리고 회사 전체 또는 마케팅 그룹이 그 도전에 대처하는 데 개별적 혹은 집단적 에너지를 모았는지 여부에 초점을 맞춰야 한다.

추진력 VP는 지난 5～10년 동안 회사의 실제 모멘텀(매출)과 인지된 모멘텀(소비자 인식)을 살펴볼 책임이 있다. 가장 급속한 성장을 이루었던 시기 혹은 지체되었던 시기에 기여한 요인은 무엇이었는가? 이와 같은 방식으로 다른 직책의 사람들도 동일한 방식으로 임무가 할당되고 기술될 수 있다.

이러한 연습은 선택적이다. 그것에 대한 반응이 이틀 과정에 참가하는 사람들의 유형에 달려 있기 때문이다. 어떤 그룹은 상상력이 풍부하고 이러한 형식의 연습이 요구하는 자유로운 사고를 수용할 수 있고, 반대로 어떤 그룹은 접근 방식에 있어 지나치게 이성적이고 상상력이 그다지 풍부하지 못할 수도 있다. 후자 그룹의 경우, 당신은 '바깥에서의 이틀' 과정 효과가 나타날 때까지 연습을 보류할 수 있다.

어쨌든 모든 사람들에게 큰 물고기에 대한 그들의 생각을 모임에 가져오도록 요청하라. 즉 브랜드, 회사, 혹은 사업이 직면하고 있는 가장 큰 도전은 무엇인가?

집단적 준비

모임에서는 다음과 같은 탐험적 사고의 기본 규칙을 지킬 필요가
있다.

1. 아무도 "하지만 내 업종은 달라"라고 말해서는 안 된다. 그 대
   신 각자는 자신의 업종에서 그와 유사한 것이 무엇인지 이해하
   려고 노력해야 한다. 스타벅스에 대한 연구에서 자동차에 관한
   교훈을 끌어내는 방법은 이 방식을 쉽게 잊어버리는 사람들에
   게 좋은 사례가 될 것이다.
2. 모든 도전은 긍정적이어야 하며("재미있는 아이디어이지만 너무
   멀리 갔어"), 부정적이어서는 안 된다("지금 말하고자 하는 게 도
   대체 정확히 뭐야").

장소

헨리 포드 이후, 차고는 휴렛팩커드, 애플, 클래시 같은 세계에서
가장 성공한 많은 기업들과 도전자들의 출생지가 되어 왔다. 방 하
나에서 두세 명의 사람이 어떤 아이디어를 가혹하게 두들겨 생명을
불어넣는다.[1] 이것을 흉내내 이틀 간의 워크숍은 '차고'에서 열릴
것이다. 그 공간은 점차 친숙해질 것이다. 처음에는 벽면이 빈 종이
로 덮여서 시작되고, 빈 종이는 각각의 단계가 완성되면서 점차 채
워지게 될 것이다. 이 방은 회사에서 떨어진 곳에 있을 것이다. 왜
냐하면 새로운 시작의 상징성 외에도 주의의 집중이 필요하기 때문
이다.

이틀 과정의 목적은 단순히 회사와 브랜드, 비즈니스를 발전시키는 다양한 접근법을 개발하는 것이 아니다. 차고의 정신에 비추어, 그것은 전적으로 새로운 것, 즉 새로운 회사, 새로운 브랜드를 위한 새로운 아이디어, 미래를 위한 새로운 출발점을 창출하는 것이다(당신은 이틀 과정이 끝난 뒤에도 핵심 그룹이 만나서 처음 모임 이후에 도출된 합의를 실천할 당신의 차고 혹은 전투 본부를 유지하고 싶을 수 있다).

마지막으로, 이 이틀 과정은 '임시 방편의 대책'을 만들기 위한 것도 아니며, 마케팅과 문화적 변화를 위한 매우 장기적인 과정의 대체품도 아니라는 사실을 지적해야겠다. 그것의 목적은 다음과 같이 정리할 수 있다.

1. 회사의 사업을 근본적으로 바꾸어 놓을 잠재력이 있는 혁신적인 전략적 접근 방법을 개발하는 것.
2. 회사의 핵심 마케팅, 생산, 판매 팀이 시장과 그 잠재력을 새롭게 바라보는 방법의 첫발을 떼는 것.
3. 프로그램에 참가한 모든 사람들이 사업 개발에 대한 새롭고 좀 더 공격적인 태도를 갖도록 하는 것.

한 마디로 '바깥에서의 이틀' 과정은 도전자가 되기 위해 떠나야 할 여정의 첫 걸음이다. 즉 땅에서 로켓을 이륙시키는 작업을 시작하는 것이다.

■ 첫째 날

1단계: 태도와 각오

모든 것을 계획한 다음에는 행동에 들어가야 한다. 실행은 기업들 간의 주요한 차별화 요소이다. 다수의 기업들이 꿈을 꾸고 가능성 있는 아이디어를 생각해내지만, 소수의 기업만이 그것을 실행한다. 이것은 그들이 올바른 태도를 견지하지 못했기 때문이다. 따라서 처음부터 올바른 태도를 견지하는 것이 도전자 프로그램의 첫 번째 목적이다. 이 단계는 사람들이 주의를 가장 덜 기울이는 경향이 있지만, 아마도 전체 과정에서 가장 중요한 단계일 것이다.

직전의 과거와 결별하기(제1원칙)

전제: 모든 것이 재검토되어야 한다. 현재 가치 있는 브랜드와 광고 자산, 그리고 업계 규칙을 포함해 모든 가정이 재검토되어야 한다.

여기에서 재검토와 거부 간에는 중요한 차이가 있다. '바깥에서의 이틀' 과정을 시작하면서, 우리는 우리 앞에 놓인 실제 도전, 가능성, 자산을 명확하게 바라볼 수 있도록 마음을 비워야 하고, 그러기 위해서는 직전의 과거와 결별해야 한다. '바깥에서의 이틀' 과정이 지나면, 원래 가라앉아 있었던 어떤 가치와 자산들이 새롭게 수면 위로 부상할 것이다. 하지만 시작할 때 모든 것을 말끔히 치워놓지 않으면, 결코 그러한 일들은 일어나지 않을 것이다.

스스로를 해고하라. 일을 했던 빌딩과 사무실을 떠나라. 완전히 새로운 팀으로 서 새로운 방으로 들어가라. 그것은 단지 어떤 새로운 팀이 아니라 전혀 다른 문화적 태도를 갖고 있는 팀이다. 우리는 실제적이지만 상상력이 있는 기업가 이다. 우리는 브랜슨, 후이젱가, 그로브이다. 야망이 있고 재빠르다. 우리가 신 선한 모든 것을 찾고 있다고 상상하라. 직관적으로, 우리 자신의 계승자의 새 롭고 현실적이며 야심찬 눈으로 볼 때 우리 각자가 제일 먼저 해야 할 일은 무엇인가?

이 연습에 자신의 이름을 제공한 인물처럼, 우리는 이것을 두 부분으로 나눌 수 있다. 첫째, 우리가 그만두려고 하는 한 가지를 파악하라(그로브의 경우, 이 는 메모리 사업에 머무르는 것이었다). 그런 다음 그 대신에 하고 싶은 한 가 지(예를 들어, 마이크로 프로세서에 집중하는 것)를 제시하라. 이것이 직전의 과거와 결별하는 첫 번째 단계이다. 두 번째 단계는 우리 앞에 있는 벽면에 업 계의 규칙 다섯 가지를 적는 것이다. 그리고 팀원 각자는 개개의 규칙이 더 이 상 진실이 아닌 이유를 설득력 있게 제시해야 한다. 세 번째, 우리의 브랜드에 대해서도 동일한 방식으로 하라. 우리의 마케팅 전략의 다섯 가지 주춧돌은 무엇인가? 이것들은 아마도 다음과 같은 것들로 구성되어 있을 것이다.

- 업종의 정의
- 표적 고객의 정의
- 주요 브랜드 자산
- 브랜드 약속
- 광고 자산

팀에게 각각의 정의가 더 이상 적절하지 않은 적어도 한 가지 이유를 다시 한 번 제시하도록 요청하라. 그리고 그 내용을 벽에 적어라. 이 단계에서는 어떤 성역도 존재하지 않는다는 것을 명심하라. 모든 것이 재검토되어야 한다.

우리의 큰 물고기는 무엇인가?

전제: 우리는 하루하루의 사소한 일에 지나치게 몰두해 있어서 더 큰 문제와 기회에는 눈이 멀어 있다. 어제의 표적 고객을 어떻게 쟁취할지에 대한 세부 계획과 전술에 빠진 나머지, 종종 우리는 지금 극복해야 하는 중심 문제, 오늘 우리가 대치하고 있는 큰 물고기를 보지 못하고 있다.

:: 연습: 큰 물고기

이 연습의 핵심은 큰 물고기를 파악하는 것이다. 이것은 이미 이전의 연습을 수행하면서 참가자들의 답변을 통해 암묵적으로 제기되었다. 이 연습은 그것을 좀더 분명히 하기 위한 것이다.

큰 물고기는 다음 중 하나일 것이다.

- 당신의 업종에 있거나, 현재는 업종 밖에 있는 경쟁력 있는 기업
- 어떤 이슈(예를 들어, 담배 광고 금지).
- 어떤 트렌드(예를 들어, 저지방 선호).
- 어떤 기술적 혁신(예를 들어, 디지털, 웹).
- 우리 자신(예를 들어, 태도, 보수성, 구조).

참가자들은 각각의 사항에서 중심적 위협이 무엇인지를 파악하면서, 이 사항들 하나하나를 따져보아야 한다. 일단 다섯 가지 사항이 모두 논의되면, 큰 물고기에 대해 의견을 모아라. 방 한가운데에 있는 중심 차트에 그것을 적어라. 이틀 과정을 진행하면서 큰 물고기에 대한 집단적인 시각이 변화할 수도 있지만, 참가자들은 항상 그들 앞에 있는 주요한 도전에 대해 공통적인 시각을 가질 필요가 있다. 그리고 그러한 도전의 본질이 항상 대화의 주요한 주제가 되어야 한다

2단계: 도전자 전략

등대의 정체성 구축하기(제2원칙)

　전제: 도전자의 성공 토대는 당신이 누구인가에 대한 분명한 인식과 그러한 정체성의 일관되고 강력한 전달이다. 더욱이 도전자는 리더 브랜드보다 가용할 수 있는 자원이 적기 때문에, 도전자가 하는 모든 것이 그러한 정체성을 가능한 한 강력하게 전달하도록 해야 한다. 도전자에겐 모든 것이 커뮤니케이션 수단이다.

기존 브랜드: 핵심 정체성의 재발견

∷ 연습: 브랜드 금고

우리는 누구인가? 여기에서 기본적인 전제는 회사의 정체성이 이미 존재한다는 것이다. 다시 말해, 잠재적으로 가치 있는 브랜드의 과거의 많은 요소가 일종의 금고(vault)에 보관되어 있다는 것이다. 우리는 그러한 사실, 자산, 혹은 아이디어들에서 현재의 도전에 가장 적합한 요소를 찾아서 그것을 확대할 필요가 있다. 여기에서 우리는 가치를 추가하려는 것이 아니라 추출(그리고 재적용)하려는 것이다. 이 연습의 자극제는 정체성에 관해 다른 사람들의 이야기를 경청하는 것이다. 그들은 일정 기간 브랜드와 함께 살아온 회사 안팎에 있는 브랜드 소비자이다. 특히 다음과 같은 사람들이다.

- 주요 소비자.
- 장기 근무 직원

보통의 경우, 이것은 조사의 형태를 취하게 될 것이며, 보고서는 조사 당일 제출되어야 한다. 조사를 위해 선발된 사람들은 관찰 장비가 갖춰져 있는 장소에 모이게 될 것이다. 그리고 이틀 과정의 참가자들에 의해 관찰될 것이다. 직접 관찰이 불가능하다면, 텔레비전 모니터를 통한 관찰도 가능하다.

조사가 이루어지는 방의 벽면은 브랜드가 탄생한 이후 삶의 각 단계에 있는 브랜드를 보여주는 자료로 뒤덮일 것이다. 탄생에 관한 사실, 초기 사업 원칙들, 광고, 포장 그래픽, 포장 형태, 뉴스 기사, 제품을 사용한 유명인사, 후원 활동 등이다. 조사 대상자들은 20~30분 동안 각자 자료들을 검토한 다음, 자리에 앉아 특별히 마음에 와닿는 브랜드의 역사적 정체성 요소들에 대해 논의하도록 요구받는다. 그들은 다음과 같은 이유 때문에 그와 같은 느낌을 받았을 것이다.

- 그것이 브랜드에 관해 특별한 그 무엇을 강력하고 명확하게 구현하는 것처럼 보이고
- 브랜드와 그들의 관계가 가장 강렬했던 브랜드의 과거 순간들을 보여주고 있으며,
- 어떤 면에서 현재에도 흥미롭거나 혹은 잠재적으로 타당해 보이는 새로운 정보를 제시하고 있기 때문.

이러한 조사 결과는 브랜드의 무성한 과거 중에서 어떤 요소가 미래를 위한 진정한 토대를 제공할지에 대한 분명한 시각을 제공할 것이다.

신규 브랜드나 항상 약하게 정의되어 온 브랜드

전제: 정체성에 관해 이야기하는 전통적인 방식은 목적 의식적이고 하향식인 접근 방법을 취한다. 누군가가 자신이 원하는 정체성을 정하면, 곧장 그대로 실행되는 것이다. 하지만 대부분의 도전자들에게 완전한 정체성의 출현은 하나의 여정이다. 즉 브랜드가 성숙함에 따라 정체성이 정교화되고 개발되는 것이다. 폭스의 경우 정체성은 4단계 과정을 거쳐 완성되었다.

단계 1. 차별화. 폭스는 자신이 다른 방송사보다 특정한 종류의 프로그램에 훨씬 좋은 반응을 얻고 있으며(젊은층 편향적인 프로그램) 다른 채널과 다른 소재들을 다루고 있다는 사실을 알아차렸다. 그래서 그들은 이와 같이 자신을 차별화하는 프로그램을 더욱더 강화하기로 결정했다.

단계 2. 개념. 폭스는 그들의 가장 성공적인 저녁 프로그램의 핵심 요소를 요약하는 개념 ― '대안적 코미디' ― 을 만들어냈다. 그들의 상징적 상품에 대한 직접적이고 일차원적인 설명이기도 한 이 개념은 그들 자신의 활동 공간과 존재 이유에 대한 윤곽을 제시한다.

단계 3. 개성. 짐과 태미 페이 베이커의 사형 집행 장면이 들어 있는 폭스의 첫 번째 광고는 논란을 불러일으켰다. 광고는 불손했고 매우 건방졌다. 폭스는 어느 누구의 비위도 맞추려 하지 않는 방송사였다. 폭스는 개성을 자신과 소비자를 위한 브랜드의 역할 맨 위에 올려놓았다.

단계 4. 완전히 성장한 정체성. 1990년대 중반경 폭스의 정체성은 매우 명확해졌다. 그것은 코미디에 국한되지 않았고, 프로그램들의 개성과 성격에 의해서, 그리고 그들이 어필하려는 시청자의 사고 방식에 의해 정의되었다. 그것은 위험 감수, 불손함, 젊음, 최신 스타일 등과 같은 것이었다.

이와 같은 정체성의 여정은 어떤 의미에서 아래로부터 진행되는 과정이다. 하지만 그렇게 만들어진 정체성은 마케팅 팀의 머릿속에서 전적으로 형성된 것보다 더 오랫동안 지속될 가능성이 있다. 왜냐하면 그것은 시장에서의 성공이나 실패의 객관적 이유들에 의해 정교화되고 다듬어지기 때문이다. 따라서, 정체성을 향한 여정의 연습은 다음과 같은 모습일 것이다.

:: 연습: 배리 딜러

1. 차별화. 당신은 소비자의 눈에 당신을 차별화된 존재로 보이게 만드는 어떤 활동을 하고 있는가? 또는 소비자의 눈에 당신을 진정으로 차별화하는 어떤 일을 고려하고 있는가?

2. 개념. 이러한 차별화의 주요 요소들을 통합하는 개념이 있는가? 그 개념은 시장에서 우리를 위해 어떤 역할을 만들어낼 것인가?

3. 개성. 우리는 스스로를 더욱 차별화하기 위해 그러한 개념에 어떤 개성을 입혀야 하는가? 이러한 개성에 관한 무엇이 소비자와 우리 자신 모두에게 확신을 심어주는가?

4. 정체성. 그래서 당신은 누구인가? 어떻게 다른 어느 것도 참조하지 않고, 자기 자신을 명확하게 정의된 방식으로 설명할 수 있는가?

각 단계를 거쳐라. 여정을 창조하라. 각 단계는 시간의 경과에 따라 혹은 뒤따르는 단계에 의해 정교화될 수 있지만, 어느 단계에서든 시작해야 한다. 그리고 우리가 이러한 단계들의 질문에 대한 정확한 답을 갖고 있지 않다면, 그에 답할 수 있게 하는 메카니즘을 만들어야 한다.

▚ 연습: 새턴

새턴은 자기 자신의 정체성을 정의하는 데 경쟁자의 약점을 활용했다. 자동차 업계의 잘못된 모든 관행을 구체적으로 지적함으로써, 새턴은 스스로를 디트로이트의 자동차 회사들에 대한 대척점으로 만들었다.

전통적인 미국 자동차 회사	새턴
산업 도시	미국의 작은 도시
강압적인 판매	신사적인 판매
자신만의 규칙이 있음	다른 소비재와 동일한 규칙
(예: 가격 흥정 가능)	(예: 가격 흥정 없음)
철강 제품 판매	경험 판매
장사꾼인 판매원	'친구' 같은 판매원
일회성 거래	관계

이러한 연습은 소비자의 불만에 무관심한 '병에 걸린 업종', 예를 들어 은행이 가장 적합하다. 그것은 업종의 부정적인 면을 규명하고, 그러한 면에 반대되는 자신의 정체성을 탐색하는 것으로 이루어진다.

이러한 연습에서 피해야 할 함정은 '소비자 편에 서는 것' 혹은 '소비자를 이해하는 것'을 자신의 정체성의 일부로 설정하는 일이다. 이는 너무 피상적이고 당연한 사항이다. 소비자를 이롭게 하는 서비스나 관계를 소비자에게 진정으로 제공하는 것이 도전자를 위한 하나의 기회일 수 있다. 다만 이 서비스나 혜택의 성격은 가능한 한 구체적일 필요가 있다.

:: 연습: 피카소

지난 2년 동안 마케팅 활동의 모든 사항을 벽에 적어라. 가능하면 내년 계획도 함께 적어라. 당신의 모든 마케팅 활동 중에서 실제로 행할 것 같아 보이지 않는 것을 지워라. 활동을 세 가지 그룹으로 나누어라.

1. 어떤 활동이 정체성을 강하게 전달하는가?
2. 어떤 활동이 정체성과 일치하는가?
3. 어떤 활동이 정체성과 일치하지 않는가?

2번과 3번에 해당하는 것들을 모두 버려라. 우리가 버린 요소들이 핵심 정체성을 강하게 전달하는 활동 범주에 들어가게 하려면 무엇을 해야 하는가?

사고의 리더십 장악하기(제3원칙)

전제: 급속한 성장을 위해서 도전자는 해당 업종의 소비자와 새로운 종류의 관계를 개발해야 한다. 이것은 표현, 매체, 경험에 관한 기존 관행을 선택적으로 깨는 것을 통해 달성될 수 있다.

여러분들은 관행 타파에 관한 실질적이고 근본적인 사고 방식을 제공하는 다양한 연습들을 선택할 수 있다. 주어진 시간 안에 얼마나 많은 연습을 수행하는가는 어떻게 그 연습들이 진행되는가와 여러분이 얼마나 많은 시간을 쓸 수 있는가에 달려 있다. 만약 그것이 여러분의 브랜드에 도움이 되지 않는다면, 다른 연습으로 옮겨가라.

⠿ 연습: 리처드 브랜슨

우리의 핵심 제품에 대해 사람들이 느끼는 방식을 어떻게 바꿀까? (예를 들어, 가장 단순한 형태로, 돈이나 수프, 또는 보드카)

리더 브랜드의 강점은 그것이 종종 시장에 대해 소비자가 생각하는 방식을 정의하고 소비자가 그렇게 생각하도록 만들 수 있다는 점이다. 하지만 야심차고 지적으로 순진한 질문을 던지는 것은 점진주의를 뛰어넘어 극적인 변화와 업종의 아킬레스건 두 가지 모두의 원천을 찾을 수 있게 한다. 그것은 또한 리더 브랜드의 잠재적 아킬레스건일 수도 있다.

▪▪ 연습: 이안 슈레이저

이 연습은 심도 있는 논의가 필요하기 때문에 2인 1조 방식으로 가장 잘 수행된다. 먼저, 존경하지만 자신의 업종과는 직접적인 관계가 없는 네 개의 도전자 브랜드를 선택한다. 예를 들어 다음과 같은 것이 될 수 있다.

- 고급 승용차 시장의 렉서스
- 소프트웨어 시장의 마이크로소프트
- 항공 시장의 사우스웨스트
- 금융 서비스 시장의 골드피시

그런 다음 당신의 브랜드가 이 업종에 있는 것처럼 브랜드 개발과 마케팅에 접근해보라. 일부는 다른 브랜드 창업자의 눈을 통해 생각하는 것이 보다 쉽다는 것을 발견할 것이다. 이 브랜드 창업자나 마케팅 이사가 우리 업종에 있다면 우리 브랜드를 어떻게 마케팅할까?

▪▪ 연습: 아니타 로딕

어떤 업종에 진출하기 위한 결정적인(고급 포장 혹은 일반 잡화 유통망 같은) 티켓을 선택하고 그것이 더 이상 사용 가능하지 않게 되었다고 가정해 보라. 이제 무엇으로 그것을 대신해야 하는가?

이 연습에서 특히 가치 있는 것은 약점의 다른 편에 있는 브랜드나 제품 믹스의 요소로의 대치를 통한 보상의 관점에서 생각하는 것이다. 바디샵의 애니타 로딕을 생각해 보라. 우아하고 고급스러운 포장을 할 수 없게 되자, 그녀는 병안에 있는 것(제품)을 낭만적으로 만드는 데 초점을 맞췄고, 그녀가 믿는 바에 대한 주장을 펼칠 기회로서 병이 진열되는 상점 자체를 이용했다. 이러한 종류의 대치가 어떻게 당신 자신의 브랜드 마케팅과 행동을 강화시킬 것인가?

당신이 전통적인 매체들을 거부한다고 상상하라.

당신은 판매점, 포장 상자, 또는 다른 비전통적 매체를 포함해, 활용 가능한 어느 것이든 매체로 사용할 수 있다. 어떻게 당신의 정체성과 메시지를 비전통적인 매체를 통해 효과적으로 전달할 수 있는가? 이 연습에 자극을 더해주는 좋은 방법은 현재의 지배적인 매체들을 거부하면서도, 어떻게 현재의 청중들과 두 배로 의사 소통을 할 수 있을지를 생각해 보는 것이다.

스타벅스의 하워드 슐츠는 커피 한 잔을 위해 길게 기다리는 일을 세련된 느낌의 순간으로 바꾸어 놓았다. 그렇지 않았다면 몹시 지루한 시간이 되었을 것이다.

따라서 이 연습에서는 어떻게 소비자가 내키지 않는 구매/소비 과정에 참여하게 되는지를 파악하고, 어떻게 그러한 과정을 그들이 가장 좋아하는 부분으로 바꿔놓을 수 있는지를 알아본다.

(다음과 같은 길잡이가 있다. 우리의 표적 고객에게 즐거움 혹은 보상의 느낌을 주는 것은 무엇인가? 배움? 놀이? 기다리는 동안 다른 일을 하는 것? 그들이 특별하다고 느끼도록 만드는 것은 무엇인가? 아첨? 그들 자신의 자부심을 증대시키는 것?)

탱고의 포장은 청량 음료에서 색깔의 금기를 깨뜨렸다.

우리 업계에서 분명한 금기는 무엇인가?

그것들을 나열해 보라(그것들은 연습을 시작할 때 나열되었던 규칙들과 상당히 가까울 것이다).

이러한 금기 중의 하나를 깨는 것이 우리에게 어째서 이익이 될 수 있는가?

:: 연습: 존 갈리아노

존 갈리아노는 패션쇼에 대한 청중들의 기대감을 고조시키기 위해 특별한 초대 방법을 이용한다.

이 연습은 소비자가 제품을 경험하거나 우리와 접촉하기 전에 그들을 어떻게 미리 특정한 방식으로 행동하게 만들 수 있는지를 살펴본다.

먼저, 우리는 다음과 같은 것을 명확히 할 필요가 있다.

- 소비자가 우리에 대해 갖고 있는 기대감.
- 우리와의 상호 작용 지점에 도달하기 위해 소비자들이 지나가는 '관문'(예를 들어 자동차 렌탈 업체인 경우 공항에 착륙하는 것이나 호텔에 체크인 하는 것).

우리의 제품에 대한 기대 수준과 우호적 성향을 높이기 위해 우리는 이러한 관문을 어떻게 이용할 수 있을까?(그리고 그러한 기대를 확실히 충족시킬 수 있다는 것을 전달하려면 무엇을 해야 하는가?)

재평가의 상징 창출하기(제4원칙)

전제: 당신은 주목성과 모멘텀을 창출하면서, 당신의 브랜드에 대한 신속한 평가나 재평가를 유도할 필요가 있다.

::: 연습: 니콜라스 하이예크

단계 1: 회사나 브랜드의 급속한 성장을 가로막는 주요 소비자 자기만족에 대해 논의하라. 그러한 것들 가운데 어느 것이 지배적인 소비자 자기만족인가?

단계 2: 우리의 브랜드에 관한 단 하나의 무엇을 전달하는 것이 이러한 자기만족을 변화시키고 깨뜨리고 뒤집겠는가?(스와치가 "스와치, 스위스, 60마르크"라고 했던 것처럼, 이것을 세 가지 커뮤니케이션 포인트로 만들어 볼 수도 있다). 특히 도시의 가장 높은 빌딩 위에 2주 동안 당신 제품의 상징물을 걸어 놓을 수 있다고 가정해 보라.

- 그것은 어떤 제품 혹은 아이디어일 것인가?
- 그것은 어떤 형태로 나타날 것인가?
- 그 위에 어떤 세 가지 것을 적을 것인가?

■ 둘째 날

3단계: 전략을 도전자 행동으로 전환하기

그날의 사전 준비. 어제 토론 과정에서 일었던 먼지가 가라앉았으면, 큰 물고기를 다시 생각해보라. 모든 사람들이 어제와 동일한 생각을 갖고 있는가? 참가자들이 보다 정교하게 논의해야 할 사항이 있는가?

변화가 있다면, 방 한가운데 있는 중심 차트 위에 다시 한번 그것을 적어라.

희생: 우리는 무엇을 희생할 것인가?(제5원칙)

전제: 한두 가지 마케팅 행동이 내년 브랜드의 운명에서 결정적 역할을 하게 될 것이다. 이것이 가능하려면 나머지는 희생해야 한다. 이러한 한두 가지가 실제로 무엇일지의 문제는, 분명히 앞을 내다보기보다는 뒤돌아보는 것이 대답하기가 훨씬 더 쉬울 수 있다. 즉, 과거부터 시작하는 것이 효과적일 수 있다. 지난해에 일어났던 모든 마케팅 활동들을 돌아볼 때, 차이의 80퍼센트를 만든 한두 가지는 무엇인가? 다른 모든 것을 희생한 것은 브랜드 성과에 어떤 실제적 차이를 가져왔는가?

그런 다음 학습 사항을 올해에 적용시켜 보라. 올해에도 다시 무엇이 결정적 요소일지를 결정하는 방법에 대해 그것이 지침을 주는가?

목표와 활동을 구별하는 것이 유용할 수 있다.

1. 벽에다 브랜드를 위한 한 해의 목표들을 적어라. 만일 도움이 된다면, 이 목표들을 이틀 과정의 첫 단계에서 논의했던 마케팅 영역별(청중, 유통, 매체 등)로 나누어라.

가장 덜 중요한 것은 어느 것인가?

그것을 빼내라.

다음으로 덜 중요한 것은?

그것을 빼내라.

두 가지가 남을 때까지 하나씩 빼내라.

뒤로 물러서라. 작년을 기준으로 사용하면, 우리는 실제로 얼마나 많은 목표들을 제외시켰는가?

2. 이 두 가지 목표를 달성하기 위한 모든 마케팅 활동을 적어라. 그것들이 두 개가 될 때까지 빼내라. 당신이 이 두 가지 목표, 이 두 가지 활동에 단지 헌신할 수 있다면(과도하게 헌신할 수 있다면) 브랜드는 얼마나 성공적일 것인가?

과도한 헌신(제6원칙)

원칙적으로 이것은 복잡한 과제가 아니다. 우리는 이전 단계에서 절대적으로 달성해야 할 두 가지 과제를 이미 파악했기 때문이다.

첫째, 우리 스스로에게 물어본다. 우리가 극복해야 할 저항과 희석의 정도는 어떠한가, 그리고 그것은 주로 어디에 있는가?

:: 연습: 화이트워터 게이트

각각의 핵심 마케팅 과제에서 그것이 실패하는(혹은 그저그런 수준으로 희석되는) 세 가지 반박할 수 없는 이유를 스스로에게 물어보라. 그런 다음 그것들 각각을 중립화하거나 뒤집을 가장 효과적인 방법에 대해 자유롭게 토론해 보라. 그러한 저항을 극복하는 데 있어 벽돌 아래 2피트는 어떤 모습인가?

두 번째 연습은 오클리의 창업자 이름을 따서 '짐 재너드'라 부르 겠다.

:: 연습: 짐 재너드

짐 재너드는 300달러를 가지고 새로운 사업을 시작했다. 그리고 그의 아내는 임신 8개월이었다. 이것은 오클리의 삶에서 결정적인 순간마다 성공을 견인하는 무시무시한 힘으로 작용했다. 이 연습은 비교적 간단하다. 같은 질문을 세 번 물어보는 것으로 구성되어 있다. 단, 매번 판돈을 한 단계씩 높인다.

1. 우리는 이 활동의 성공을 어떻게 보장할 것인가?
2. 일자리가 그것에 달려 있다면, 성공을 보장하기 위해 어떻게 접근할 것인가?
3. 마지막으로, 만일 그것이 자신의 사업이고 은행에 300달러밖에 없으며 가족의 생계가 거기에 달려 있다면, 어떻게 접근할 것인가?

하이 레버리지 자산으로서 광고와 홍보 활용하기(제7원칙)

우리는 8장에서 입소문은 소비자가 다음 4가지 상황 중의 하나에 있기 때문에 발생한다고 말했다.

1. 자랑거리. 그들은 가치 있는 어떤 것을 발견했다. 자신이 새로운 브랜드, 새로운 제품을 최초로 발견한 사람이라고 느낀다.

2. 제품 열광. 그들은 우연히 어떤 브랜드의 성능을 경험했는데, 그것이 놀랍도록 인상적이다(혹은 형편없다).

3. 열망적 일체감. 그들은 강한 정체성과 에토스(정신)가 있는 브랜드를 발견했다(예를 들어 어떤 사회적 이슈에 대해 동조하는 것). 그래서 그들은 존경하거나 그 브랜드와 일체감을 갖고 싶어한다.

4. 뉴스 가치. 그들은 우연히 놀랍고 아주 재미있고 충격을 주는 마케팅 활동에 접하게 되었다. 친구들과의 대화거리가 되기에 충분하다.

우리가 앞으로 하게 될 광고가 우리의 목표 달성에 어떻게 도움이 될지 논의하는 것은 분명 성급한 일이지만, 적어도 우리가 어떻게 실행하고 있는지에 대해서는 평가할 수 있다.

정체성의 확장으로서, 어쩌면 우리가 이미 행하고 있는 어떤 것의 확장으로서, 위에서 언급한 4가지 이유들로 인한 '자판기 앞 대화'를 창출하기 위해서 우리는 무엇을 할 수 있는가?

요약과 계획

둘째 날 마지막에 할 일은 모든 사람들이 동의하는 사고의 핵심 요소를 정리하는 것이다. 다만 그러한 생각들에 대해 확정적으로 판단하거나, 연습 과정에서 새롭게 등장한 연관된 이슈를 성급히 해결하려고 하는 일은 없어야 한다.

둘째 날 마지막에 던지는 다음 세 가지 질문은 이틀 간의 과정을 요약하는 것이다.

1. 큰 물고기는 무엇인가?
2. 우리는 누구인가?
3. 각각의 과정에서 우리의 사업을 변화시킬 가장 큰 가능성을 가진 세 가지 아이디어는 무엇인가?

(이틀 과정에서는 8번째 원칙의 이행을 위한 연습은 없음을 주목하라. 이 과정은 전체 여행 중에서 더 나중의 단계에서 시작될 것이다).

다음은 무엇인가?

2주 후 사후 점검을 위해 하루를 잡아라. 그날의 3분의 1을 모든 것을 취합하는 데 사용하라. 어떤 아이디어와 개념이 도전자로서 당신의 미래에 계속 중심적이 될 것으로 보이는가?

그날의 3분의 1은 다음 차원에서, 회사로서 당신이 여정을 떠나기에 얼마나 잘 채비를 갖추었는지 점검하는 데 쓰도록 하라.

- 동업자들.
- 열정.
- 지식.
- 아이디어.
- 직책과 업무
- 문화.

마지막 3분의 1은 향후 6개월을 위한 최초의 계획을 준비하는 데 사용하라. 계획은 외부적 마케팅과 도전자의 마음가짐을 내부적으로 채택하기 시작했음을 알리는 신호와 지침을 포함한다.

그런 다음, 거기에 과도하게 헌신하라.

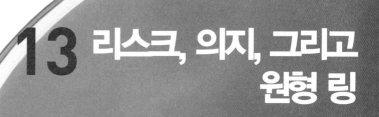

13 리스크, 의지, 그리고 원형 링

"용기! 용기! 삶! 삶! 그것이 나의 테크닉이다."

– 조지 루크스

19 82년 영국에서 채널 4가 네 번째 방송사로 출범하면서, 아메리칸 풋볼, 프랑스 사이클, 오스트레일리아 축구와 같은 다른 나라 스포츠 경기를 처음으로 방영하였고, 일정 정도 성공을 거두었다. 그리고 얼마 지나지 않아 채널 4는 이러한 전 세계적인 종목들에 스모 경기를 추가했다. 스모는 잘 알려지지 않은 다른 스포츠들처럼 영국의 안락의자 스포츠맨에게는 생소했으므로, 스모 시즌을 시작하면서 방송은 먼저 앞으로 벌어질 경기 규칙과 역사와 용어에 관한 1시간짜리 소개 프로그램을 내보냈다. 지난 10년 동안의 요코즈나, 즉 가장 위대한 스모 챔피언들(그들은 '덤프 트럭', '황소' 같은 인기 있는 별명을 즐겨 붙인다)을 소개하면서, 채널 4는 현재 챔피언 타이틀 보유자(내 생각에 '타이거'였던 것 같다)의 나이든 트레이너(스모 용어로 관장)와 인터뷰를 하면서 그에게 제자의 성공 비밀을 물었다.

관장의 대답은 아주 명쾌했다. 그는 위대한 스모 선수가 되려면 중요한 세 가지가 있다고 말했다. 첫째는 육체적 힘이다. 하지만 그는 '타이거'도 강했지만 더 강했던 선수들도 있다고 말했다. 그리고는 화면은 챔피언의 모습을 보여주었다. 타이거도 작지는 않았지만 덩치가 두 배인 다른 선수가 우뚝 서 있었다.

관장은 두 번째 중요한 요건은 뛰어난 기술이라고 말했다. 그러나 그는 타이거도 기술이 강했지만 그만큼 잘하거나 더 나은 다른 요코즈나도 있었다고 강조했다. 그런 다음 챔피언이 복잡한 손감기 기술로 상대방을 힘차게 잡는 장면이 나왔다.

하지만 세 번째 요건은 바로 '정신'(spirit)이라고 말했다. 이것이야말로 타이거를 챔피언으로 만든 것이다. 그는 결코 포기하지 않으며, 이기려는 의지를 절대로 잃지 않는다. 화면은 챔피언의 경기 모

스모: 원형 링

습을 계속해서 보여주었다. 챔피언은 스모판을 둘러싼 원형 링(도효, dohyo) 너머로 곧 나가떨어질 것 같으면서도 항상 살아나서 다시 싸웠고, 결국 상대방을 스모판 밖으로 거꾸러뜨리고 링 안에 홀로 남았다.

실제로 도전자 브랜드에는 우리가 지금까지 전혀 다루지 않았던 중요한 영역이 많이 있다. 예를 들어 우연이라는 것이 있다. 마케팅은 과학이 아니며 체스 게임처럼 계책과 역계책의 문제도 아니다. 운이 좋은 것 그리고 그 운이 찾아올 때 어떻게 그것을 이용하느냐가 도전자의 상승에 결정적인 부분이 될 수 있다. 예를 들어 아디다스의 세 줄 무늬가 갑자기 로스앤젤레스 남쪽 중심 거리 혹은 할렘이나 클리블랜드에서 다시 인기를 얻으리라고 누가 생각이나 했겠는가? 그리고 그것이 도약대가 되어 위기 상황으로부터 튀어올라

나이키를 위협할 것이라고 생각했겠는가?

내가 도전자 브랜드의 배후에 있는 사람들을 인터뷰하면 할수록 원형 링의 독특한 이미지가 더욱더 내게 다가온다. 즉 진정한 경계선으로서 정신에 대한 인식이다. 내가 책을 쓰기 시작한 것은 도전자가 상대방의 우월한 힘을 극복하기 위해 어떻게 재치 있는 기술을 이용하는지 알아보려 함이었다. 하지만 나는 진정으로 차별화 요인을 논의하지 못했다는 사실을 점차 깨닫게 되었다. 그것은 기술하기 힘든 것, 바로 정신이다. 그것은 이야기를 나누면서 느껴지는 그들의 감정이고, 실제로 말했던 것이 아니라 그들이 자신을 표현하는 방식이다. 그것은 어떤 메시지가 아니라 바로 매체이다.

물론, 비즈니스에 관한 책에서 이러한 종류의 감정에 대해 쓴다는 것은 어려운 일이다. 독자는 아마도 우리가 사례 연구와 분석 영역에서 자기 수양의 세계로 길을 잘못 들고 있다고 느낄지도 모르겠다. 그리고 어느 순간 독수리의 유연한 사냥, 날개가 부러진 백조, 래브라도 강아지, 모든 인간의 가슴에 숨어 있는 잠재력에 대한 유명한 아메리카 인디언의 격언을 마음속에 떠올릴 것이다. 하지만 동시에, 어떻게 놀라운 순간을 언급하지 않고 남겨둘 수 있을까?

완전히 낯선 이에게 자신이 세운 회사의 여정에 관해 천 번째 이야기를 하고 있는 한 창업자는 이야기에 너무 취한 나머지 문자 그대로 팔에 소름이 돋는 자신을 발견한다(그도 나만큼이나 놀랐다. "봐요." 그는 자리에서 일어나 홍보 이사와 나를 향해 마치 우리가 그의 '소름'을 의심이라도 하는 것처럼 털로 뒤덮인 팔뚝을 계속 흔들어 보였다).

위험을 받아들이는 성향, 유리한 경쟁 조건에 대한 선호, 품질 혹은 혁신에 대한 집착, 승리하고자 하는 강렬한 열망, 우월성의 확신,

즐거움(fun)의 느낌 등을 어떻게 빠뜨릴 수 있는가? 이런 것들은 그들이 속해 있는 기업이나 비즈니스에 대해 이야기하는 방식을 너무도 강렬하게 채색한다. 사실상 신이 금지하지 않는 한, 어떻게 이러한 특성들에 대한 이야기를 그만둘 수 있겠는가?

정신이 단지 영감을 불어넣는 것만은 아니다. 좀더 실질적인 차원에서 그것은 도전자 의도와 도전자 행동 간의 차이를 만드는 요인인 것처럼 보인다. 우리는 대개 의도에는 관심을 가지지 않는다. 우리는 완전히 새로운 사고와 행동 방식을 원한다. 그래서 원칙적으로, 8가지 원칙과 4단계 도전자 과정을 열거함으로써 이 책을 요약하는 것이 가능할 것이다. 그리고 리더 브랜드와 도전자 브랜드의 차이를 표로 정리해볼 수도 있을 것이다.

또한 우리는 미래가 '경험 비즈니스'에 달려 있다는 식으로 도전자의 미래에 관해 얘기할 수 있을 것이다. 그리고 나서 가치에 관한 낡은 수학 공식을 재정의하려 할 것이다. Q(품질)/P(가격) = V(가치)가 아니라 Q/P×E(경험) = V이다. 우리는 이것이 도전자 가치 방정식이며, 미래의 싸움터라고 예측할지도 모른다.

리더 브랜드	도전자 브랜드
안심	일체감/강화된 자아의 느낌
동일	다름
규모	모멘텀
혁신	아이디어
인지	예측
주류	대안
안정	불안정

표 13.1 리더 브랜드와 도전자 브랜드의 차이

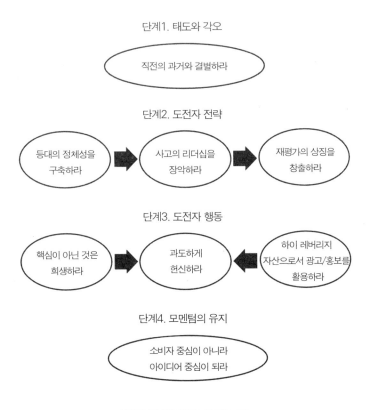

단계1. 태도와 각오

직전의 과거와 결별하라

단계2. 도전자 전략

등대의 정체성을
구축하라

사고의 리더십을
장악하라

재평가의 상징을
창출하라

단계3. 도전자 행동

핵심이 아닌 것은
희생하라

과도하게
헌신하라

하이 레버리지
자산으로서 광고/홍보를
활용하라

단계4. 모멘텀의 유지

소비자 중심이 아니라
아이디어 중심이 되라

도전자 전략의 접근: 4단계 과정

그러나 그것이 독자에게 유용하든 아니든 간에, 이러한 종류의 결론은 결정적인 어떤 것을 빠뜨리고 있다. 허브 켈러허는 이를 잘 지적했다. 그는 캘리포니아에서 셔틀 바이 유나이티드Shuttle by United와의 임박한 전투에 관해 질문을 받자, 그들을 정상에 계속 있게 한 것은 그들의 "심장(열정)과 장(용기)"이었다고 대답했다. 또 다른 사례를 들자면, 왜 하워드 슐츠에게 투자하느냐는 질문을 받자, 프라이스 코스트코Price Cost Co의 회장은 "그의 눈을 보면 알 수 있어요."라고 대답했다.[1]

조직과 사업에서 감정이 수행하는 역할은 거의 주목을 받지 못하고 있다. 마치 IBM(International Business Machine)이 스스로를 솔루션에 관한 것이라고 정의하는 것처럼, 우리 인간은 국제적 비즈니스 기계가 되어가고 있다. 하지만 감정은 주요한 변수다. 그것이 존 갈리아노의 경우처럼 긍정적인 욕망이냐, 그로브의 경우처럼 두려움이냐는 정말로 문제가 되지 않지만, 어느 것이든 아주 많이 필요하다. 이것은 사람들은 자신이 하고 싶은 일을 할 때 잘 하게 된다는 오래된 진리 이상의 것이다. 그것은 원형 링 밖으로 곧 내동댕이쳐지려고 하는 느낌이 드는 순간, 어떻게 개인적인 힘을 발휘하여 그것을 극복해내느냐의 문제이다. 다음 이야기는 이것을 설명하는 데 도움이 될 것이다.

1984년 퀘벡의 어느 겨울 아침이었다. 네 사람이 지불할 여력이 없는 전화 요금 청구서를 들고 방에 앉아 있다. 네 사람은 서크드솔레의 임원진이다. 서크드솔레는 새로운 서커스단으로 주로 장대 타는 사람들로 이루어져 있었는데, 출범 첫해를 막 끝냈다. 회사는 크게 적자가 났다. 그들은 어려운 실제적인 문제에 대해 논의하고 있다. 특히 그중에서도 테이블 위에 놓인 전화 요금 청구서가 문제이다. 하지만 현재 은행 잔고로는 도저히 해결할 수 없다. 이야기를 나누는 중에 전화벨이 울린다. 얄궂게도 이탈리아에서 걸어온 수신자 부담 전화이다.

그들은 전화를 받는다. 상대방은 다섯 번째 구성원이자 동업자인 구이 랄리베르테Guy Laliberte인데, 다소 흥분한 상태다. 그는 좋은 뉴스라고 말한다. 그가 북부 이탈리아를 여행하면서 알게 된 한 사람으로부터 새로운 큰 천막을 샀다는 것이다. 지금 갖고 있는 것보다 훨씬 거대한 천막이라고 했다.

서크드솔레: 1984 빅탑

퀘벡의 방에서는 난리가 난다. 그야말로 끔찍한 일이다. 그들은 무슨 수로 그걸 사냐고 그에게 묻는다. 은행, 빚, 심지어 비참한 전화 청구서. 하느님, 맙소사!

하지만 이탈리아로부터의 흥분은 사그라들지 않는다. 랄리베르테는 그들이 잘못 보고 있다고 말한다. 올해는 서커스단을 설립한 첫해일 뿐이었다. 내년에는 더욱더 알려지게 될 것이다. 빌린 돈을 갚으려면 쇼마다 더 넓은 좌석 공간이 필요할 것이다. 이 큰 텐트는 크기가 거의 두 배이고, 1200명을 수용할 수 있다. 그것은 사실상 앞으로 나아가는 아주 현명한 방법인 것이다.

구이 랄리베르테는 매우 설득력 있는 사람이고, 퀘벡에 있는 네 사람은 마침내 설득되고 만다. 그들에게 없는 돈을 가지고 이탈리아에 있는 큰 텐트를 사는 것에 동의한다. 일 년 안에 흑자가 나면 갚는다는 조건이다.

이와 같은 패턴은 반복된다. 3년 후 그들은 확장에 대해 다시 논의한다. 캐나다 밖으로 나가야 한다면, 미국 시장을 공략해보자는 것이다. 많은 사람들이 반대한다. 그들은 나이애가라 폭포의 국경 바로 너머에서 시험삼아 해보았고, 그저그런 정도의 성공을 거두었을 뿐이었다. 랄리베르테는 적극 찬성이다. 그는 자신들이 미국에 가야 하고 계속 움직여야 한다고 주장한다.

상당한 의견 차이가 있다. 몇 년 간 금전적인 어려움을 겪고 난 뒤, 그들 중 많은 이들이 결혼을 하고 대출을 받아 집을 사고 연금에 가입해 있다. 창업자들은 그들의 방식대로 밀고 나간다. 하지만 일부 사람들이 떨어져 나가는 것을 감수해야 했다.

그들은 로스앤젤레스에서 페스티벌을 연다. 그들은 쇼 준비에 모든 자금을 써버렸다. 만일 일이 잘못 된다면 캐나다로 돌아갈 트럭을 마련할 돈도 없다.

쇼는 성공이었다.

그리고 성공은 계속되었다.

서크드솔레가 보여주는 것은 성공적인 도전자가 된다는 것은 단순히 초기에 엄청난 위험을 감수하는 문제는 아니라는 것이다.

도전자는 계속해서 위험을 감수할 용기를 가져야만 번창한다. 심지어 역경에 맞서서 정말로 그 내부에 위험을 감수하는 문화를 강화할 필요가 있다. 즉 더 높은 단계의 성공을 성취하면서 최초의 성공을 거둔 바로 그 이유를 잊어버리고 보수적인 자기 보호에 빠지기보다는 대담함을 계속 유지하는 것이다.

이러한 문화를 육성하는 일은 도전자 조직에서 리더의 일차적인 책임 가운데 하나다. 왜냐하면 비전과 더불어 문화 역시 조직의 상층부가 본보기가 되어야 하기 때문이다. 워버턴스 베이커리의 사업주인 조나선 워버턴은 이렇게 말한다.

> "사업주의 가장 큰 책임 중 하나는 목을 내놓고 위험을 감수하는 것처럼 보이는 것이다. 왜냐하면 그는 잘릴 염려가 없기 때문이다. 직원들이 올려다보는 꼭대기에 앉은 녀석이 잘릴 염려가 없는데도 목을 내놓으려 하지 않는다면, 직원들이 위험을 감수할 리가 있겠는가?"

그래서 조직 전체를 통해 그러한 위험(알려지고, 교육된 위험)을 감수하는 각오는 중요한 것이다. 단순히 그것이 아이디어 문화의 핵심적인 부분이기 때문이 아니라(아이디어 문화에서는 새로운 아이디어를 옹호하고 추구하는 것이 처음에 아이디어를 얻는 능력만큼이나 성공에 있어 중요하다), 위험을 줄이고 마케팅 결정에 안전판을 대는 낡은 모델이 훨씬 더 불합리해 보이기 때문이다.

할리우드의 시나리오 작가인 윌리엄 골드만은 쇼 비즈니스에서는 "누구도 어느 것도 알지 못한다."라고 말한다. 그것은 누구도 무엇이 성공하고, 성공하지 않을지 예측할 수 없다는 것을 의미한다. 동일한 것이 도전자 브랜드에게도 진리일 수 있다.

하지만 위험과 보상은 계산하기가 매우 어렵다. 다음 세 가지 중 어떤 결정을 택할 것인지 스스로에게 물어 보라.

1. 당신은 우편 주문 서비스를 제공하고 있다. 우체국 파업이 여러 달은 아니지만 여러 날 동안 계속되면서 당신의 사업을 망치고 있다. 당신은 어떻게 할 것인가?

브랜슨: 다이애나 공주를 향해 샴페인을 뿌리다

2. 당신은 음반 사업을 하고 있다. 새로운 음반의 성공 여부에 회
   사 전체의 운명이 걸려 있다. 하지만 새로운 음반은 10여 개의
   3분짜리 노래들로 구성되어 있는 것이 아니라 한 면에 단 하나
   의 음악이 담겨 있고 가사도 없다. 당신은 어떻게 할 것인가?
3. 당신은 파티에서 웨일스의 공주 옆에 서 있다. 새로 들여온 에
   어버스 A340 기종의 첫 비행을 기념하는 자리다. 공주는 초록
   색 재킷을 벗고 당신의 항공사 승무원 복장을 착용하기로 했
   다. 당신은 샴페인 한 병을 손에 들고 있다. 다른 누군가와 함
   께 당신은 힘차게 샴페인을 흔들어 뿌릴 것이다. 그런데 그 누
   군가는 다이애나 공주가 되었다. 당신은 어떻게 할 것인가?

리처드 브랜슨은 이 결정들 하나하나에 직면하게 되었다. 그는 우

리들 대부분은 하지 않았을 세 가지 결정을 했고, 그것이 그에게 오늘날의 성공을 만들어준 요소 가운데 하나가 되었다. 우리들 중 일부는 우체국이 파업에 들어가면 매장 판매로 전환했을 것이다. 우리들 중 아주 적은 수는 〈튜블러 벨스〉Tubular Bells라는 혁신적 앨범에 자신의 전부를 걸었을 것이다. 그리고 내 생각에 아무도 웨일스의 공주에게 샴페인을 뿌리지는 못했을 것이다.

우리가 도전자 브랜드가 되기 위한 구조를 만드는 목적 중 하나는 바로 리처드 브랜슨, 마이클 델, 이안 슈레이저, 허브 캘러허가 아니기 때문이다. 2등 브랜드에서 일하고 있고, 회사의 설립자도 아닌 우리는 기업가 정신이 필요하다. 구조화된 기업가 정신, 일종의 가드 레일 위에 놓여진 기업가 정신 말이다.

우리가 논의했던 모든 개별적 사례들을 하나의 시스템에 옮겨놓는 것은 우리로 하여금 보다 자신감을 갖게 만든다. 왜냐하면 그것은 브랜드 출시부터 재출시까지, 고급 제품부터 대량 판매 브랜드까지 수많은 다양한 업종들로부터의 학습에서 나오는 것이기 때문이다. 그리고 그러한 시스템은 누군가가 의도적으로 만들어낸 것이라기보다 일종의 사후 합리화이다.

그러나 그 시스템은 어떤 정신적인 면의 필요성을 대신하지는 못한다. 우리가 비록 위대한 기업가에게서 보이는 위험에 맞서는 대담함을 갖고 있지 못한다 하더라도, 최소한의 의지는 필요하다(나는 오랫동안 의지의 힘에 매료되어 왔다. 예를 들어 뉴욕의 유대인 사회에서는 사망률이 유월절 전까지는 감소하다가 유월절이 지나면 다시 오른다. 사람들이 중요한 행사에 참가하려는 의지 하나만으로 생명을 지탱하는 것이다). 적어도 우리는 이것을 가져야 한다. 왜냐하면 행동은 실천하기 어렵고, 시간이 걸리기 때문이다.

사실상 그것은 끝이 없는 과정이다. 일단 도전자가 되는 것을 시작하면 멈출 수 없다. 당신 회사의 눈에(소비자의 눈은 말할 것도 없고) 모멘텀을 창출하기 시작하면, 움직임을 멈추는 것은 바로 죽음을 의미한다. 멈추려면 처음부터 시작하지 않는 편이 더 낫다.

진정으로 아이디어 중심이 되고 모멘텀을 유지하기를 바란다면, 우리는 지금과는 완전히 다른 방식으로 시장을 분석해야 한다. 그동안 우리는 주로 우리가 속해 있는 업종 내부만을 바라보는 경향이 있었다. 같은 업종의 경쟁자에 대한 분석을 통해 매년 전략적 지침을 구해온 것이다.

하지만 이 책에 담긴 사례들이 제시하는 것은, 자신의 업종에 대한 분석은 사업을 지키는 방법에 대한 사고의 중요한 전제 조건이지만, 진정한 경쟁 우위를 얻고 싶다면 자신의 업종 밖을 내다보아야 한다는 것이다. 우리는 다음 사항에 대한 체계적 분석을 자주 실행해야 한다.

- 2등 브랜드들.
- 우리 업종의 외부.
- 누가 급속한 성장을 보여주고 있는가.

이 분석은 세 가지 사항을 찾기 위한 것이다. 첫 번째는 우리 업종으로 간단히 가져다 쓸 수 있는 개별적인 아이디어다. (어떤 이들은 '친구와 가족' 아이디어는 통신 분야 이외에는 효과적이지 않다고 말한다. 하지만 금융 서비스 패스트 푸드의 경우에도 친구나 가족 간 우대 할인 제도가 가능하지 않을까?)

이러한 분석이 찾는 두 번째는 특정 업종에서 어떻게 돌파구를 이루어냈는지에 대한 통찰이다.

우리는 그것들을 12장에서 보았던 종류의 연습들로 전환함으로써 우리 업종을 위한 함의를 얻을 수 있다. 예를 들어 REI라고 불리는 아웃도어 의류 판매점(소비자들이 방수 의류를 테스트할 수 있도록 샤워실을 제공한다.)을 경험하고 나면 두 가지 생각이 즉시 떠오를 것이다. 우리는 어떻게 구매 경험을 사용 경험만큼이나 즐겁게 만들 수 있을까? 그리고 어떻게 그 판매점이 제공하는 시험 사용과 경험을 우리의 구매 시점에서 차별화의 원천으로 전환할 수 있을까?

분석의 가치는 도전자 프로그램이라는 전체 모델을 정교하게 하는 데 있다. 나는 시작 부분에서 8가지 원칙을 소프트웨어 프로그램처럼 보아야 한다고 말했다. 그러므로 우리가 여기에서 사용하는 것은 첫 번째 버전이다. 새로운 정보가 추가되고 새로운 사고가 이루어짐에 따라, 그것은 더 다듬어지고 사용자 친화적으로 발전할 것이다. 핵심 기능과 용도는 동일할 테지만, 사용이 한층 쉬워지고 기능은 추가될 것이다. 모델에 의문을 제기하거나 보완하는 새로운 사례가 들어오는 대로, 우리는 그것을 발전시키고 개량할 것이다. 그래서 8년이 지나면 이 최초 버전은 놀랍게도 무미건조하고 조악하게 보일 것이다.

그리고 우리가 밖을 바라본다고 할 때, 단순히 우리 업종 밖을 의미하지 않는다. 그것은 우리 문화 밖을 의미한다. 이들 브랜드가 어디에서 만들어졌는지는 중요하지 않다. 우리는 요하네스버그, 도쿄, 로스앤젤레스, 암스테르담, 전 세계 그 어디든 살펴보아야 한다. 나는 특히 미국의 서부 해안을 주목한다. 왜냐하면 그곳 여건이 결정적이기 때문이다. 왕성한 식물이 자라려면 토양이 비옥해야 한다. 이 책을 마무리면서 미국 서부 해안이 세계에서 도전자 브랜드에 가장 비옥한 토양이라는 사실을 강조하는 것은 바로 이 때문이다.

최근에 나는 저명한 인류학자인 밥 도이치에게 미국의 본질을 한 문장으로 정의해 달라고 요청했다. 그의 대답은 이랬다. "모든 것을 언제나 손에 쥘 수 있다." 이 대답은 아주 간단하지만 매우 심오해 보였다. 생각하면 할수록 그 말은 미국의 개인과 기업의 문화와 성공에 대해 더욱더 많이 설명해주었다. 예를 들어 언어의 확장성(미국에서의 새로운 단어 유입률을 프랑스, 영국과 비교해보라), 스포츠에 대한 열광(스포츠는 미국 문화라는 필 나이트의 언급에 그 의미가 함축되어 있다), 끊임없이 새로워지는 아메리칸 드림에 대한 믿음, 할리우드라는 신화 장치, 광대한 도로에 대한 사랑, 프런티어 정신 등등.

비즈니스 차원에서, 이것은 미국을 도전자 브랜드를 위한 비옥한 땅으로 만드는 것이다. 바로 이러한 유동성과 가능성에 대한 인식이 지난 15년 동안 수많은 도전자 아이콘들이 미국에서 시작된 이유이다. 꿈과 차고, 그리고 그 꿈이 이루어질 수 있다는 믿음을 가진 수많은 개인들이 있다. 만일 당신이 아주 놀라운 아이디어로 소비자의 무의식적 선택을 깨뜨릴 수 있다면, 그것은 또한 스타벅스에서 인터넷에 이르기까지 새로운 아이디어와 생활 방식을 빠르게 수용하고 옹호하는 소비자들이 있다는 것을 의미한다.

미국 중에서도 서부 해안은 아이디어의 수도이다. 실리콘밸리의 미래 기술로부터 로스앤젤레스의 대중 문화 공장, 시애틀의 그런지(grunge) 음악과 커피의 요람에 이르기까지, 동부 해안이 숫자를 믿을 때, 서부 해안은 아이디어를 믿는다. 미국이 2등 브랜드를 위한 가장 비옥한 토양이고, 서부 해안이 아이디어를 위한 가장 비옥한 토양이라면, 스스로를 기성 브랜드가 아니라 도전자라고 보는 모든 기업들은 다음 20년 동안 서부 해안을 면밀해 주시해야 한다. 이곳에서 훌륭한 도전자들이 태어나고 성장할 것이며, 새로운 브랜드와 비즈니스 아이콘이 나타날 것이다. 이는 우리가 이곳에서 우리 업종에서 혁신적 전환을 이루어내는 데 도움이 될 아이디어와 영감에 대한 자극제를 발견할 수 것임을 의미한다.

이것은 우리를 다시 애플로 돌아가게 한다. 서부 해안, 포기를 거부하는 의지, 끊임없는 변화 가능성, 이 모든 것이 2등 브랜드를 다시금 현 세대 관리자들의 아이콘으로 만들었던 브랜드에게로 우리를 데려간다. 1984년 이후 한동안 애플은 유명세를 타면서 방향을 잃고 표류하고 있었다. 그러다 결국 자신들을 성공적인 인습 타파자로 만들었던 배고픔과 외곬의 기질이 무뎌졌고, 핵심 가치와 정체성마저 잃고 말았다. 1997년 무렵, 애널리스트들은 애플이 원형 링 밖으로 나가떨어졌다고 말했다.

그러나 그들이 스티브 잡스에 대해 알지 못한 사실이 있었다. 기업 보고서가 나온 지 얼마 안 되어, 잡스와 그의 팀은 팬티엄 II보다 더 빠른 G3를 출시했다. 그리고 3/4분기에 수익이 발생했으며, 곧이어 나온 아이맥의 발표는 애플을 확실하게 링으로 복귀시킬 것 같았다. 아이맥은 특히 애플이 단순히 혁신으로의 귀환이 아니라 초기 애플 팬을 만들어주었던 첨단의 개념적 사고로의 귀환을 의미했다. 아이맥이 출시될 당시, 설립자와 설계자 모두는 컴퓨터 업계에 완전히 생소한 용어로 그것에 대해 이야기했다. 그 용어들은 완전히 서로 다른 두 분야에서 나왔다.

애플의 디자인 그룹 선임이사 조너선 이브는 인터뷰에서, 사람들이 투명한 아이맥을 설명하기 위해 사용하는 언어는 하이테크 업계의 언어가 아닌 음식의 언어라고 지적했다. 그리고 스티브 잡스는 1998년 5월 아이맥을 직접 공개하면서, "오늘 우리는 로맨스와 혁신을 컴퓨터 업계에 되돌려주었습니다."라고 말했다. 로맨스? 음식? 컴퓨터 산업? 마침내 애플은 다시 도전자처럼 생각하고 행동하기 시작했다.

그렇지만 스티브 잡스가 복귀한 뒤 애플에서 나온 첫 번째 대중 커뮤니케이션인 60초짜리 텔레비전 광고는 제품이나 속도, 디자인에 관한 것이 아니었다. 그것은 훨씬 더 근본적인 무엇에 관한 것이었다. 그것은 애플의 정체성과 의도에 대해 세상과 그들 자신에게 다시금 선언하는 것이었다. 이러한 결정은 위험을 무릅쓴 것이었고, 많은 비평가들은 애플이 한정된 자원을 더 직접적이고 실용적인 제품 선전에 사용했어야 한다고 말했다. 하지만 브랜드의 정체성과 존재 이유에 대한 감성적 선언은 앞으로 일어날 모든 일들을 위한 초석을 놓는 것이었다.

광고는 예술 분야(마서 그레이엄, 존 레논, 마리아 칼라스)에서부터 비즈니스(리처드 브랜슨과 테드 터너), 과학과 스포츠(알베르트 아인슈타인과 무하마드 알리)에 이르기까지, 자신의 분야의 전형적인 틀을 깨뜨려 유명해진 사람들의 흑백 몽타주를 보여주면서, 사물을 다르게 보는 능력과 야망의 크기, 그리고 절대적인 자기 믿음의 측면에서 그들의 위대함을 찬양한다.

미친 사람들을 위하여.

그들은 부적응자, 반항아, 사고뭉치. 네모난 구멍에 동그란 마개.

사물을 다르게 보는 사람들. 그들은 규칙을 좋아하지 않는다.

그리고 그들은 현상을 존경하지 않는다.

당신은 그들을 인용하거나 그들에게 동의하지 않을 수 있다.

그리고 그들을 찬미하거나 비방할 수도 있다.

스티브 잡스: The Crazy One

당신이 할 수 없는 오직 한 가지는 그들을 무시하는 것이다.

그들은 세상을 변화시켰기 때문이다.

그들은 인류가 앞으로 나아가게 했다.

어떤 이는 그들을 미친 사람들로 볼지 모르지만, 우리는 천재로 본다.

왜냐하면 세상을 변화시킬 수 있다고 생각할 만큼 미쳐 있는 이들은 실제로 그렇게 하기 때문이다.

광고는 애플 로고 아래 '다르게 생각하라'(think different)라는 두 단어와 함께 끝난다. 그리고 비록 이러한 커뮤니케이션 수단을 통해 한결같은 태도로 자신을 위해, 그리고 자신에 대해 말하고 있지만, '1984' 캠페인에서처럼 그 정신은 전 세계 모든 도전자의 정신을 집약하고 있다.

| 참고문헌 |

02 제1원칙: 직전의 과거와 결별하라

1. William Taylor, Message and Muscle: An Interview with Swatch Titan Nicolas Hayek, *Harvard Business Review*, March-April 1993.
2. *The Face*, April 1998.
3. This section owes much to a conversation with Gill Ereaut.
4. The company is Muse Cordero Chen.

03 제2원칙: 등대의 정체성을 구축하라

1. Tom Patty influenced many of my thoughts about identity. Kate Edwards helped develop the concept of Lighthouse Brands.
2. Greg Braxton, How Fox Outran the Hounds, *Los Angeles Times*, March 30, 1997.
3. Peter Doyle, Building Successful Brands: The Strategic Options, *Journal of Consumer Marketing*, 7(Spring 1990).
4. Message and Muscle: An Interview with Swatch Titan Nicolas Hayek, *Harvard Business Review*, March-April 1993.
5. Jeanne Sather, Starbucks Captain, *Business Journal, Portland*, March 3, 1995.
6. This observation is Leslie Butterfield's.
7. Much of this section came from an interview with Robin Wight, and his own thinking on Icon brands.

04 제3원칙: 사고의 리더십을 장악하라

1. The whole concept of Thought Leadership came from Matthew Shattock.

05 제4원칙: 재평가의 상징을 창출하라

1. *Autoweek*, October 6, 1997.
2. Message and Muscle: An Interview with Swatch Titan Nicolas Hayek, *Harvard Business Review*, March-April 1993.

06 제5원칙: 핵심이 아닌 것은 희생하라

1. Brenda Paik Sunoo, How Fun Flies at Southwest Airlines, *Personnel Journal*,

June 1995.

2. Larry Light, The Battle for Brand Dominance, Advertising Research Foundation 35th Annual Conference, April 10-12, 1989.

3. Andy Farr and Gordon Brown, Persuasion or Enhancement: An Experiment, Millward Brown International, MRS Conference 1995.

07 제6원칙: 과도하게 헌신하라

1. Edward J Noha, CNA Insurance, address to Professional Insurance Agents of Connecticut, 1990. I am grateful to Bob Ceurworst for drawing my attention to this.

08 제7원칙: 하이 레버리지 자산으로서 광고와 홍보를 활용하라

1. Elizabeth Bumiller, Counterculture Shock, *New York Times*, February 13, 1997.

2. My thinking in this area was greatly helped by discussion(and the development of a speech with) Mark Barden and Dan Baron.

3. This came from an interview with Nigel Jones of BMP DDB, London, whose research it was.

4. Conversations with John Stuart and Megan Kent were a considerable influence on this section.

09 제8원칙: 소비자 중심이 아니라 아이디어 중심이 되라

1. William H Miller, Gillette's Secret to Sharpness, *Industry Week*, January 3, 1994.

2. Reading Matters, *Cover*, November 1997.

10 도전자 문화의 구축: 불안정하게 비행하기

1. Kenneth Labich, "Is Herb Kelleher America's best CEO?" *Fortune*, May 1994.

2. Renzo Rosso, "Forty," *Diesel*, 1996.

3. *The Independent*, November 18, 1997.

4. "Changes," Chicago *Tribune*, May 2, 1993.

11 마음가짐으로서의 도전자: 1등에 머무르려면 2등처럼 생각해야 한다

1. This section is another that owes much to Robin Wight and his observations on the meaning of Brand Leadership.

12 도전자 프로그램의 설계: 바깥에서의 이틀

1. See, for instance, Erik Calonius, Garage, *Fortune*, March 4, 1996, Barbie Ludovise, The Start of Something Big, *Los Angeles Times*, May 30, 1996.

13 리스크, 의지, 그리고 원형 링

1. Starbucks Captain, *Business Journal, Portland*, March 3, 1995.